Pǔ Tōng Huà
普通话

第三版

李缵仁 编著

重庆大学出版社

图书在版编目(CIP)数据

普通话/李缵仁编著. —3 版. —重庆:重庆大学出版社,
2005.8(2024.7 重印)

ISBN 978-7-5624-1982-2

Ⅰ. 普… Ⅱ. 李… Ⅲ. 普通话—专业学校—教材 Ⅳ.
H102

中国版本图书馆 CIP 数据核字(2007)第 010447 号

普 通 话
第三版

李缵仁 编著

责任编辑:李长惠 王嘉琛 王 研 版式设计:游 宇 李长惠
责任校对:关德强 责任印制:赵 晟

*

重庆大学出版社出版发行
出版人:陈晓阳
社址:重庆市沙坪坝区大学城西路 21 号
邮编:401331
电话:(023)88617190 88617185(中小学)
传真:(023)88617186 88617166
网址:http://www.cqup.com.cn
邮箱:fxk@cqup.com.cn(营销中心)
全国新华书店经销
重庆升光电力印务有限公司印刷

*

开本:787mm×1092mm 1/16 印张:14 字数:312 千 插页:8 开 1 页
2005 年 8 月第 3 版 2024 年 7 月第 43 次印刷
印数:264 001—270 000
ISBN 978-7-5624-1982-2 定价:39.00 元

国家推广全国通用的普通话。

——《中华人民共和国宪法》

国家通用语言文字是普通话和规范汉字。

国家推广普通话,推行规范汉字。

凡以普通话作为工作语言的岗位,其工作人员应当具备说普通话的能力。

——《中华人民共和国国家通用语言文字法》

修 订 说 明

本书初版以来受到广大中等职业学校师生欢迎,普遍反映其讲授知识系统全面、准确严谨,注重对照方言,突出辨正规律,落实口语能力训练,科学性、实用性强;同时我们也收集到一些希望改进的建议。为了适应国家《通用语言文字法》颁布以来和全国课程改革深入开展的形势,我们曾于 2003 年初对本书进行了一次较全面的修订,现根据国家语委新公布的《普通话水平测试实施纲要》再次修订。修订中注意了以下三个关系:

1.基础性与发展性的统一

本书面向全体学生,着眼于培养普通话能力的基础,在知识教学和能力训练上都注重系统性和普及性,有别于某些语言艺术类专项或短期培训的教材。同时,考虑到掌握普通话需要长期实践、不断提高,其中部分学生还可能向语言艺术方面发展,因而本书从知识讲述的深浅、训练材料的难易和新颖性与耐久性,以及《附录》的选择上,都顾及课外研修和未来继续学习的需要,使之成为学生今天课内学习的良师、明天进修提高的益友,而不只是"一次性消费品"。

2.识记性与训练性的统一

修订中精简了论述性文字,尽可能将一些规律性知识口诀化以便记忆,同时大幅增加了训练的分量。除充实了每章后的"训练与实践"的内容、加大其综合性功能外,还在每节、每个学点安排了即学即练,促进知识向能力的转化。为帮助学生顺利通过普通话水平测试,修订中除尽量从测试大纲的词语表中选作各章节练习材料外,特辟出篇幅选录了 60 篇《普通话水平测试用朗读作品》,并对照注音。

3.通用性与地域性的统一

考虑到中等职业学校学生毕业后就业地域范围和流动性较大,而且本书也不仅为重庆市内学校选用,故修订中在方音辨正方面扩大了地域视野,兼顾了西南诸省区及南方的一些方言。

为了配合教学需要,帮助大家规范语音和学习朗读,录制了录音磁带,是由国家级测试员、教授普通话课的何宇鸣老师、王嘉琛老师朗读的。希望大家在语气语调和作品表达方面反复听练、摹仿,提高朗读与语言交流的能力。

在修订中,许多第一线的普通话课教师提供了宝贵的意见,北碚区职教中心张源、小龙坎职中张捷、女子职中党劲、工艺美术职中王立丹等老师还热情为本书自编或搜选练习材料;重庆大学王嘉琛、李长惠、王勇先生给予了许多指导;重庆市教科院职成教部向才毅主任也给予热情关注支持。在此谨向他们致以衷心感谢!

尽管我们做了一定努力,但修订后的本书仍难免误漏偏隘之处,诚望读者指正。

编　者

2005 年 4 月

大力推广普通话
促进汉语规范化

推广规范的、全国通用的语言,是经济和社会发展的需要,是任何一个工业化国家所必须完成的社会历史任务。新中国建立以后,党和政府非常重视推广普通话,经过四十多年的努力,这项工作取得了很大成绩。但是,由于社会、历史的原因,全国通用的普通话现在还远未普及,显著的方言差异仍然妨碍不同地区人们的交际、社会信息的交换以及信息处理等新技术的应用。

推广普通话,促进汉语规范化,是我国新时期语言文字工作的首要任务,必须与各地区、各部门、各单位的业务工作结合进行。从地区上讲,全国推广普通话的重点是南方方言区,其他地区也应把这项工作抓紧、抓好。

推广普通话,学校是基础。学校用语一律使用普通话。学校和社会的推广普通话工作要互相结合,互相促进。

学校推广普通话,必须列入学校工作计划,提出明确的目标和要求,建立必要的规章制度。学校推广普通话的重点是各级各类师范院校、初等和中等学校。普通话要成为城市幼儿园和乡中心小学以上以汉语授课为主的各级各类学校的教学用语,成为师范学校、初等和中等学校的校园语言。各级各类师范学校(包括承担师资培养任务的普通高校、有条件的部分民族院校)和职业高中的幼师类、文秘类、公共服务类(旅游、商业等)专业都要开设普通话课程,要把普通话作为一项重要基本功,认真训练,严格考核;普通话不合格的毕业生,必须进行补课和补考,补考合格后方可发给毕业证书。用普通话进行教学是合格教师的一项必备条件,应当成为评估教学质量、评选优秀教师、评聘教师职务的一个内容。对语文教师说普通话的能力和水平应有更高的要求。建议国家教委制订加强学校推广普通话工作的规定和实施办法。

社会推广普通话的工作,重点是抓好城市(首先是大城市、计划单列市、沿海开放城市、经济特区、经济开发区、重点旅游城市),特别是党政机关、部队和为生产和生活服务的"窗口"行业。到本世纪末,县级以上机关、团体、企事业单位的干部,解放军指战员,公安干警,武警指战员,检察院、法院的工作人员等应当把普通话作为工作用语;为生产和生活服务的"窗口"行业的职工要把普通话作为服务用语。

广播、电视、电影、话剧以及音像制品等在语言使用上具有很强的示范作用,必须使用标准的普通话。广播、电视部门要增加推广普通话和语言文字规范化知识的节目,一些使用方言的电台、电视台,要随着普通话的推广和普及有计划地逐步减少方言播音的时间和节目。

按照《中华人民共和国宪法》和《中华人民共和国民族区域自治法》的规定,少数民族地区也要重视推广普通话;在学校中应推行当地民族语言和汉语普通话的双语教学。少数民族地区推广普通话的具体要求和步骤由各地根据实际情况确定。

推广普通话是为了推动经济和社会发展,提高公民素质和工作效率;而不是禁止和消灭方言,也不妨碍各少数民族使用和发展本民族的语言。

……

各级各类学校要加强语言文字规范化、标准化教育和语言文字基本功训练。初等、中等学校语文学科和大专院校中文系的有关课程,要讲授新时期国家语言文字工作的方针、政策、任务和语言文字规范化知识。

摘自《国务院批转国家语委关于当前语言文字工作请示的通知》

（1992 年 9 月国发〔1992〕63 号）

目录

第一章

绪　论

在现代社会中，人们活动的空间迅速扩大，生活节奏空前快捷，相互交往日趋频繁，因而，口语能力往往制约着工作的功效，口语水平常常影响着竞争的成败。随着信息时代的到来，语言传递自动化技术日渐发展和普及，每一个不甘落伍、不甘遭淘汰者，不仅要能无阻碍地与全国各地的人交流，还要做到能与计算机对话。人们不仅需要具有传统意义上的好口才，而且必须能说全国通用的、计算机都"听"得懂的标准普通话。因此，从社会需要看，从人机对话的发展前景看，学好普通话，提高普通话口语表达能力，对将要投入激烈社会竞争的莘莘学子来说，更具有现实的紧迫性。

"普通话"这门课正是要帮助你成为能说规范的现代汉语口语的中国人，使你成为能用口语与计算机直接交流的现代人。现在就让我们从认识规范的现代汉语口语——普通话开始。

一、民族共同语与国家通用语

我国是一个多民族的国家，56 个民族使用着 80 多种语言。占我国人口 90%以上的汉族和回、满等兄弟民族的人都使用同一种语言——汉语。长久以来，汉语也成为我国各民族共同的交际用语。在全世界几十亿人口中，以汉语为母语的人数最多，是居第二位的英语人口的 2 倍以上。几千年来拥有众多人口的汉民族，分布的地域十分辽阔，使得汉语出现了许多不同的方言。相对于这些方言来说，普通话是标准的汉语，也就是汉民族的共同语。为提高汉语的交际功能，维护国家统一和民族团结，1982 年全国人民代表大会通过的《中华人民共和国宪法》第十九条规定："国家推广全国通用的普通话"。2000 年全国人大颁布的《中华人民共和国国家通用语言文字法》进一步明确了普通话作为国家通用语言的法律地位，确定了推广普通话是由国家行为进行的一项严肃的历史性工作。

二、雅言—官话—国语—普通话

普通话作为汉民族共同语，成为中华人民共和国法定的国家通用语言，是历史的发展赋予了它如此光荣的使命和崇高的地位。

汉语的方言分歧可以追溯到远古的原始社会。由于氏族、部落或部族的人口繁衍，分布的地域日渐扩大，相距较远或被山河沟壑阻隔的各个地区的居民，受到交通不便和原始的自给自足自然经济的局限，长期生活在相对封闭的或大或小的区域里，互相间很少交流，原先相同的语言就一代一代地"走了样"，发生了变异，地域之间语言差异不断增大，就形成了不同的方言。历史上也还有因为惨烈的战乱和严重的天灾、瘟疫等原因，人们被迫集体远迁异地的情况，他们在新的地域繁衍，既不能保持原住地语言的旧貌，也没有被当地语言完全同化，于是又形成新的方言。

这种"五方之民，言语不通"的趋势到了我国奴隶制社会后期，随着诸侯国兼并集权，开始出现变化。先秦时代，在作为政治、经济中心的王畿成周一带的方言基础上开始形成了"雅言"。"雅"者"正也"；也有说"雅，夏也"，而"夏"即中国。所以"雅言"，就是当时中国（中原地区）正规的语言，也就是经过一定规范的汉族共同语。《论语·论而》说："子所雅言，《诗》《书》、执礼，皆雅言也。"由此可知，孔子在进行《诗经》《尚书》等的教学活动和主持典礼仪式时，都是说"雅言"。可以说，"雅言"是汉民族最早的共同语。用这种在先秦北方话基础上形成的最早的共同语记录下来的书面语，就是文言。由于我国古代的都城大多设在西安、洛阳、开封等北方中原地区，这里长期是政治、经济、文化中心，汉族祖先的共同语就一直以北方中原地区方言为基础，秦以后，西汉东汉时期或称之为"通语"，或叫做"正言"。辽、金、元、明、清各朝大约1 000年的时间，基本上是建都北京，既使得北京语音逐渐成为汉族共同语的标准语音，也使得北方话作为汉族共同语基础方言的地位更牢固了。近千年间，朝廷遣往各地的使臣都说这种话，各地进京城禀报请示的官员也需学着说这种话，这种通行于官方活动中的语言于是被称为"官话"。清朝雍正皇帝曾于1728年下过一道训谕，责令所有官员和读书人加紧学习官话，在奏事、断案、发布政令时必须使用官话。这可算是我国最早的推广共同语的官方文件。另一方面，从南北朝起，出现了共同语的书面语——"变文"；宋代以后出现了以共同语口语写作的白话小说，元、明、清用白话写的著名白话小说《水浒传》《儒林外史》《红楼梦》等使得以北京语音为标准音、以北方话为基础的共同语，更加规范、丰富、缜密，得到了广泛的传播。

清朝末年开始有人以"普通话"取代"官话"来称呼汉族共同语；"普通"是普遍通用的意思。从"官场的话"到"普遍通用的话"，反映了民族共同语日益得到社会的认同。辛亥革命前后，在"救国图强必须普及教育"的思想指导下，人们提出了"统一语言"的主张，掀起了"国语运动"。"五四"时期还成立了教育部属的"国语统一筹备会"，推广"国语"。这就使以北京语音为标准音、以北方话为基础方言的汉民族共同语在国家生活中定了位。那以后的话剧、电影、广播，纷纷都采用了北京语音。白话文运动的蓬勃兴起又使白话在汉语书面语方面逐渐取得了统治地位，也使白话本身得到空前发展，不但更加接近口语，还吸收了其他方言、古代汉语的许多词语和外国语词汇，形成了现代白话，而且产生了一大批具有典范作用的现代白话文作品。这样，国语运动和白话文运动作为"五四"新文化运动的两翼，互动互助，相辅相成，使现代汉民族共同语日趋规范。

新中国成立初期，"国语"和"普通话"两个称呼并存。由于新中国实行各民族一律平等的政策，把汉民族的共同语称为国语似有大汉族主义之嫌，所以在用"国语"还是用"普通话"作为汉民族共同语的正式称呼的讨论中，"普通话"这一称呼占了上风。到1956年2月，国务院发出《关于推广普通话的指示》，"普通话"这个称呼正式取代了"国语"。而在台湾，仍然沿用"国语"；海外广大华人则习惯用"华语"这个名称。

40多年来，推广普通话工作成绩显著，但还没有真正普及。1982年，《中华人民共和国宪法》明确了普通话的法律地位，1992年国家把推广普通话的方针总括为"大力推行，积极普及，逐步提高"。1997年国家提出推广普通话的新世纪目标——2010年以前普通话在全国范围内初步普及，21世纪中叶普通话在全国范围内普及；成为以汉语文授课的各级各类学校的教学用语，以汉语传送的各级广播电台、电视台和汉语电影、电视剧、话剧必须使用的规范用语，党政机关、团体、企事业单位干部在工作中必须使用的公务用语，不同方言区以及国内不同民族之间人们的交际用语，即成为"四用语"。

三、什么是普通话

普通话是："以北京语音为标准音、以北方话为基础方言、以典范的现代白话文著作为语法规范"的现代汉民族共同语。这个定义从"语音""词汇""语法"三方面规定了普通话的标准。

1. 普通话以北京语音为标准音

"以北京语音为标准音"，是就北京音系而说的。北京语音系统只有32个音素，400多个音节，4个声调，带调音节仅1 200个左右，比许多方言的音素、声调和音节都要简单，比较容易掌握。加之北京语音音系中，元音成分多，辅音中清音占绝对优势，而带噪音的辅音少，四声中高音成分较多，升降曲折比较明显，发音柔缓而清亮，并富有轻声、儿化等变化，使语流显得清晰并具韵律美感。这些条件，使得北京语音成为普通话标准音而当之无愧。

但人们学普通话，不要无选择地、盲目地跟北京人学。要知道，即使是北京人，也不是个个说的都是标准普通话；因为北京话里每个字的发音并非都符合普通话标准。如一些北京人在声母 j、q、x 的一些音节的发声时，发音部位过于靠前，如"尖、加、前、齐、现、幸"等字的声母类似 z、c、s；有的北京人发音鼻化韵比较重，把"我们"的"我"读成"nge"，或把"我们"读成"m-men"；北京话里还有一些字调不符合普通话标准，如把"室"（shì）读作"shǐ"，把"质"（zhì）读作"zhǐ"，把"违"（wéi）读成"wěi"，把"浙"（zhè）读成"zhé"；北京话中常常把三音节词中间的那个字"儿化"掉，叫人听不清晰，如"告儿他（告诉他）""不儿道（不知道）""菜儿口（菜市口）""电视台（电儿台）"，等等。

语音，是各地方言与普通话差异最大、最明显的一个方面，也是学习普通话时需要下最大功夫进行辨正的一个方面。

2. 普通话以北方话为基础方言

北方话,是汉民族北方方言中一个具有代表性的次方言,大体分布在包括北京、天津、河北、河南、山东、黑龙江、吉林、辽宁等省市和内蒙古东部在内的华北、东北地区。北方方言的其他次方言,则分布于陕西、山西、甘肃、宁夏、青海、四川、重庆、云南、贵州等省、市、自治区和湖南、湖北、广西的部分地区,以及安徽大部、江苏北部。这是一大片以中华民族发祥地黄河流域为中心的区域,人口占使用汉语人口的70%,他们说的话,语音相差不太大,词汇也基本相同或相通,代表了整个民族语言的发展主流。数千年来,汉语方言虽分歧严重,但由于书面语言是以北方话或北方方言为基础的,使得不同方言区、不同时代的人们都能读懂,这既保持了汉语的相对完整和稳定,也维护了国家民族的统一和团结。

"以北方话为基础",主要因为北方话的词汇是普通话词汇的主要来源。词汇对于语言,有如砖瓦之对于房屋,是最基本的建构材料。例如:"今天""下车",从华北到东北、西北、西南的北方话、北方方言区,含义都一样,大家都懂;而吴方言、闽方言则把"今天"说成"今朝""该日",粤方言把"下车"说成"落车"。这就要求"少数服从多数"了。普通话以大多数人口惯用能懂的北方话词汇做基础,就易于通行了;此外再吸收其他方言、古代汉语以及外来语中的一些适用词语,就更为准确、丰富、生动,更具表达力了。例如:"尴尬""垃圾"是从吴方言吸收的,"发廊""排档"是从粤方言吸收的,"的士""咖啡"则是外来词。普通话对北方话的词汇也并非全部搬用,北方话里的一些"土"词语,如"老姑娘(最小的女儿)""老爷儿(太阳)"等,很难让其他方言区的人懂得,也就不能进入普通话。同样道理,其他方言里的只有本方言区的人懂得的词汇,如客家方言的"日头(太阳)""鼻公(鼻子)",粤方言的"唔见(丢失)"等等,都须改成北方话的说法。

3. 普通话以典范的现代白话文著作为语法规范

在北方话口语中往往有语法上不完善、不规范的现象,所以不能把北方话或北京话的口语作为普通话的语法标准。而白话文则是北方话的书面形式,是在口语基础上经过提炼、加工而形成的"文学语言"(此处的"文学"不是专指文学作品,而是泛指科学、哲学、艺术等各方面的书面著作)。这种书面语言由于记录在案,便于学习与研究,也就容易推广流传。以其为规范,还能反过来积极引导和促进北方话口语的健康发展。需要强调的是,这里说的白话文必须具有两个条件,一是"现代"的,不是早期的、"五四"时期以前的,因为早期的白话文已经不能符合现在的口语状况了;二是"典范"的,就是必须能代表普通话口语习惯和发展趋势,经过公众检验、认定的作品。它们从口语中来,在语法上严谨、精密,堪称楷模,又能对口语起指导作用。通过这样的著作,普通话的语法规则相对固定下来,既便于总结研究,也利于广泛、长远地流传。

从以上介绍中可以知道,"普通话"包括口语和书面语。由于普通话的书面语可从阅读各科教材、各种书刊以及从写作实践中学习,我们这门课程就侧重于普通话口语的学习训练。口语的掌握主要不在于掌握有关知识,而在于把有关的语言知识转化为"说"的能力,因此这门课既要求我们认真了解普通话基本常识,更要求我们积极做"听"的有心人、"说"的实践者。只要坚持在日常生活中细心听、经常说、反复练,就一定能学好。同学们正值青春年少,接受力、模仿性很强,祝你们都能说一口规范、流利、悦耳的普通话!

思考与实践

1. 什么叫普通话?"普通"的含义是什么?北京话是否等于普通话?为什么?
2. "雅言""通语""官话"分别是什么历史阶段对汉民族共同语的称呼?
3. 我国最早的推广民族共同语的官方文件是什么时候由谁发布的?
4. 新中国成立后,国务院在哪年发布了《关于推广普通话的指示》?
5. 为什么说普通话是我国法定的国家通用语言?
6. 我国现行的推广普通话工作方针是什么?
7. 试以你现在掌握的普通话朗读《机智的回答》,有困难的地方先用笔标上记号,待学到有关知识时再把它们读好。

JI ZHI DE HUI DA
机 智 的 回 答

▶ yī cì　Gē dé yǔ yí wèi ào màn de yì shù jiā zài xiǎo lù shang xiāng yù　nà yì shù jiā
一次,歌德与一位傲慢的艺术家在小路上相遇,那艺术家
shuō　duì yí ge shǎ zi　wǒ cóng lái bú ràng lù　Gē dé xiào le xiào zhàn dào yì biān shuō
说:"对一个傻子,我从来不让路!"歌德笑了笑站到一边说:
wǒ qià qià xiāng fǎn
"我恰恰相反!"

▶ yǒu ge rén xiàng Dé guó dà huà jiā Mén cǎi ěr sù kǔ　shuō zì jǐ huà yì fú huà zhǐ xū
有个人向德国大画家门采尔诉苦,说自己画一幅画只需
yòng yì tiān shí jiān　kě shì mài yì fú huà què yào děng shang yì nián shí jiān　Mén cǎi ěr
用一天时间,可是卖一幅画却要等上一年时间。门采尔
rèn zhēn de duì tā shuō　nǐ yòng yì nián qù huà yì fú huà　jiù néng zài yì tiān li mài
认真地对他说:"你用一年去画一幅画,就能在一天里卖
chu qu
出去。"

▶ zhōng huá rén mín gòng hé guó chéng lì zhī chū　yí wèi bù huái hǎo yì de xī fāng jì
中华人民共和国成立之初,一位不怀好意的西方记
zhe wèn Zhōu zǒng lǐ　wèi shén me Zhōng guó rén zǒu lù shí zǒng dī zhe tóu　ér wǒ men
者问周总理:"为什么中国人走路时总低着头,而我们

nà lǐ de rén què áng zhe tóu zǒu lù ne　　Zhōu zǒng lǐ wēi xiào zhe shuō dào　yīn wèi
那 里 的 人 却 昂 着 头 走 路 呢?" 周 　总 理 微 笑 着 说 道:"因 为

Zhōng guó rén zhèng zài zǒu shàng pō lù 　ér nǐ men què zài zǒu xià pō lù
中 　国 人 正 在 走 　上 坡 路,而 你 们 　却 在 走 下坡路。"

（凡需要变音的字,此处均按变调后的实际读法标注）

第二章 语音常识概说

语言这种人类最基本、最主要的交际工具,就其本质来说,它是一套符号系统,构成这套符号系统的三个要素是语音、词汇和语法。任何一种语言或方言,之所以有别于其他语言或方言,就在于它有自己独特的语音系统、词汇系统和语法系统。普通话的定义,正是从语音、词汇和语法三个方面做出的。语音在语言三要素中是第一位的。在同一种民族语言中,共同语与方言或方言与方言之间,最明显、最主要的差异是在语音方面。因此,学习普通话口语,首先要学习语音的一般常识,并以此掌握普通话的语音规范,对照自己的方音认真辨正。

第一节 语音的发生

一、什么是语音

语音是由人的发音器官发出的、能够代表一定意义的声音。作为由人体发出的声音,语音具有生理的基础;而人的发音器官是自然界的一种物体,它发出的声音也同所有其他的声音一样具有物理的基础;再者,语音代表某种意义的功能却是人的社会赋予的,所以它又具有社会的基础。学习语言,必须掌握语音;研究语音现象,必须研究语音的生理基础、物理基础和社会基础。

1. 语音的生理基础

语音具有生理基础,是指语音是建立在人的发音器官及其活动的基础上。与语音直接有关的器官包括肺和气管、喉头和声带、口腔和鼻腔。从肺部出来的气流经过气管呼出,通过喉头时冲击声带,使声带发生振动而产生音波。音波传到口腔、鼻腔内发生共鸣使音量变大,并由于受到口腔内某些部位活动的影响而成为不同的声音。因此,要发出语音,要说话,必须在肺里存有足够的气,必须具有健全的发音器官,还必须使口腔内各部位和鼻腔按照发音的需要而准确、协调地动作。

2. 语音的物理基础

物体振动产生音波。各种不同形式的音波作用于人的听觉器官,使人听到各种不同的声音。一切声音都是由音高、音强、音长、音色四个要素构成,语音也不例外。认识和研究语音的物理性质,就是从这四个基本方面入手。

(1)音高　音高是指声音的高低,它取决于发音体在单位时间里振动次数的多少,即振动频率的大小。振动频率大,声音就高;反之则低。语音的高低和声带的长短、厚薄、松紧有关。一般地说,女子和小孩的声带短而薄,所以声音较高;成年男子的声带长而厚,所以声音较低。同一个人,声音的高低则是通过控制声带的松紧程度来调节的。

(2)音强　音强是指声音的强弱,它取决于发音体振动幅度的大小。振幅大,声音就强;反之则弱。语音的强弱与发音时用力(气流冲击声带的力量)的大小有关。

(3)音长　音长是指声音的长短,它取决于发音体振动持续时间的久暂。语音的长短是由气流的输出和停止来调节的。

(4)音色　音色是指声音的特色,也就是声音的本质和个性,所以又叫"音质"或"音品"。使音色不同的条件,是发音体不同或发音方法不同或发音时共鸣器的不同。不同的人发同一个语音之所以有差异(音色不同),就是由于各人的声带(发音体)和口腔鼻腔(共鸣器)各具特点;同一个人用不同的发音方法或改变口腔鼻腔形状,发出的语音音色也随之变化。

任何语音都是音高、音强、音长、音色的统一。在一切语言中,用来区别意义的最重要的语音要素都是音色。在普通话里,音高也是特别重要的区别语义的语音要素,它决定音节的"声调";音强和音长则在"语调"和"轻声"里对表达意义起作用。所以,研究语音和语言艺术都必须把握语音的这四个要素。

3. 语音的社会基础

语音与其他一切声音不同的根本点,在于它能表达一定的意义,是语言的物质外壳。这个"一定"的意义,不是由任何个人随意决定的,而是由社会的众多成员和历代成员约定俗成、共同确定的。在一个社会里,所有能表达一定意义的"人的声音",就构成这个社会的语言的语音系统。不同的语音系统都有自己的特点和规律。研究语音,主要是研究其社会性质;学习普通话,就是要掌握普通话语音系统的特点和规律。

二、发音的器官

语音既然是从人们的发音器官发出来的,那么我们研究语音现象、掌握某种语音系统,就需要熟悉各个发音器官的构成和功能,以便自如地调动自己的发音器官,准确地发出所需的语音;或者正确地判别他人的各种语音,进行准确的模仿或纠正。

发音器官按其在发音过程中的作用,可以分为四个部位:动力部位、振动部位、共鸣部位、咬字部位。

(1)动力部位　包括肺和气管。肺是呼吸气流的"风箱",它呼出的气流是产生语音的原动力。气管把气流从肺引到喉头振动声带，是动力的传导管。古人说"气乃声之源""气者音之帅"，反映了呼吸器官送气对发声的根本性作用。由此，古人在实践中总结出了"练声先练气"的经验。

（2）振动部位　指的是喉头和声带。喉头下连气管，上通咽头，由四块软骨组成。声带是两片并排而相互靠拢的、富有弹性的薄膜，位于喉头的中间，它们前端附着在喉头的甲状软骨上，后端分别附着在左右各一杓状软骨上。两片声带之间的缝隙叫声门。声带随着杓状软骨的活动而或者放松或者拉紧，使得声门或者打开或者关闭。从气管呼出的气流通过声门时，引起声带振动而发音。控制声带的松紧变化，就可以发出自己所需要的高低不同的声音。

（3）共鸣部位　指的是口腔和鼻腔。它们的作用就像小提琴的共鸣箱，从声带发出的音波传入口腔、鼻腔后，在这两个"共鸣箱"里发生共鸣效应，使得音量扩大、音色变得圆浑饱满，从而传得更远，听起来更悦耳。

（4）咬字部位　即把声带发出的模糊不清的声音变成能表达意义的"字音"的部位，包括唇、齿、齿龈、齿背、舌、腭等。由于唇、齿、舌、腭等的协调动作以及与鼻腔的配合，气流由喉头出来后受到不同部位、不同形式的阻碍，使得声带发出的声音在发生共鸣的同时，变成千变万化的声音，包括可以表达一定意义的"语音"。由此可见，"咬字"部位是发音器官之所以能发出语音的最关键部位；平时说话"咬字"清楚不清楚、学习某种语言时发音正确不正确，主要取决于对咬字部位的判断与操纵是否正确。由于这些部位对语音的发出有关键的作用，所以在语音学上称之为"发音部位"。练习发音，主要在于正确地把握、熟练地调控发音部位。

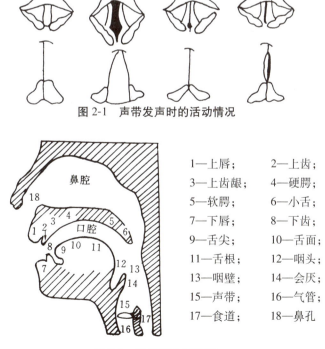

图 2-1　声带发声时的活动情况

图 2-2　发音器官示意图

1—上唇；　　2—上齿；
3—上齿龈；　4—硬腭；
5—软腭；　　6—小舌；
7—下唇；　　8—下齿；
9—舌尖；　　10—舌面；
11—舌根；　12—咽头；
13—咽壁；　14—会厌；
15—声带；　16—气管；
17—食道；　18—鼻孔

鼻腔

口腔

第二节 语音的基本概念

一、音节和音素

1. 音节

音节是人们听觉上感觉得到、分辨得出的最小的语音片断,也就是语音的基本结构单位。人说话时,每发一个最小的语音片断,发音器官的肌肉,特别是喉部的肌肉,总是明显地紧张一下。这样,每当发音器官肌肉"紧张—松弛—紧张—松弛",形成一个一个语音片断,于是发出了一个又一个音节。例如说:"改革开放谱新篇"(gǎi gé kāi fàng pǔ xīn piān),发音器官肌肉紧张—松弛了7次。听起来是7个片断,就是7个音节。

在普通话里,一般来说一个音节就是一个汉字的读音。只有"儿化韵"这样的个别情况例外,如"鸟儿",读起来是一个音节niǎor,写成汉字却是两个字。

2. 音素

音素是最小的语音单位。说它"最小",就是说它再也不能划分出更小的单位了。绝大多数音节按音色,还可以分出一个个各具特色的更小单位,例如:"大"的读音dà,从音色的角度可分为"d"和"a"2个小单位;"人"的读音rén,从音色上可分为"r""e""n"3个小单位。这样从音色的角度上划分出来的最小语音单位就是音素。

音节是由音素构成的。一个音节可以只含一个音素,例如"ē"(阿);也可以有几个音素,例如"dà bái lián"(大白鲢)这3个音节就分别由2个、3个、4个音素构成。

二、元音和辅音

所有的音素可以按其发音特点划分为两大类:元音和辅音(也可称母音和子音)。

元音和辅音的区别有4点:

①发元音时,气流通过口腔不受任何阻碍;发辅音时,气流在通过咽头、口腔或鼻腔的过程中一定要受到某部位的阻碍。这是最重要的区别点。

②发元音时,发音器官的各个部位都保持着均衡的紧张状态;发辅音时,发音器官中阻碍气流的部位特别紧张,其他发音部位相对松弛。

③发元音时,气流比较弱;发辅音时,气流比较强。

④发元音时,声带有一定振动,声音比较响亮,且可以延长;发辅音时,声带不一定振动,声音一般不响亮且不能延长。

　　从上面第④点可以知道:辅音当中,有的发音时声带不振动,有的则要振动。根据这点不同,又把辅音分为两类:发音时声带不振动的叫清辅音,声带振动的叫浊辅音。

　　现将普通话语音系统的音素归类如下:

$$
\text{普通话的音素}\ (32\,\text{个})
\begin{cases}
\text{元音}\ (10\,\text{个}): \alpha\ o\ e\ \hat{e}\ i\ u\ \ddot{u}\ er\ \text{-}i[ɿ](\text{前})\ \text{-}i[ʅ](\text{后}) \\[2mm]
\text{辅音}\ (22\,\text{个})
\begin{cases}
\text{清辅音}\ (17\,\text{个}): b\ p\ f\ d\ t\ g\ k\ h\ j\ q\ x\ zh\ ch\ sh\ z\ c\ s \\[1mm]
\text{浊辅音}\ (5\,\text{个}): m\ n\ l\ ng\ r
\end{cases}
\end{cases}
$$

三、声母、韵母、声调

　　按照汉语音节结构的特点,传统上在分析一个音节时总是把它分成声母和韵母两部分,再加上一个贯通整个音节的声调。所以,可以说音节是由声母、韵母和声调构成的。

1. 声母

　　声母,指音节开头的辅音。如 pǔ tōng huà(普通话)3 个音节中开头的辅音分别是 p、t、h,它们便是各自音节的声母。有的音节不以辅音开头,它们没有声母,也可以说它们的声母等于零,习惯上叫做"零声母"音节,如 é(鹅)、ài(爱)、ōu(欧)。

　　声母由辅音充当(除零声母外),但辅音不等于声母,不能说"辅音就是声母",因为普通话语音中有的辅音(ng)不作声母,有的辅音(n)除作声母外还可作韵母的组成部分(如 nán)。

2. 韵母

　　韵母,指音节中声母后面的部分。如 pǔ tōng huà(普通话)3 个音节中 p、t、h 的后面部分 u、ong、ua 就是各自音节的韵母。零声母音节的整个音节由韵母加上声调构成,如 ǎo(袄)。由此可见,一个音节可以无声母,但必须有韵母。

　　韵母有只由元音充当的(单元音作韵母,如 ā、tā;复元音作韵母,如 jiā、shuài),也有由元音加辅音构成的(如 gān、gēn、gāng)。所以不能说"韵母都是元音"。

3. 声调

　　声调又叫字调,指音节的高低升降变化。声母韵母相同的音节可以有或高或低或升或降的不同念法,如 ma,念高而平的音就是"妈"(mā),念上升音就是"麻"(má),先降后升地念就是"马"(mǎ),而由高急降低地念就念成了"骂"(mà),这些不同的念法就叫不同的"声调"。声母韵母相同的音节,由于声调不同,表示的意义就不同,所以普通话的音节构成中不可以没有声调。

第三节　语音的记录符号

记音符号,是为了把语音用书面形式记录下来而制定的符号系统。这里着重介绍我国的汉语拼音方案,对国际音标仅做简略介绍。

一、汉语拼音方案

历史上我国的语文工作者为了表示汉字的读音,曾制定过多种记音、注音方法,如:直音法、反切法、罗马字母注音法等等。20世纪初,又有一套与汉字形体相近的称为"注音字母"的记音符号,内地一直使用到20世纪50年代,台湾省则使用至今。但是这许多方法、符号都存在不够科学和运用不便的缺陷。

中华人民共和国成立以后,中国文字改革委员会(1985年更名为国家语言文字工作委员会)组织专家于1956年2月拟订出《汉语拼音方案》的草案。这个草案公布后全国各界人士广泛讨论,又经过国务院专门成立的《方案》审订委员会反复审议修订,再提交政协全国委员会常委扩大会议讨论,报请国务院全体会议通过,最后由第一届全国人民代表大会第五次会议于1958年2月批准,作为正式方案公布推行。

《汉语拼音方案》公布以来,在给汉字注音、帮助人们认识掌握汉字方面,在作为推广普通话的工具方面,在中文的信息处理方面,在作为我国少数民族创制和改革文字的共同基础方面,以及在帮助外国人学习汉语等诸多方面,都取得了卓越的功效。它不仅在我国发挥了越来越巨大的作用,还被新加坡等国家采用。"国际标准化组织"(ISO)是规模仅次于"联合国"(UN)的国际组织,它经过多年审议,在1982年也决定采用《汉语拼音方案》作为汉语罗马字母拼写法的国际标准。

《汉语拼音方案》包括五个部分:字母表、声母表、韵母表、声调符号、隔音符号。这里着重对字母表做些解说,其他几部分将在以后几章分别涉及。

(1)字母的顺序　字母表中26个字母按照国际习惯排列。我国各部门在编目、排序和编制索引等许多领域,都是依汉语拼音字母表的顺序进行的,因此熟记字母顺序十分必要。

(2)字母的体式　字母表规定了字母印刷体的大写、小写体式。一般来说小写体的使用频率较高。

(3)26个字母小写的笔顺

a b c d e f g
h i j k l m n
o p q r s t u
v w x y z

（4）26个字母小写体在横格中的位置

①占中格的，有13个字母：

a c e m n o r s u v w x z

②占中上格的，有8个字母：

b d f h i k l t

③占中下格的，有4个字母：

g q p y

④ j 字母，它除占中格外，还要占上格和下格。

（5）字母的名称　字母表中用 1918 年我国"读音统一会"制定的"注音字母"标出每个字母的名称音。"名称"是为了便于称呼，是字母的"姓名"。现在人们多不认识"注音字母"，也无必要去识记。下面把字母名称用汉语拼音字母标注出来：

a	b	c	d	e	f	g	h	i	j	k	l	m
(a)	(bê)	(cê)	(dê)	(e)	(êf)	(gê)	(ha)	(yi)	(jie)	(kê)	(êl)	(êm)

n	o	p	q	r	s	t	u	v	w	x	y	z
(nê)	(o)	(pê)	(qiu)	(ar)	(ês)	(tê)	(wu)	(vê)	(wa)	(xi)	(ya)	(zê)

用英语字母的名称音或用字母的"呼读音"来称呼汉语拼音字母，都是不对的。我们要养成在使用汉语拼音字母时，用其名称音称呼字母的习惯。

二、国际音标

国际音标是由国际语音学协会制定的记录语音的一套符号，为世界各国所采用。它具有"一个音素一个符号，一个符号一个音素"，对语音的区分比较细致以及记音符号简明的特点。我国在描写汉语和少数民族语言的语音中，在进行方言调查中，在外语教学中，都已广泛采用国际音标来记音、标音，书面上用加方括号[ ]表示。学习普通话语音，可以借助国际音标来准确地分辨和掌握一些容易混淆的音素。

附录一

汉语拼音方案

一、字母表

字母:	Aa	Bb	Cc	Dd	Ee	Ff	Gg
名称:	ㄚ	ㄅㄝ	ㄘㄝ	ㄉㄝ	ㄜ	ㄝㄈ	ㄍㄝ
	Hh	Ii	Jj	Kk	Ll	Mm	Nn
	ㄏㄚ	ㄧ	ㄐㄧㄝ	ㄎㄝ	ㄝㄌ	ㄝㄇ	ㄋㄝ
	Oo	Pp	Qq	Rr	Ss	Tt	
	ㄛ	ㄆㄝ	ㄑㄧㄡ	ㄚㄦ	ㄝㄙ	ㄊㄝ	
	Uu	Vv	Ww	Xx	Yy	Zz	
	ㄨ	ㄪㄝ	ㄨㄚ	ㄒㄧ	ㄧㄚ	ㄗㄝ	

v 只用来拼写外来语、少数民族语言和方言。
字母的手写体依照拉丁字母的一般书写习惯。

二、声母表

b	p	m	f		d	t	n	l
ㄅ玻	ㄆ坡	ㄇ摸	ㄈ佛		ㄉ得	ㄊ特	ㄋ讷	ㄌ勒
g	k	h			j	q	x	
ㄍ哥	ㄎ科	ㄏ喝			ㄐ基	ㄑ欺	ㄒ希	
zh	ch	sh	r		z	c	s	
ㄓ知	ㄔ蚩	ㄕ诗	ㄖ日		ㄗ资	ㄘ雌	ㄙ思	

在给汉字注音的时候,为了使拼式简短,zh ch sh 可以省作 ẑ ĉ ŝ。

三、韵母表

	i ㄧ 衣	u ㄨ 乌	ü ㄩ 迂
a ㄚ 啊	ia ㄧㄚ 呀	ua ㄨㄚ 蛙	
o ㄛ 喔		uo ㄨㄛ 窝	
e ㄜ 鹅	ie ㄧㄝ 耶		üe ㄩㄝ 约
ai ㄞ 哀		uai ㄨㄞ 歪	

ei ㄟ 欸		uei ㄨㄟ 威	
ao ㄠ 熬	iao ㄧㄠ 腰		
ou ㄡ 欧	iou ㄧㄡ 忧		
an ㄢ 安	ian ㄧㄢ 烟	uan ㄨㄢ 弯	üan ㄩㄢ 冤
en ㄣ 恩	in ㄧㄣ 因	uen ㄨㄣ 温	ün ㄩㄣ 晕
ang ㄤ 昂	iang ㄧㄤ 央	uang ㄨㄤ 汪	
eng ㄥ 亨的韵母	ing ㄧㄥ 英	ueng ㄨㄥ 翁	
ong （ㄨㄥ）轰的韵母	iong ㄩㄥ 雍		

(1)"知、蚩、诗、日、资、雌、思"7个音节的韵母用 i,即:知、蚩、诗、日、资、雌、思等字拼作 zhi,chi,shi,ri,zi,ci,si。

(2)韵母儿写成 er,作为韵尾的时候写成 r。例如"儿童"拼作 ertong,"花儿"拼作 huar。

(3)韵母ㄝ在单用的时候写成 ê。

(4)i 行的韵母,前面没有声母的时候,写成 yi(衣),ya(呀),ye(耶),yao(腰),you(忧),yan(烟),yin(因),yang(央),ying(英),yong(雍)。

u 行的韵母,前面没有声母的时候,写成 wu(乌),wa(蛙),wo(窝),wai(歪),wei(威),wan(弯),wen(温),wang(汪),weng(翁)。

ü 行的韵母,前面没有声母的时候,写成 yu(迂),yue(约),yuan(冤),yun(晕),ü上两点省略。

ü 行的韵母跟声母 j,q,x 拼的时候,写成 ju(居),qu(区),xu(虚),ü 上两点也省略;但是跟声母 n,l 拼的时候,仍然写成 nü(女),lü(吕)。

(5)iou,uei,uen 前面加声母的时候,写成 iu,ui,un,例如 niu(牛),gui(归),lun(论)。

(6)在给汉字注音的时候,为了使拼式简短,ng 可以省作 ŋ。

四、声调符号

阴平	阳平	上声	去声
—	/	ˇ	\

声调符号标在音节的主要母音上。轻声不标。例如:

妈 mā (阴平)	麻 má (阳平)	马 mǎ (上声)	骂 mà (去声)	吗 ma (轻声)

15

第二章 语音常识概说

五、隔 音 符 号

ɑ、o、e 开头的音节连接在其他音节后面的时候,如果音节的界限发生混淆,用隔音符号(')隔开,例如:pi'ɑo(皮袄),xi'an(西安)。

训练与实践

1. 选择正确的答案填入下列各小题后面的括号里。
(1)语音就是( )。
A.能准确表示某种语言的声音
B.由人的发音器官发出的、能代表一定意义的声音
(2)语音除了与一切声音一样具有物理性质以外,还具有( )。
A.生理性质　　　　　　B.社会性质　　　　　　C.生理性质和社会性质
(3)语音同一切声音一样都是音强、音长、音高和音色四个要素的统一。在普通话里对区别意义起决定作用的是( )。
A.音长和音色　　　　　　　　B.音强和音色
C.音强和音高　　　　　　　　D.音色和音高
(4)人的发音器官中的咬字部位能把声带发出的模糊不清的声音变成字音。这个部位包括( )。
A.唇、齿、齿龈、齿背、舌、腭　　　　B.喉头、口腔、鼻腔
2. 请判断下述说法的正误(正确的填"√",错误的填"×")。
(1)音节是由声母和韵母组成的语言基本结构。( )
(2)音素是语音的最小单位,它包括元音和辅音两类。( )
(3)发元音时,气流振动声带,并且在发音器官中不受任何阻碍。( )
(4)辅音里面依据声带颤动或不颤动,又可分为浊辅音和清辅音。( )
3. 背诵并按顺序默写汉语拼音方案的字母表。
4. 请区分下列音素中的元音和辅音(连线表示)。

ɑ　b　e　u　p　i　d　ê　zh　ü　ng

元音　　　　　　　　辅音

5. 请指出下面这些音节所包含的音素(在字母下面画"___"表示元音,画"＿＿"表示辅音)。

wǒ(我)	shì(是)	zhōng(中)	guó(国)	rén(人)	cóng(从)
xiǎo(小)	jiù(就)	rè(热)	ài(爱)	zì(自)	jǐ(己)
wěi(伟)	dà(大)	de(的)	guó(国)	jiā(家)	

6. 请试用"＿＿"标出音节的声母，用"～～"标出音节的韵母。

yī（一）　　　qiè（切）　　　ài（爱）　　　guó（国）　　　de（的）　　　gōng（公）

mín（民）　　　dōu（都）　　　lái（来）　　　wèi（为）　　　zǔ（祖）　　　guó（国）

yǔ（语）　　　yán（言）　　　de（的）　　　chún（纯）　　　jié（洁）　　　jiàn（健）

kāng（康）　　　ér（而）　　　dòu（斗）　　　zhēng（争）

7. 朗读故事《朋友之交淡如水》并大胆地用普通话讲给他人听。

PENG YOU ZHI JIAO DAN RU SHUI
朋　友　之　交　淡　如　水

　　qīng cháo qián lóng nián jiān　shèng xíng sòng lǐ zhī fēng　yí cì　jiàn ruì yíng dū tǒng
　　清　朝　乾　隆　年　间，盛　行　送　礼　之　风。一次，健　锐　营　都　统
Hè lǎo yé wèi zì jǐ zuò 50　suì shēng ri　xiàng xià shǔ hé gè jiè guǎng fā qǐng jiǎn　jiè jī
赫　老　爷　为　自　己　做　五十　岁　生　日，向　下　属　和　各　界　广　发　请　柬，借机
nà qián liǎn cái　cóng bù féng yíng bā jie de Cáo Xuě qín jiē dào qǐng jiǎn yě qu zhù shòu　Hè
纳　钱　敛　财。从　不　逢　迎　巴结　的　曹　雪　芹　接　到　请　柬　也　去　祝　寿。赫
lǎo yé wèi xuàn yào zì jǐ yǔ Cáo Xuě qín jiāo qing shēn hòu　tè yì zài shòu yàn shang zhǎn
老　爷　为　炫　耀　自　己　与　曹　雪　芹　交　情　深　厚，特　意　在　寿　宴　上　展
shì Cáo Xuě qín sòng de lǐ pǐn　tā jiào jiā dīng bǎ Cáo Xuě qín sòng de liǎng tán jiǔ dāng
示　曹　雪　芹　送　的　礼　品。他　叫　家　丁　把　曹　雪　芹　送　的　两　坛　酒　当
zhòng qǐ fēng　gěi měi wèi kè ren zhēn shang yì bēi　bìng hé zhòng rén yì qí gān bēi　zhǐ
众　启　封，给　每　位　客　人　斟　上　一　杯，并　和　众　人　一　齐　干　杯。只
jiàn bīn kè miàn miàn xiāng qù　Hè lǎo yé zì jǐ yě yù yán yòu zhǐ　chén mò piàn kè　Hè lǎo
见　宾　客　面　面　相　觑，赫　老　爷　自　己　也　欲　言　又　止。沉　默　片　刻，赫　老
yé yòu lìng xià ren jiāng Cáo Xuě qín sòng lai de liǎng fú huà zhóu dǎ kai guà zai dà　shòu　zì
爷　又　令　下　人　将　曹　雪　芹　送　来　的　两　幅　画　轴　打　开　挂　在　大"寿"字
liǎng biān　dà jiā dìng shén yī kàn　nà shì yí fú duì lián　shàng shū　péng you zhī jiāo　xià
两　边。大　家　定　神　一　看，那　是　一　幅　对　联，上　书"朋　友　之　交"，下
xiě　qīng dàn rú shuǐ　mǎn táng lái bīn dùn rán xǐng wù dào　shì shuǐ　shì shuǐ　yuán
写"清　淡　如　水"。满　堂　来　宾　顿　然　醒　悟　道："是　水！""是　水！"原
lái　nà liǎng dà tán zi gēn běn bú shì jiā niàng ér shì bái shuǐ
来，那　两　大　坛　子　根　本　不　是　佳　酿　而　是　白　水！
　　Hè lǎo yé shí fēn gān gà　hǎo bàn tiān cái jiě cháo dào　hǎo　hǎo wa　shèng xián
　　赫　老　爷　十　分　尴　尬，好　半　天　才　解　嘲　道："好，好　哇！圣　贤
yuē　shuǐ dàn qíng nóng ma
曰，水　淡　情　浓　嘛！"

（凡需变调的字，均按已变声调注音）

第三章

普通话的声母及其辨正

第一节　声母的分类

　　声母是音节开头的辅音。普通话语音系统中,作声母的辅音共有 21 个,它们是:b、p、m、f、d、t、n、l、g、k、h、j、q、x、zh、ch、sh、r、z、c、s;如加上"零声母",则是 22 个。

　　前面已讲了,辅音与元音最重要的区别点就是它们在发音时气流要受到阻碍。因此,声母与声母之间的区别,或不同声母的音值,都是由两个因素决定的:

　　①气流在发音器官中什么位置受到阻碍;

　　②发音器官怎样对气流形成阻碍和气流怎样克服这种阻碍。拿这两条做标准对 21 个声母分别进行分类,有助于认识和掌握它们的发音要领和规律,更快更好地掌握普通话发音。

一、按发音部位分类

　　"发音部位"即发音器官中对气流起阻碍作用的地方,包括构成阻碍的活动部位和固定部位。例如:舌尖可以抵住上齿龈形成阻碍,也可以抵住或接近硬腭前部而形成阻碍;舌尖是活动的部位,上齿龈和硬腭则是固定的部位,它们共同成为某个声母的"发音部位"。

　　普通话声母的发音部位有 7 个。按发音部位的不同,21 个声母可分为 7 组,分别以其发音部位命名:

　　(1)双唇音　上下唇阻塞而形成的音,有 b、p、m 3 个。

　　(2)唇齿音　上齿下唇接触构成阻碍而形成的音,只有 f 1 个。

　　(3)舌尖前音　舌尖接触或接近上门齿背构成阻碍而形成的音,共有 z、c、s 3 个。

　　(4)舌尖中音　舌尖接触上齿龈(即上牙床)构成阻碍而形成的音,共有 d、t、n、l 4 个。

　　(5)舌尖后音　舌尖接近或接触硬腭前部构成阻碍而形成的音,共有 zh、ch、sh、r 4 个。

　　(6)舌面音　舌面前部接触或接近硬腭前部构成阻碍而形成的音,共有 j、q、x 3 个。

　　(7)舌根音　舌面后部隆起接触或接近硬腭和软腭的交界处构成阻碍而形成的音,共有 g、k、h 3 个。

　　这里所说的舌尖"前、中、后",并不是把舌尖分为三个部分,而是指舌尖分别对着上齿背、上齿龈和硬腭前部构成阻碍,这三个阻碍点的位置分别在口腔中居前、中、后。

下面的声母发音部位图,标出了每个成阻部位及相应的声母。

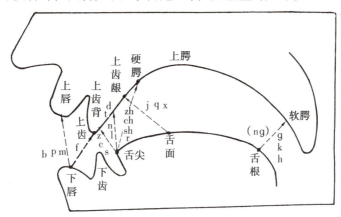

图 3-1　声母发音部位示意图

二、按发音方法分类

声母的"发音方法"包括三个方面:一是发音器官构成阻碍("成阻")和气流排除阻碍("除阻")的方式;二是发音时声带是否颤动;三是发音时气流的强弱(即"送气""不送气")。

1. 以阻碍的方式划分

成阻排阻的方式是发音方法中主要的部分,据此可将声母分为:

(1)塞音　发音时,两个成阻部位紧靠拢,软腭上升堵住口腔与鼻腔的通道,气路完全被封闭,然后气流冲破阻碍,爆发成音。这组声母共有 b、p、d、t、g、k 6 个。

(2)擦音　发音时,两个成阻部位接近,仅留窄缝,软腭上升堵住口腔与鼻腔通路,气流从窄缝中挤出而摩擦成音。这组声母共有 f、h、x、sh、s、r 6 个。

(3)塞擦音　发音时,两个成阻部位按塞音方式闭塞气路,接着气流把口腔内的阻塞部位冲开一条窄缝并继续从窄缝中不断挤出而摩擦成音。实际上是以塞音开始,以擦音结束。这组声母共有 j、q、zh、ch、z、c 6 个。

(4)鼻音　发音时,口腔中两个成阻部位紧密靠拢闭塞气流,软腭下降;打开鼻腔通路,气流振动声带,从鼻腔通过。这组声母共有 m、n 2 个。

(5)边音　发音时,舌尖与上齿龈接触,但舌头两边留出空隙,同时软腭上升封住鼻腔通路,气流振动声带并从舌头两边泄出。这组声母只有 l 1 个。

2. 以声带是否颤动划分

既然辅音发音时有的声带颤动,有的不颤动,依据这点可以把声母区分为两组:

(1)清音　发音时声带不颤动,呼出的气流不带音。这组声母有 b、p、f、d、t、g、k、h、j、q、x、zh、ch、sh、z、c、s 共 17 个。

(2)浊音　发音时声带颤动,呼出的气流带音。这组声母有 m、n、l、r 共 4 个。

3. 以气流的强弱划分

我们把气流较强称为"送气",把气流较弱称为"不送气",据此可把声母中的塞音和塞擦音分为两组:

(1)送气音　发音时口腔呼出的气流比较强,这组声母有 p、t、k、q、ch、c 6 个。

(2)不送气音　发音时口腔呼出的气流比较弱,这组声母有 b、d、g、j、zh、z 6 个。

这里有一点需作说明:实际上,发任何音素,"不送气"都是发不出的;为什么对塞音、塞擦音,要划出一组"不送气音"呢?因为普通话声母中 6 个塞音、6 个塞擦音分别是具有对应关系的 3 对,相对应的每对中两个声母阻碍的方式和声带颤动情况都一样,惟有气流强弱不同。为了突出它们的这个不同点,以便于辨别,所以用"送气""不送气"命名。其他擦音、鼻音、边音声母就无所谓气流强弱的比较,也用不着参加此项分类了。

第二节　声母的发音

一、声母概述

上节把普通话里 21 个辅音声母从发音部位和发音方法的两个方面,以及发音方法中的三种方式的角度,进行了四次"分类",这实际上是从几个侧面对每个声母如何发音,做了说明和规定。据此列出下表,让每个声母"对号入座":

普通话声母总表

发音部位 \ 发音方法		塞		塞擦		擦		鼻	边
		清		清		清	浊	浊	浊
		不送气	送气	不送气	送气				
唇	双唇	上唇下唇	b	p					m	
	唇齿	上齿下唇					f			
舌尖中		舌尖上齿龈	d	t					n	l
舌根		舌根软腭	g	k			h			
舌面		舌面硬腭			j	q	x			
舌尖后		舌尖硬腭前			zh	ch	sh	r		
舌尖前		舌尖上齿背			z	c	s			

二、声母的发音

按上表中从左到右、由上到下的次序，正好是汉语拼音方案里声母表的顺序。现在依照这个顺序，按照每个声母在表中所处格子，就可以把握它们一个一个的发音要领练习发音。

▶ b —— 双唇、不送气、清、塞音(即:双唇音、不送气音、清音、塞音。下同)。请读例词:

白布 bái bù	办报 bàn bào	斑驳 bān bó
不必 bú bì	标兵 biāo bīng	辨别 biàn bié

▶ p —— 双唇、送气、清、塞音。请读例词:

枇杷 pí pá	排炮 pái pào	澎湃 péng pài
偏旁 piān páng	品评 pǐn píng	铺排 pū pái

▶ m —— 双唇、浊、鼻音。请读例词:

埋没 mái mò	麦苗 mài miáo	满目 mǎn mù
茂名 mào míng	美妙 měi miào	门楣 mén méi

▶ f —— 唇齿、清、擦音。请读例词:

发奋 fā fèn	繁复 fán fù	芳菲 fāng fēi
放风 fàng fēng	丰富 fēng fù	福分 fú fen

▶ d —— 舌尖中、不送气、清、塞音。请读例词:

达到 dá dào	带电 dài diàn	弹道 dàn dào
当地 dāng dì	地道 dì dào	电灯 diàn dēng

▶ t —— 舌尖中、送气、清、塞音。请读例词:

塔台 tǎ tái	坦途 tǎn tú	滔天 tāo tiān
梯田 tī tián	挑剔 tiāo tī	团体 tuán tǐ

▶ n —— 舌尖中、浊、鼻音。请读例词:

牛奶 niú nǎi	难耐 nán nài	恼怒 nǎo nù
泥泞 ní nìng	农奴 nóng nú	男女 nán nǚ

▶ l —— 舌尖中、浊、边音。请读例词:

拉犁 lā lí	来历 lái lì	劳累 láo lèi
笼络 lǒng luò	留恋 liú liàn	罗列 luó liè

▶ g —— 舌根、不送气、清、塞音。请读例词:

钢锅 gāng guō	梗概 gěng gài	高贵 gāo guì
观光 guān guāng	瓜葛 guā gé	国歌 guó gē

▶ k —— 舌根、送气、清、塞音。请读例词:

开口 kāi kǒu	坎坷 kǎn kě	慷慨 kāng kǎi
苛刻 kē kè	空壳 kōng ké	宽阔 kuān kuò

▶ h —— 舌根、清、擦音。请读例词：

海河 hǎi hé　　　　含混 hán hùn　　　　行会 háng huì

豪华 háo huá　　　　和好 hé hǎo　　　　红火 hóng huǒ

▶ j——舌面、不送气、清、塞擦音。请读例词：

积极 jī jí　　　　佳境 jiā jìng　　　　假借 jiǎ jiè

艰巨 jiān jù　　　　讲解 jiǎng jiě　　　　江津 jiāng jīn

▶ q —— 舌面、送气、清、塞擦音。请读例词：

气球 qì qiú　　　　崎岖 qí qū　　　　亲切 qīn qiè

请求 qǐng qiú　　　　弃权 qì quán　　　　巧取 qiǎo qǔ

▶ x —— 舌面、清、擦音。请读例词：

唏嘘 xī xū　　　　细心 xì xīn　　　　喜讯 xǐ xùn

先行 xiān xíng　　　　相信 xiāng xìn　　　　学习 xué xí

▶ zh —— 舌尖后、不送气、清、塞擦音。请读例词：

辗转 zhǎn zhuǎn　　　　招致 zhāo zhì　　　　照准 zhào zhǔn

正直 zhèng zhí　　　　征战 zhēng zhàn　　　　整治 zhěng zhì

▶ ch —— 舌尖后、送气、清、塞擦音。请读例词：

差池 chā chí　　　　蟾蜍 chán chú　　　　长春 cháng chūn

车床 chē chuáng　　　　乘除 chéng chú　　　　充斥 chōng chì

▶ sh —— 舌尖后、清、擦音。请读例词：

沙参 shā shēn　　　　山水 shān shuǐ　　　　伤神 shāng shén

上升 shàng shēng　　　　少数 shǎo shù　　　　射手 shè shǒu

▶ r —— 舌尖后、浊、擦音。请读例词：

忍让 rěn ràng　　　　荏苒 rěn rǎn　　　　仍然 réng rán

荣辱 róng rǔ　　　　容忍 róng rěn　　　　柔软 róu ruǎn

▶ z —— 舌尖前、不送气、清、塞擦音。请读例词：

在座 zài zuò　　　　藏族 zàng zú　　　　造作 zào zuò

祖宗 zǔ zong　　　　遭罪 zāo zuì　　　　总则 zǒng zé

▶ c —— 舌尖前、送气、清、塞擦音。请读例词：

参差 cēn cī　　　　猜测 cāi cè　　　　仓促 cāng cù

草丛 cǎo cóng　　　　苍翠 cāng cuì　　　　从此 cóng cǐ

▶ s —— 舌尖前、清、擦音。请读例词：

洒扫 sǎ sǎo　　　　瑟缩 sè suō　　　　诉讼 sù sòng

琐碎 suǒ suì　　　　松散 sōng sǎn　　　　思索 sī suǒ

三、声母的呼读音

上面讲的练的，是声母的实际发音，即每个声母的"本音"。由于大多数（21 个中的

17个)声母都是由清辅音充当,发音时声带不颤动,本音不响亮、不清晰,像耳语似的,稍远一点就听不见,不便于教学,于是在教学时就给每个声母的本音后面配上一个元音,使它们读起来响亮、清晰。这样发出的声音称为声母的"呼读音"。21个声母的呼读音如下:

b:	b+o=bo(波)	p:	p+o=po(坡)
m:	m+o=mo(摸)	f:	f+o=fo(佛)
d:	d+e=de(得)	t:	t+e=te(特)
n:	n+e=ne(讷)	l:	l+e=le(勒)
g:	g+e=ge(哥)	k:	k+e=ke(科)
h:	h+e=he(喝)		
j:	j+i=ji(基)	q:	q+i=qi(欺)
x:	x+i=xi(希)		
zh:	zh+-i(后)=zhi(知)	ch:	ch+-i(后)=chi(痴)
sh:	sh+-i(后)=shi(诗)	r:	r+-i(后)=ri(日)
z:	z+-i(前)=zi(资)	c:	c+-i(前)=ci(雌)
s:	s+-i(前)=si(思)		

由此可见:①每个声母的呼读音实际上都是一个念阴平调的音节。②声母 zh、ch、sh、r 后面配的元音是"-i(后)",声母 z、c、s 后面配的元音是"-i(前)",而不是配的元音"i"。至于为什么在音节里把"-i(后)""-i(前)"都写作"i",在下一章里将要讲到。

必须注意的是,声母的呼读音只用在教学和其他场合"称呼"它们,不能用呼读音来与韵母拼读;在拼读音节时,必须用声母的本音,否则拼出来的音是不准确或不正确的。

第三节 声母的辨正

为了掌握普通话,就需要在学习过程中经常将自己所操的方言与普通话进行比较,辨明它们的同与异,再针对差异按普通话的标准进行纠正,这叫方言辨正。可以说,学习普通话的全过程也就是不断辨正的过程。方言与普通话的差异主要表现在语音上,所以方言辨正又主要是方音辨正。本章学习普通话声母,就要进行声母的方音辨正。

一、声母辨正的范围

将所操方言与普通话二者的声母加以总体性的比较,明了它们差异之处,是有的放矢地辨正的前提。重庆话和西南官话区多数次方言的声母与普通话声母的不同主要是:

1. 声母不全相同

一方面缺少普通话里的 5 个声母;另一方面具有普通话里没有的 4 个声母,但都分别与普通话声母存在对应关系。

①方言中所缺的 5 个普通话声母,以发音部位或发音方法相同的声母去取代,见下表。

普通话声母	方音声母	不同处	相同处	例　字
zh	z	发音部位	发音方法	扎、斋、张、招、遮、针
ch	c	同上	同上	差、拆、昌、超、称、冲
sh	s	同上	同上	沙、筛、商、烧、申、失
r	[z]	同上	同上	然、让、人、柔、如、若
n	l	发音方法	发音部位	拿、南、脑、能、你、念

②方言中"多"的 4 个声母,除[z]之外(见上表)与普通话声母的对应关系如下表:

方言声母	普通话声母	不同处	相同处	例　字
[v]	零声母		音节韵母相同	污、无、五、务、万、王、未、文
[ŋ]	零声母		同上	艾、袄、欧、安、恩、昂、额、恶
[ȵ]	零声母		同上	宜、艺、业、研、严
	n	发音部位	发音方法	霓、你、捏、镊、鸟、扭、碾、女

在说普通话时,方言里"多"出的 4 个声母都应该丢掉。

2. 声母在用法上不全相同

方言与普通话共有的声母在用法上不全相同,其中也有某种对应关系。这方面又存在几种情况。

(1)h 和 f 有时混用

①普通话里舌根音声母 h 与"u"和"u"开头的韵母相拼的音节,方言改用唇齿音声母:

声　母		韵　母	代表字	说　明
h（普通话）	f（方言）	u	呼、胡、虎、户	西南各地均作 fu
		ua	花、华、化	重庆少数远郊县、四川部分县市,读"f"声母
		uan	欢、还、缓、换	
		uang	荒、黄、恍、晃	
		ui	灰、回、悔、会	
		un	婚、魂、混	

②普通话里以唇齿音 f 为声母的许多音节,在重庆少数远郊县和四川部分县市中,却以舌根音为声母,如:发(ha)、反(fan)、方(hang)、飞(hui)、分(hun)、丰(hong)。

(2)有些音节里,普通话用不送气声母而方言用送气声母,普通话用舌面音声母而方言用舌根音声母。

①以送气声母取代了不送气声母,见表:

例 字	普通话	方 言	例 字	普通话	方 言	例 字	普通话	方 言
拔	ba	pa	抖	dou	tou	箍	gu	ku
绊	ban	pan	堤	di	ti	捷	jie	qie
痹	bi	pi	旯	ga	ka	造	zao	cao
遍	bian	pian	溉	gai	kai	泽	ze	c^e
导	dao	tao	搁	ge	ko	秩	zhi	ci

②以舌根音声母取代了舌面音声母,见表:

例 字	普通话	方 言	例 字	普通话	方 言	例 字	普通话	方 言
街	jie	gai	角	jiao	go	鞋	xie	hai
窖	jiao	gao	敲	qiao	kao	咸	xian	han
间	jian	gan	嵌	qian	kan	巷	xiang	hang

3. 一些字的声母不同却无明显语言规律

还有一些字的声母,因其他原因使其在方言里与普通话不同,但无明显语音规律,也需注意,略举于后(注音前者为普通话,后者为方言):淹 yan→an,禅 chan→san,常 chang→sang,晨 chen→sen,乘 cheng→sen,唇 chun→sun,泣 qi→xi,囚 qiu→xiu,趋 qu→cui,容 rong→yong(零声母),荣 rong→yun(零声母),像 xiang→qiang,营 ying(零声母)→yun(零声母)。

经过这样一比较,我们对辨正范围和重点就心中有数了。

二、声母辨正的内容和方法

从上面的比较分析可知道,方言区的人学普通话,声母的主要问题在上一条的"1."款和"2."款。即 zh、ch、sh、r 与 z、c、s、[z],n 与 l,h 与 f 这三组声母的辨正。

1. zh、ch、sh、r 与 z、c、s、[z]的辨正

舌尖后音 zh、ch、sh、r 又称翘舌音,舌尖前音 z、c、s、[z]又叫平舌音。普通话里,这组声母出现频率很高,在 3 500 个常用字和次常用字中,这组字就有 865 个,占 24.7%;而其中翘舌音 zh、ch、sh、r 为声母的字有 602 个,在这组字里占 70%,人们说话、念书、读报一张口就要碰到它们。所以对于重庆和其他方言区人们来说,能不能正确辨正这组字、读准翘舌音声母,是普通话水平测试的重要标尺。

(1)学会发翘舌音 翘舌音不是卷舌音,可用下述方法练习:

①掌握翘舌动作。对镜微张口,让舌尖向上翘起,使它对着硬腭前部。反复练习,初步掌握后再离镜凭感觉让舌尖上顶硬腭,直到一想到 zh、ch、sh、r 时就能自如地翘舌。

②用 er(儿)导引。先发 er 音,延长,接着发翘舌音声母的呼读音:er—zhi、er—chi、

er—shi、er—ri。坚持反复练习可见成效。

③用拇指矫正。洗净手将拇指(指甲向下)紧贴上齿龈(上牙床),试发翘舌音,尽量不让舌尖触及指甲,反复练习,使舌头习惯这一动作,就能发准 zh、ch、sh、r 了。

(2)辨别平、翘舌声母　念读词语和文句,把翘舌音声母的字用"＿"标出,平舌音声母的字用"."标出。

①读词语辨平、翘声字:

字纸—制止	阻力—主力	资源—支援
素质—数字	自学—治学	栽花—摘花
赞歌—战歌	早到—找到	大字—大致
祖父—嘱咐	综合—中和	六成—六层
木材—木柴	推辞—推迟	三角—山脚
搜集—收集	肃穆—树木	桑叶—商业
近似—近视	邹昌—周仓	词序—持续

②读文句辨平、翘声字:

我们都是神枪手,每一颗子弹消灭一个敌人;我们都是飞行军,哪怕那山高水又深!在密密的树林里,到处都安排同志们的宿营地;在高高的山冈上,有我们无数的好兄弟。没有吃,没有穿,自有那敌人送上前;没有枪,没有炮,敌人给我们造。我们生长在这里,每一寸土地都是我们自己的,无论谁要强占去,我们就和他拼到底!(《游击队歌》歌词)

(3)学会判断该"平"或该"翘"　怎么知道一个字的声母该是平舌音还是翘舌音呢?这里介绍三种方法:

①记少不记多。前面讲到,本组字里属平舌音声母的约近 1/3。例如在韵母为"en"的常用字中,平舌音(舌尖前)声母的只有一个"怎"字,而翘舌音(舌尖后)声母的字则有"贞、真、诊、阵"等 13 个;韵母为"ou"的字,声母为平舌音的只有一个"凑"字,而声母为翘舌音的则有"抽、仇、愁、丑、臭"等 12 个字。所以只要记住"怎""凑"两个字,就能正确断定另 25 个字的声母,这就是"记少不记多"。那么"记"哪些字呢? 可参考本节所附的《zh、ch、sh 和 z、c、s 对照辨音字表》。至于"r"声母的字,则是将方言中"[z]"声母都改读"r"声母就行了。

②汉字声旁类推。汉字大部分为形声字,声旁相同的字读音基本上也相同。因此,记住"代表字"的正确读音,就可利用声旁进行类推,正确地判断和读出其他一些字的声母来。例如:"昌"的声母是"ch",那么声旁为"昌"的"猖、倡、唱"等字的声母亦必是"ch"。这也可算是"记少不记多"的一个方法。不过要注意,由于汉字的长期演变,声旁已不完全都表示字的读音了。例如"乍"的声母是舌尖后音"zh",以它为偏旁的"炸、榨、诈"等字的声母也是"zh",但"昨、作"的声母却是舌尖前音"z"。所以此种记忆法也不是绝对的。

③借助声韵配合规律类推。在普通话里,声母和韵母的拼合是有一定规律的(在第四章第二节里将专门讲到),我们可以依此规律判读字音。例如:z、c、s 一组声母都不与 ua、uai、uang 3 个韵母相拼合,那么遇到这 3 个韵母的舌尖音汉字,就肯定该读舌尖后音(翘舌音);声母 sh 不能与韵母 ong 相拼合,那么 ong 韵母的"松、耸、送、宋、颂、诵"等字

的声母必是 s(平舌音)无疑了。

2. n 与 l 的辨正

重庆话没有鼻音声母 n；凡是普通话里 n 声母的字，重庆话都发边音声母 l 的音。"边鼻不分"是四川和重庆方音的一个显著特点。而以边音鼻音为声母的字在 3 500 常用、次常用字里比例不小，使用频率也高，所以它们的发音正确与否对一个人的语音面貌关系也很大。

（1）学会发 n 音　"l"是重庆等方言区的人很习惯发的音；n 与 l 的发音部位完全相同，不同的是发音方法。发鼻音时舌尖抵满上牙床，将软腭（俗称"小舌"）放下来贴紧舌根部，这时通向口腔的气路关闭，通向鼻腔的气路则畅通，气流振动声带，在鼻腔形成共鸣，并从鼻孔透出。捏住鼻孔是不能发出 n 音的。而发边音 l 时则可捏住鼻子，因为发 l 时软腭是上升封住鼻腔通路的，气流振动声带，从舌的两边泄出，同时在口腔形成共鸣。所以，辨别 n、l 的关键是控制软腭的升降。

（2）辨别边、鼻音声母　念读词语和文句，把鼻音声母的字用"＿"标出，边音声母的字用"."标出。

① 读词语辨边、鼻音字：

黄泥—黄梨	五年—五连	新娘—新粮
南路—拦路	无奈—无赖	水牛—水流
老牛—脑瘤	留念—留恋	泥巴—篱笆
南天—蓝天	姑娘—估量	说你—说理

② 读文句辨边、鼻音字：

念一念，练一练，n、l 的发音要分辨。

l 是边音软腭升，n 是鼻音舌上前。

你来练，我来念，不怕累不畏难，大家努力攻难关。

（3）学会判断该"边"该"鼻"　要迅速、正确地判定哪些以舌尖中音为声母的字该读鼻音还是边音，可以有两个方法。一个是根据汉字"声旁表声、同旁同声"的原理，借助声旁类推，由已知读音的"代表字"判定未知读音的字的读法。本节所附"n、l 偏旁类推字表"可以做我们的工具。另一个办法是"记少不记多"。常用字表中，舌尖中边鼻音声母的字共 278 个，其中边音字 193 个，鼻音字 85 个。鼻音声母字不到边音声母字的一半；只要经常留心把鼻音声母的字记住，并与声旁类推法结合起来，就容易判断准确了。

3. f 与 h 的辨正

普通话中 f 声母的字和 h 声母的字，在方言中常有被混读情况。如吴方言把一部分 f 声母的字的声母读成 h；而重庆、四川、云南、贵州的许多地区，人们却是把一部分 h 声母的字的声母读成 f，而另有少数地区则 f、h 反用。这些情况与前面"1."和"2."的两组需辨正的不同，方音里本来就既有舌根音 h，也有唇齿音 f，方言区的人们发这两个音不成问题，问题只是区分清楚哪些字的声母该是 f，哪些字的声母该是 h。以重庆话为例，需要辨正的只有 hu 一个音节。重庆人平时把 hu 音节的字都读作"fu",只要记住 hu 音节的代表字,再用声旁类推法,就基本上解决问题了。至于一些把 h、f 反用(如读"飞"为"huī",读"灰"为"fuī",读"发"为"huā",读"华"为"fá")的方言地区,辨正稍麻烦些,可参考本书所附的"f、h 偏旁类推字表",把"偏旁类推法"与"记少不记多法"结合起来就易于收效。

4. 零声母的辨正

普通话韵母中,有 36 个可以"自成音节",也就是没有辅音声母也能作为音节存在。习惯上把它们称为"零声母音节"。重庆话里有些零声母音节的字读成了有声母的音节:

在零声母前面加辅音[ŋ]:

例 字	普通话	重庆话	例 字	普通话	重庆话
额	ê	[ŋ]ê	恩	ēn	[ŋ]en
敖	áo	[ŋ]ao	昂	áng	[ŋ]ang
欧	ōu	[ŋ]ou	爱	ai	[ŋ]ai
安	ān	[ŋ]an	我	wǒ	[ŋ]o

在零声母前面加辅音[ȵ]、[v]:

例 字	普通话	重庆话	例 字	普通话	重庆话
宜	yí	[ȵ]i	严	yán	[ȵ]ian
业	yè	[ȵ]ie	午	wǔ	[v]u

(重庆话的音节未标声调)

纠正在零声母音节前面加辅音声母,根本方法是按韵母的发音方法准确地发好单元音;凡是遇到以单元音开头的音节,注意按元音发音的要求,舌头不能接触软腭和硬腭,唇齿不能相碰。只要这样做,就可克服"加辅音"的毛病。

5. 防止"尖音"

声母 z、c、s 跟 i、ü 或以 i、ü 开头的韵母相拼合,叫"尖音";声母 j、q、x 跟 i、ü 或以 i、ü 开头的韵母相拼合,叫"团音"。普通话里 z、c、s 3 个声母不能跟 i、ü 或以 i、ü 开头的韵母相拼,而 j、q、x 则可以与它们相拼。所以,普通话里不能有"尖音",只有"团音"。有些方言里有尖音,也有些人有发尖音的习惯,即把"ji、qi、xi"等以舌面音为声母的音节的声母改读成声母"z、c、s"3 个舌尖音。这是语音不纯正的毛病,在学普通话时,要注意防止和克服。试读下边的语句,互相听听有无尖音,如有就加以纠正。

计算机,真神奇,　　　　记忆计算兼学习。

同学勤奋加劲练,　　　　青春时期要珍惜。

学好科技长志气,　　　　新世纪里出成绩。

(张源　提供)

附录二

zh、ch、sh 和 z、c、s 对照辨音字表

声母 例字韵母	zh	z
a	①扎驻~渣②闸铡扎挣~札信~眨④乍炸榨蚱栅	①扎包~匝②杂砸
e	①遮②折哲辙③者④蔗浙	②泽择责则咋④仄
u	①朱珠蛛株诸猪②竹烛逐③主煮嘱④注驻住柱驻蛀贮祝铸筑箸助著	①租②族足卒③阻祖
-i[后]	①之芝支枝肢知蜘汁只织脂②直植殖值侄执职③止址趾旨指纸只④至窒致志治质帜挚捯秩置滞制智稚痔	①兹滋孳姿咨资孜龇锱辎③子仔籽梓滓紫④字自恣渍
ai	①摘斋②宅③窄④寨债	①灾哉栽③宰载④再在载~重
ei		②贼
ao	①昭招朝②着③找爪沼④照召赵兆罩	①遭糟②凿③早枣澡④造皂灶躁燥
ou	①州洲舟周粥②轴③帚肘④宙昼咒骤皱	①邹③走④奏揍
ua	①抓~紧③爪~子	
uo	①桌捉拙卓②着酌灼浊镯④啄啄	①作~坊②昨③左④坐座作祚做
ui	①追锥④缀赘坠	③嘴④最罪醉
an	①沾毡粘③盏展斩④占站战栈绽蘸	①簪②咱③攒④赞~成暂~时
en	①贞侦帧祯桢真③疹诊枕缜④振震阵镇	③怎
ang	①张章樟彰③长掌涨④丈仗杖帐涨瘴障	①赃脏肮~③驵~侩④葬藏脏奘
eng	①正~月征争睁筝挣③整拯④正政症证郑	①曾憎增缯④赠
ong	①中盅忠钟衷终③肿种~子④中打~种~植仲重众	①宗踪棕综鬃③总④纵棕
uan	①专砖③转④传转~动撰篆赚	①钻~空子③纂缵④钻~石攥~紧
un	③准	①尊遵③樽~节
uang	①庄桩装妆④壮状撞	

例字 声母 韵母	ch	c
a	①叉杈插差~别②茶搽查察③衩④岔诧差~错	①擦嚓
e	①车③扯④彻撤掣	④册策厕侧测恻
u	①出初②除厨橱锄蹰刍雏③楚础杵储处~分④畜触蠢处	①粗④卒仓~猝促醋簇
-i	①吃痴嗤②池驰迟持匙③尺齿耻侈豉②斥炽翅赤叱	①疵差参~②雌辞词祠瓷慈磁③此④次伺刺赐
ai	①差拆钗②柴豺	①猜②才财材裁③采彩踩④菜蔡
ao	①抄钞超②朝潮嘲巢③吵炒	①操糙②曹漕嘈槽③草
ou	①抽②仇筹踌绸稠酬愁③瞅丑④臭	④凑
uo	①踔戳④绰~号辍掇啜	①搓蹉撮④措错挫锉
uai	③揣④踹	
ui	①吹炊②垂锤捶槌	①崔催摧③璀④萃悴淬翠粹瘁脆
an	①搀掺②蝉禅谗馋潺缠蟾③铲产阐④忏颤	①餐参②蚕残惭③掺④灿
en	①琛嗔②晨宸沉忱陈臣④趁衬称相~	①参~差②岑
ang	①昌猖娼伥②常嫦尝偿场肠长③厂场敞氅④倡唱畅怅	①仓苍舱沧②藏
eng	①称撑②成诚城盛~水呈程承乘澄橙惩③逞骋④秤	①曾层④蹭~蹬
ong	①充冲舂②重虫崇③宠④冲~压	①匆葱囱聪②从丛淙
uan	①川穿②船传椽③喘④串	①蹿④窜篡
un	①春椿②唇纯淳醇③蠢	①村②存③忖④寸
uang	①窗疮创~伤②床③闯④创~造	

例字 声母 韵母	sh	s
a	①沙纱砂痧杀杉③傻④煞厦大~	①撒③洒撒~种④卅萨飒
e	①奢赊②舌蛇③舍④社舍射麝设摄涉赦	④色瑟啬涩塞
u	①书梳疏蔬舒殊叔淑输抒纾舒枢②孰塾赎③暑署薯曙鼠数属黍④树竖术述束漱恕数	①苏酥②俗④素塑诉肃粟宿速

30

例字 韵母 声母	sh	s
-i	①尸师狮失施诗湿虱②十什拾石时识实食蚀③史使驶始屎矢④世势誓逝市示事是视室适饰士氏恃式试轼弑	①司私思斯丝鸶③死④四肆似寺
ai	①筛③色~子④晒	①腮鳃塞④塞要~赛
ao	①捎稍艄烧②勺芍杓韶③少④少哨绍邵	①臊骚搔③扫嫂④扫臊害~
ou	①收②熟③手首守④受授寿售兽瘦	①溲嗖飕搜艘馊③叟擞④嗽
ua	①刷③耍	
uo	①说④硕烁朔	①缩娑蓑梭唆③所锁琐索
uai	①衰③甩④帅率蟀	
ui	②谁③水④税睡	①虽尿②绥隋随③髓④岁碎穗隧燧遂
an	①山舢删衫珊姗栅跚③闪陕④扇善膳缮擅赡	①三叁③伞散~文④散
en	①申伸呻身深参人~②神③沈审婶④慎肾甚渗	①森
ang	①商墒伤③响晌赏④上尚	①桑丧~事③嗓④丧
eng	①生牲笙甥升声②绳③省④圣胜盛剩	①僧
ong		①松③悚④送宋颂诵
uan	①拴栓④涮	①酸④算蒜
un	④顺瞬舜	①孙③笋损
uang	①双霜③爽	

说明:表中的数字表示声调,①是阴平,余类推。黑体字是代表字。

n、l 偏旁类推字表

1. n 声母

那—nǎ 哪；nà 那；nuó 挪，娜。

乃—nǎi 乃，奶。

奈—nài 奈；nà 捺。

南—nán 南，喃，楠。

脑—nǎo 恼，瑙，脑。

内—nèi 内；nè 讷，nà 呐，衲，钠。

尼—ní 尼，泥，呢。

倪—ní 倪，霓。

念—niǎn 捻；niàn 念。

捏—niē 捏；niè 涅。

聂—niè 聂，蹑。

宁—níng 宁，拧，咛，狞，柠；nìng 宁（~可），泞。

纽—niū 妞；niǔ 扭，纽，钮。

农—nóng 农，浓，脓；nòng 弄。

奴—nú 奴，孥，驽；nǔ 努；nù 怒。

诺—nuò 诺；nì 匿。

懦—nuò 懦，糯。

虐—nüè 疟。

2. l 声母

剌—lǎ 喇；là 剌，辣，瘌；lài 赖，癞，籁；lǎn 懒。

腊—là 腊，蜡；liè 猎。

兰—lán 兰，拦，栏；làn 烂。

览—lǎn 览，揽，缆，榄。

蓝—lán 蓝，篮；làn 滥。

老—lǎo 老，姥。

劳—lāo 捞；láo 劳，痨；lào 涝。

乐—lè 乐；lì 砾。

垒—lěi 垒。

累—lèi 累；luó 骡，螺。

雷—léi 雷，擂，镭；lěi 蕾。

立—lì 立，粒，笠；lā 拉，垃，啦。

厉—lì 厉，励。

里—lí 厘，狸；lǐ 里，理，鲤。

利—lí 梨，犁；lì 利，俐，痢。

离—lí 离，篱；lí 璃。

力—lì 力，荔；liè 劣；lèi 肋；lè 勒。

历—lì 历，沥。

连—lián 连，莲；liàn 链。

廉—lián 廉，濂，镰。

脸—liǎn 敛，脸；liàn 殓。

炼—liàn 练，炼。

恋—liàn 恋；luán 孪，鸾，滦。

良—liáng 良，粮；láng 郎，廊，狼，琅，榔，螂；lǎng 朗；làng 浪。

梁—liáng 梁，粱。

凉—liáng 凉；liàng 谅、量、晾；luè 掠。

两—liǎng 两，俩（伎俩）；liàng 辆；liǎ 俩。

列—liě 咧，liè 列，裂，烈；lì 例。

林—lín 林，淋，琳，霖；lán 婪。

鳞—lín 嶙，瞵，磷，鳞，麟。

令—líng 伶，玲，铃，羚，聆，蛉，零，龄；lǐng 岭，领；lìng 令；lěng 冷；līn 拎；lín 邻；lián 怜。

菱—líng 凌，陵，菱；léng 棱。

留—liū 溜；liú 留，馏，榴，瘤。

流—liú 流,琉,硫。

柳—liǔ 柳;liáo 聊。

龙—lóng 龙,咙,聋,笼;lǒng 陇,垄,
　　拢。

隆—lōng 隆;lóng 隆,窿,癃。

娄—lóu 娄,喽,楼;lǒu 搂,篓;lǔ 缕,
　　屡。

卢—lú 卢,泸,庐,芦,炉,颅;lǘ 驴;lù 轳。

鲁—lǔ 鲁,橹。

录—lù 录,禄,碌,绿;lǜ 绿,氯。

鹿—lù 鹿,辘。

路—lù 路,鹭,露。

戮—lù 戮。

仑—lūn 抡;lún 仑,伦,沦,轮;lùn 论。

罗—luó 罗,逻,萝,锣,箩。

洛—luò 洛,落,络,骆;lào 烙,酪;lüè 略。

吕—lǚ 吕,侣,铝。

虑—lǜ 虑,滤。

附录四

f、h 偏旁类推字表

1. f 声母

夫—fū 夫,肤,麸;fú 芙,扶。

父—fǔ 斧,釜;fù 父。

付—fú 符;fǔ 府,俯,腑,腐;fù 付,附,咐。

弗—fú 弗,拂;fó 佛;fèi 沸,费。

伏—fú 伏,茯,袱。

甫—fū 敷;fǔ 甫,辅;fù 傅,缚。

孚—fū 孵;fú 孚,俘,浮。

复—fù 复,腹,馥,覆。

福—fú 幅,福,辐,蝠;fù 副,富。

分—fēn 分,芬,吩,纷,氛;fěn 粉;
　　fèn 份,忿,分。

凡—fān 帆;fán 凡,矾。

反—fǎn 反,返;fàn 饭,贩。

番—fān 翻,番。

方—fāng 方,芳;fáng 防,妨,房,肪;
　　fǎng 仿,访,纺;fàng 放。

乏—fá 乏;fàn 泛。

发—fā 发;fà 发;fèi 废。

伐—fá 伐,阀,筏。

风—fēng 风,枫,疯;fěng 讽;fèng 凤。

非—fēi 非,菲,啡,扉;fěi 诽,菲,匪;
　　fèi 痱。

蜂—fēng 峰,烽,锋,蜂。

2. h 声母

火—huǒ 火,伙。

禾—hé 禾,和。

或—huò 或,惑。

户—hù 户,沪,护,戽。

乎—hū 乎,呼。

虎—hǔ 虎,唬。

忽—hū 忽,惚。

胡—hú 胡,湖,糊,蝴。

狐—hú 弧,狐。

化—huā 花,砉;huá 华,哗,铧;huà
　　化,华(姓);huà 话。

活—huó 活;huò 货。

灰—huī 灰,恢。

回—huí 回,茴,蛔;huái 徊。

会—huì 会,绘,烩。
挥—huī 挥,辉;hún 浑。
悔—huǐ 悔;huì 海,晦。
惠—huì 惠,蕙,卉,荟,彗,慧。
红—hóng 红,虹,鸿。
洪—hōng 哄(~动);hóng 洪;hǒng 哄(~骗);hòng 哄(起~),讧。
怀—huái 怀;huài 坏。
淮—huái 淮;huì 汇。

还—huán 还,环;hái 还。
涣—huàn 涣,换,唤,焕,痪。
昏—hūn 昏,阍,婚。
混—hún 混,馄;hùn 混。
荒—huāng 荒,慌;huǎng 谎。
皇—huáng 皇,凰,惶,徨,蝗。
晃—huǎng 晃,恍,幌;huàng 晃(~动),滉。
黄—huáng 黄,璜,簧。

训练与实践

1. 按要求熟读下面列出的普通话声母。

	①	②	③	④	⑤	⑥	⑦	⑧
①	b	p					m	
②					f			
③	d	t					n	l
④	g	k			h			
⑤			j	q	x			
⑥			zh	ch	sh	r		
⑦			z	c	s			

（1）按从左到右、由上而下的顺序,先准确读熟声母的本音,再熟读声母的呼读音。
（2）仔细体会并说出 7 个横行声母各行的发音特点,8 个直行声母各行的发音特点。

2. 熟读下列词语,发准声母。

斑白 bān bái　　　奔波 bēn bō　　　标兵 biāo bīng　　　辨别 biàn bié
偏僻 piān pì　　　澎湃 péng pài　　　爬坡 pá pō　　　乒乓 pīng pāng
美妙 měi miào　　　面貌 miàn mào　　　茂密 mào mì　　　磨米 mò mǐ
发愤 fā fèn　　　丰富 fēng fù　　　防范 fáng fàn　　　芬芳 fēn fāng
电灯 diàn dēng　　　打的 dǎ dī　　　带动 dài dòng　　　断定 duàn dìng
团体 tuán tǐ　　　探讨 tàn tǎo　　　体贴 tǐ tiē　　　天堂 tiān táng
男女 nán nǚ　　　泥泞 ní nìng　　　难耐 nán nài　　　恼怒 nǎo nù
磊落 lěi luò　　　理论 lǐ lùn　　　流利 liú lì　　　拉犁 lā lí
改革 gǎi gé　　　国歌 guó gē　　　巩固 gǒng gù　　　规格 guī gé
宽阔 kuān kuò　　　慷慨 kāng kǎi　　　刻苦 kè kǔ　　　开垦 kāi kěn
航海 háng hǎi　　　欢呼 huān hū　　　很好 hěn hǎo　　　黄鹤 huáng hè

季节 jì jié	借鉴 jiè jiàn	经济 jīng jì	进军 jìn jūn
恰巧 qià qiǎo	请求 qǐng qiú	铅球 qiān qiú	侵权 qīn quán
虚心 xū xīn	喜讯 xǐ xùn	现象 xiàn xiàng	信息 xìn xī
庄重 zhuāng zhòng	战争 zhàn zhēng	政治 zhèng zhì	种植 zhòng zhí
长城 cháng chéng	车床 chē chuáng	超产 chāo chǎn	出差 chū chāi
事实 shì shí	少数 shǎo shù	深山 shēn shān	上水 shàng shuǐ
柔软 róu ruǎn	容忍 róng rěn	荏苒 rěn rǎn	仍然 réng rán
自尊 zì zūn	总则 zǒng zé	祖宗 zǔ zōng	恣睢 zì suī
苍翠 cāng cuì	层次 céng cì	猜测 cāi cè	粗糙 cū cāo
思索 sī suǒ	松散 sōng sǎn	色素 sè sù	洒扫 sǎ sǎo

3. 写出下面加点的字的声母，并说明上下两行中加点字声母发音的区别。

$\begin{cases}便宜\\便利\end{cases}$　$\begin{cases}圆圈\\猪圈\end{cases}$　$\begin{cases}坚强\\倔强\end{cases}$　$\begin{cases}传染\\传记\end{cases}$　$\begin{cases}新春\\新村\end{cases}$　$\begin{cases}初步\\粗布\end{cases}$

$\begin{cases}找到\\早到\end{cases}$　$\begin{cases}收集\\搜集\end{cases}$　$\begin{cases}黏合\\联合\end{cases}$　$\begin{cases}留念\\留恋\end{cases}$　$\begin{cases}浓重\\隆重\end{cases}$　$\begin{cases}女伴\\旅伴\end{cases}$

4. 一边听读一边迅速写出下面汉字的声母来。

呐（　）	拉（　）	黎（　）	泥（　）	那（　）	蜡（　）
努（　）	鲁（　）	女（　）	吕（　）	南（　）	兰（　）
宁（　）	林（　）	鸟（　）	了（　）	虎（　）	辅（　）
邹（　）	周（　）	遭（　）	招（　）	栽（　）	斋（　）
脏（　）	章（　）	资（　）	知（　）	砸（　）	炸（　）
则（　）	折（　）	阻（　）	煮（　）	辞（　）	迟（　）
柴（　）	才（　）	策（　）	撤（　）	仓（　）	昌（　）
充（　）	冲（　）	蚕（　）	馋（　）	诗（　）	思（　）
撒（　）	沙（　）	色（　）	社（　）	苏（　）	书（　）
叟（　）	手（　）	生（　）	身（　）	岁（　）	税（　）
脑（　）	老（　）	丧（　）	尚（　）	层（　）	缠（　）
流（　）	牛（　）				

5. 写出下面这首诗的每个字的声母来，自己查字典订正后，正确地读出每个字音并达到能背诵，借以发准21个声母。

春日人们起得早，采桑南山惊啼鸟。

阵阵风过扑鼻香，花开花落知多少。

（原为语言学家周有光先生所编《采桑歌》，略有改动）

6. 辨别平翘舌声母对比发音训练。

zhá jì　zá jì　　　　zhào jiù　zào jiù　　　　zhǎo dào　zǎo dào
札 记—杂 记　　　照 旧—造 就　　　找 到—早 稻

zhāi huā zāi huā	zhàn gē zàn gē	zhàn shí zàn shí
摘花—栽花	战歌—赞歌	战时—暂时
zhāng jiā zāng jiā	zhī yuán zī yuán	zhì zào zì zào
张家—藏家	支援—资源	制造—自造
zhǔ lì zǔ lì	zhǔ fù zǔ fù	zhǒng zhàng zǒng zhàng
主力—阻力	嘱咐—祖父	肿胀—总账
zhōng zhǐ zōng zhǐ	zhèng zhì zhèng zì	zhāng zuǐ zāng zuǐ
终止—宗旨	政治—正字	张嘴—脏嘴
zhì zhǐ zì zhǐ	shí zhì shí zì	zhì yuàn zì yuàn
制止—字纸	实质—识字	志愿—自愿
zhī shi zī shì	xīn zhàng xīn zàng	zhēng zhǔ zēng zǔ
知识—姿势	新账—心脏	蒸煮—曾祖
zhū zi zū zi	duǎn zhàn duǎn zàn	zhài zhòng zài zhòng
珠子—租子	短站—短暂	债重—载重
zhì chǐ zì cǐ	zhāo le zāo le	xiǎo zhōu xiǎo zōu
智齿—自此	招了—糟了	小周—小邹
zhú zi zú zi	chū cāo cū cāo	chū bù cū bù
竹子—卒子	出操—粗糙	初步—粗布
xiǎo chǎo xiǎo cǎo	liǎng chéng liǎng céng	chūn zhuāng cūn zhuāng
小炒—小草	两成—两层	春装—村庄
chán shī cán sī	cháng shēng cáng shēn	zhì chóng zì cóng
禅师—蚕丝	长生—藏身	治虫—自从
chāo zhòng cāo zòng	chóng chàng cóng chàng	tuī chí tuī cí
超重—操纵	重唱—从唱	推迟—推辞
yú chì yú cì	cháng zài cáng zài	huì chāi huì cāi
鱼翅—鱼刺	常在—藏在	会拆—会猜
xìng chén xìng cén	mù chái mù cái	zuì chū zuì cū
姓陈—姓岑	木柴—木材	最初—最粗
shǎn shè sǎn shè	shī cháng sī cáng	chén shè chéng sè
闪射—散射	失常—私藏	陈设—成色
shāng yè sāng yè	shān gē sān gē	shōu jí sōu jí
商业—桑叶	山歌—三哥	收集—搜集
shì chá sì chá	shí shì shí sì	shī rén sī rén
视查—四查	实事—十四	诗人—私人

dǎshǎn dǎsǎn 打闪—打伞	shùmiáo sùmiáo 树苗—素描	shàngshù shàngsù 上树—上诉
wǔshuì wǔsuì 午睡—五岁	shūshì sūshì 舒适—苏轼	shǐzhě sǐzhě 使者—死者
shǐshī sǐshī 史诗—死尸	shùlì sùlì 竖立—肃立	shàngsi sàngshī 上司—丧失
shēnshù shēnsù 申述—申诉	chūshì chūsì 初试—初四	chéngshì chéngsì 城市—乘四
shīzhǎng sīzhǎng 师长—司长	túshū túsū 图书—屠苏	shǎoshù sǎoshù 少数—扫数
dúshù dúsù 读数—毒素	chūshì chūsì 出事—初四	shìjiè sìjiè 世界—四届
shùzhuāng sùzhuāng 束装—素装	shāizi sāizi 筛子—塞子	

7. 熟读下面5则绕口令,由慢到快,借以清楚区分和读准平翘舌声母和边鼻音声母。

(1)登山

三月三,小三练登山。
上山又下山,下山又上山。
登了三次山,跑了三里三,
出了一身汗,湿了三件衫。
小三站在山上大声喊:
"这里离天只有三尺三!"

(2)四位老师

四位老师姓石、斯、史、施,
是我人生路上益友良师。
石老师给我精神粮食,
斯老师教我大公无私,
史老师送我知识钥匙,
施老师叫我遇事三思。
我深深记住石、斯、史、施四位老师。

(3)教练和主力

蓝教练是女教练,
吕教练是男教练,
蓝教练不是男教练,
吕教练不是女教练。

蓝南是男篮主力，
吕楠是女篮主力，
吕教练在男篮训练蓝南，
蓝教练在女篮训练吕楠。

（4）新脑筋和老脑筋

新脑筋，老脑筋，
老脑筋可以变成新脑筋。
新脑筋不学新事物，
也会变成老脑筋。

（5）堵油篓

柳六流赶着六头牛，
六头牛驮着六篓油。
看见篓漏油喊老柳。
六妞放柳忙动手，
有篓油篓破篓漏油，
油漏一路满路是油。
刘六妞扛着一捆柳，
帮助老柳堵油篓，
老柳感谢开了口，
满口称赞刘六妞。

8. 舌根声 h 练习。

狐狸和老虎，一起种葫芦。
湖水勤浇灌，蝴蝶忙呵护。
藤儿呼呼长，果实做酒壶。
一壶一壶又一壶。
喝得狐狸惚惚悠悠走弧步。
喝得老虎昏头昏脑犯糊涂。

（张源　提供）

9. 综合演练。反复用普通话念下边一段话（注意把加点的声母读标准），练熟以后说给大家听，然后相互订正。

　　美国俄亥俄州州立大学对学生进行了一次测验：世界上最令人害怕的东西有两个——核武器和在大庭广众中讲话，你更害怕是哪个？结果97%的学生选择了后者。但是许多人的实践证明，只要坚定信心，刻苦锻炼，最终会练成滔滔不绝、出口成章的功夫。林肯是怎样获得雄辩之才的呢？他年轻时代常常徒步30英里，到一个法院去听律师的辩护词，看律师如何用手势，如何慷慨陈词做辩护。返家途中，他常停下脚步，面对着树林大声说话，或者复述刚才听到的辩护词，或者发表自己想好的一段腹稿——他正是这样练就了卓越的雄辩之才。

第四章 普通话的韵母及其辨正

第一节 韵母的构成及分类

韵母是汉语音节中声母后面的部分。一个音节可以没有声母，但不能没有韵母，即可以由韵母自成音节（称为零声母音节）。从《汉语拼音方案》的韵母表可以知道，普通话的韵母共有 39 个，其中 35 个列于表内，另外 4 个在表后的说明中做了交待。

一、韵母的构成

普通话韵母多数由元音构成，少数由元音加鼻辅音构成。前边已讲到普通话的每一个声母只含一个音素，且必定是辅音。而韵母所含的音素，有一个的，也有两个、三个的，所含音素中既有元音，也可以有辅音。例如，uang 这个韵母里，就包含着 u 和 a 两个元音和 ng 一个鼻辅音。

由于韵母的内部构成不像声母那样单纯，为了便于认识、研究其内部所含音素的关系，一般把韵母分为韵头、韵腹、韵尾三部分。

1. 韵腹

韵腹是韵母的主干部分。一个韵母可以没有韵头和韵尾，但不能没有韵腹，所以韵腹必定是元音。一个韵母里，如果只有一个元音，那么这个元音就是韵腹；如果存在着两个或三个元音，那么其中开口度和响度最大的元音才是韵腹。所以也可说韵腹就是韵母里的主要元音。例如在韵母 ai、uai、iou 里，各有两个、三个元音，而分别以 a、a、o 的开口度和响度比较大，那么它们就是韵腹。在多数情况下，充当韵腹的元音是 a、o、e、ê（在拼写中写作"e"）。

2. 韵头

韵头是韵母中位于韵腹前面的元音。普通话韵母中的韵头总是由 i、u、ü 三个元音分别充当。在非零声母音节里，韵头的前面有声母时，韵头的位置就介于声母和韵腹之间；

加之它的发音总是轻而短,很快从声母滑向韵腹,所以又称它为"介音"或"介母"。例如:"iao"中的"i"是韵头,"jiao"中的"i"则既是韵头又是介音。

3. 韵尾

韵尾是韵母中位于韵腹后面的音素,有的是元音,有的是鼻辅音。从韵母表里看出:充作韵尾的元音是"i""u""o"[u],作韵尾的鼻辅音是"n"或"ng"。例如在"ei""ou""ao""uan""iang"这5个音节中,"i、u、o、n、ng"分别是韵尾。

韵母的内部结构,有四种情况:只有韵腹而无韵头、韵尾;只有韵头、韵腹而无韵尾;只有韵腹、韵尾而无韵头;韵头、韵腹、韵尾三者俱全。请看表4-1:

表4-1 韵母结构表

韵 母	韵 头	韵 腹	韵 尾		例 字
			元音韵尾	辅音韵尾	
ü		ü			迂
uo	u	o			窝
ou		o	u		欧
ai		a	i		哀
in		i		n	音
iao	i	a	o		腰
üan	ü	a		n	冤
ueng	u	e		ng	翁

二、韵母的分类

为了便于认识和掌握韵母的发音特点和规律,人们从两个角度对39个韵母进行了分类。

1. 按内部构成分类

根据韵母内部结构特点可以划分为单韵母、复韵母和鼻韵母。

(1)单韵母 是由一个元音构成的韵母,又称单元音韵母,共有10个。按它们发音时舌头活动的情况,可分为三组:

①舌面元音韵母:a、o、e、i、u、ü、ê,共7个。

②卷舌元音韵母:er(这2个字母合起来表示一个音素,"e"表示舌位,"r"表示卷舌的动作)。

③舌尖元音韵母:-i(前),也称舌尖前元音,是"资、雌、思"3个音节的韵母;-i(后),也称舌尖后元音,是"知、蚩、诗、日"4个音节的韵母。

（2）复韵母　是由 2 个或 3 个元音复合而成的韵母，共 13 个。按元音里面响度较大的那个元音所处的位置，可分为三组：

①前响复韵母：ai、ei、ao、ou，共 4 个。

②后响复韵母：ia、ie、ua、uo、üe，共 5 个。

③中响复韵母：iao、iou、uai、uei，共 4 个。

（3）鼻韵母　是由元音和鼻辅音组合构成的韵母，共 16 个。根据其中鼻辅音韵尾的不同，可分为两组：

①前鼻韵母：an、en、ian、in、uan、uen、üan、ün，共 8 个。

②后鼻韵母：ang、eng、ong、iang、ing、iong、uang、ueng，共 8 个。

2. 按开头元音的口形分类

中国传统的韵母分类是以韵头的发音口形为标准，划分为开口呼、齐齿呼、合口呼、撮口呼，简称为"四呼"。

（1）开口呼　这部分韵母都没有韵头，而韵腹又不是 i、u、ü，它们开头的元音的开口度都比 i、u、ü 大。这类韵母共有 15 个，它们是：-i（前）、-i（后）、a、o、e、ê、er、ai、ei、ao、ou、an、en、ang、eng。

（2）齐齿呼　这部分是 i 或由 i 起头的韵母，发音时上下齿排齐，这类韵母共有 9 个，它们是：i、ia、ie、iao、iou、ian、in、iang、ing。

（3）合口呼　这部分是 u 或由 u 起头的韵母，发音时上下唇合拢成圆形。这类韵母共有 10 个：u、ua、uo、uai、uei、uan、uen、uang、ueng，ong 按古今音韵系统也排在这部分。

（4）撮口呼　这部分是 ü 或由 ü 起头的韵母，发音时上下唇聚拢成向前撮的口形。这类韵母共有 5 个：ü、üe、üan、ün，iong 按古今音韵系统也排在这一类里。

把上述两方面的分类标准和《方案》的韵母表结合起来，就形成了表 4-2 的"韵母分类表"：它把 39 个韵母全部包括了；从竖向看，把全部韵母按结构分成三类，类与类之间用粗线条隔开；从横向看，39 个韵母按口形分为四类；从横竖综合看，每个韵母都有两个名称。理解这个表，能加深我们对整个和单个韵母的认识。

表 4-2　普通话韵母分类表

按结构分 ＼ 按口形分 韵母	开口呼	齐齿呼	合口呼	撮口呼
单韵母	-i（前）-i（后）	i	u	ü
	a	ia	ua	
	o		uo	
	e			
	ê	ie		üe
	er			

续表

韵母　按口形分　按结构分	开口呼	齐齿呼	合口呼	撮口呼
复韵母	ai		uai	
	ei		uei	
	ao	iao		
	ou	iou		
鼻韵母	an	ian	uan	üan
	en	in	uen	ün
	ang	iang	uang	
	eng	ing	ueng	
			ong	iong

第二节　韵母的发音

经过给韵母分类,再研究韵母的发音就有了基础。下面按单韵母、复韵母、鼻韵母来分别学习它们的发音方法。

一、单韵母的发音

不同的元音主要是由发音时口腔的不同形式(即形成不同的共鸣器)造成的。而舌头的活动和唇形的变化都可以使口腔形状、大小受到影响,也就是使发音时的共鸣器发生变化,从而发出各种不同音色的元音。单韵母是由一个元音构成的韵母,所以,研究单元音的发音,必须研究舌位和唇形。

"舌位",就是指发音时,舌面离上腭最近点的位置,也就是舌面着力点的部位;舌位可抬高、降低,可伸前、缩后。"唇形"指嘴唇形状是圆或不圆。决定某个元音音色的,是舌位的高低、舌位的前后和唇形圆不圆这三个因素。也可以说,这三者是单韵母的发音条件。我们学习单韵母的发音,就要从这三个方面去研究和掌握。

1. 舌位的高低

舌位的抬高或降低,同口腔的开口度大小有关。我们可对镜试试:舌位升降是随着下颌的上下而变化的,因而舌位越高口腔的开口度越小,舌位越低口腔的开口度越大。通常把舌位的高低划分为四度:高、半高、半低、低,相应地依据发音时舌位情况把元音分为"高元音""半高元音""半低元音""低元音"。

2. 舌位的前后

根据舌面隆起部位（即近腭点）的或前或后，分为三度：前、央（中）、后，相应地按发音时的舌位情况把元音分为"前元音""央元音""后元音"。

3. 唇形的圆与不圆

发音时嘴唇拢圆的元音为"圆唇元音"，嘴唇不拢圆的元音为"不圆唇元音"。

以上三条，是衡量单韵母发音的标准。下面就根据这三条来学习和训练单韵母的发音：

（1）舌面元音韵母的发音（7个）

▶ a 口腔自然张大，舌头自然平伸，舌位低，不前不后，舌尖稍离下齿背，这时唇形不圆，声带振动。读下边的词语，注意体会，每个字的韵母都是"a"。

dà mā	hǎ dá	pá tǎ	lǎ ba
大妈	哈达	爬塔	喇叭
fā dá	mà zha	lā zá	dā la
发达	蚂蚱	拉杂	奓拉

▶ o 口半开，舌向后缩，舌面后部隆起，嘴唇自然收拢成圆形，声带振动。读下面的词语，注意体会，每个字的韵母都是"o"。

pó po	wò fó	mó pò	bó mó
婆婆	卧佛	磨破	薄膜
pō mò	bó bo	mò mò	ō yō
泼墨	伯伯	脉脉	喔唷

▶ e 开口度、舌位都与"o"发音相同，但双唇要自然地向两边展开，声带振动。读下面的词语，注意体会，每个字的韵母都是"e"。

kè chē	hè sè	kě hè	kē kè
客车	褐色	可贺	苛刻
gē shè	chē zhé	tè shè	kě kě
鸽舍	车辙	特赦	可可

▶ i 微开口，上下齿对齐，舌尖接触下齿背，舌面前部隆起，双唇呈扁平状并略向两边展开，声带振动。读下面的词语，注意体会每个字的韵母都是"i"。

xǐ yī	bǐ jì	mí dǐ	xī ní
洗衣	笔记	谜底	稀泥
lì yì	qí yì	tǐ xì	yì qì
利益	奇异	体系	意气

▶ u 开口度小，舌头后缩，舌面后部隆起，舌根接近软腭，双唇拢圆略前突，声带振动。注意防止上齿与下唇相碰发成[v]。读下面的词语，注意体会每个字的韵母都是"u"。

shū chú	chū zū	gū sū	dú shū
书橱	出租	姑苏	读书

shǔ dū	bù gǔ	chū rù	lù tú
蜀都	布谷	出入	路途

▶ü　微开口，舌尖抵住下齿背，舌面前部隆起，双唇拢圆（防止向两边展开而发成üi）声带振动。读下面的词语，注意体会每个字的韵母都是"ü"。

yǔ xù	yú jù	yù lǜ	yǔ qù
语序	渔具	玉律	雨趣
jù jū	xù qǔ	nǚ xù	qū yù
聚居	序曲	女婿	区域

▶ê　口半开，舌头前伸，舌尖抵住下齿背，舌面前部略隆起，唇形不圆，嘴角稍向两边展开，声带振动。这个韵母自成音节时只有"欸"一个字。为了体会它的发音，可以发一个"耶"字，让其延长，这时就是ê的音。（ê不能直接与辅音声母相拼合，主要用途是与i、ü构成复韵母ie、üe。由于单韵母e正好与ê相反，可以作单韵母，却不跟i、ü相拼，这就使得e和ê各有自己的语音环境，不会碰头，所以在ê与i、ü组成复韵母时，可以不在头上加"^"，而写成"ie""üe"；只在零声母音节时为了与e区别，才写成"ê"）

上面研究的7个舌面元音，也是构成复韵母和鼻韵母的主要音素，可以说，它们是整个韵母的基础。因此，准确、熟练地发好这7个单韵母，对掌握普通话的全部韵母都有关键意义。为了把舌面元音的发音要领直观地显现出来，语音学家把它们绘制成舌面元音舌位示意图（图4-1）。

图中由左至右表示舌位的从前到后，由下至上表示舌位的从低到高；圆点表示它旁边标明的元音的舌位所在；元音符号标在竖线的左边表明它的唇形不圆，标在竖线的右边表明它的唇形圆。

把前面的文字解说和图示结合起来，可以对7个舌面元音韵母的发音特点做出简明扼要的描述：

a　央、低、不圆唇元音。

o　后、半高、圆唇元音。

e　后、半高、不圆唇元音。

i　前、高、不圆唇元音。

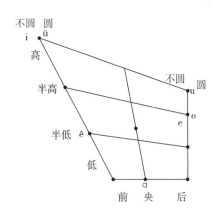

图4-1　舌面元音舌位示意图

u　后、高、圆唇元音。

ü　前、高、圆唇元音。

ê　前、半低、不圆唇元音。

（2）其他三个舌位活动不在舌面的特殊元音的发音

▲舌尖前不圆唇元音韵母-i（前）：它发音时开口度和唇形都与舌面元音韵母i相同，但舌的活动部位在舌尖。舌尖前伸，靠近上齿背，气流通过时不发生摩擦。可以这样体会：读"私"字，把音延长，这延长的音就是"私"的韵母，即是-i（前）。读下面的词语，注意体会每个字的韵母的发音。

zì sī	cǐ cì	cì sǐ	sì zì
自私	此次	刺死	四字

▲舌尖后不圆唇元音韵母-i(后)：发音时，开口度和唇形也与舌面元音韵母 i 相同；舌的活动部位也在舌尖，但舌尖上翘靠近硬腭的前部(不是将舌头卷起)。如果读"诗"字，把音延长，这延长音就是"诗"的韵母，也就是-i(后)。读准下边词语的韵母，注意体会其中每个韵母的发音要点。

shì shí	zhī shi	zhǐ shì	zhǐ chǐ
事实	知识	指示	咫尺

-i(前)和-i(后)两个舌尖元音韵母，都不能自成音节。由于舌尖前元音韵母-i(前)只跟声母 z、c、s 拼合，舌尖后元音韵母-i(后)只跟声母 zh、ch、sh 拼合，舌面元音韵母 i 则不能跟声母 z、c、s、zh、ch、sh 拼合，这样，i、-i(前)、-i(后)三者就不会同时出现在任何一个音节里。为了减少字母和符号，汉语拼音方案于是用"i"这个字母来表示在音节中的这三个韵母。

● 卷舌元音韵母 er：它是由舌面和舌尖两个部位同时起节制作用而发出的元音，发音时，口形略开，舌位居中，舌的后部稍向下压而舌尖向硬腭卷起。er 虽是用的两个字母，但 e 只表舌位，r 只表示卷舌动作，不代表音素，所以 er 仍是单元音韵母。"er"在普通话里不与任何声母相拼合，只是自成音节，而且汉字中读 er 的字很少，只有"儿、而、耳、尔、二"等；不过在"儿化韵"中常用它(具体用法见第五章)。

-i(前)、-i(后)、er 这三个单韵母被称为"特殊元音韵母"，从上面所讲的发音方法看，确实有其特殊性。现在把它们的发音特点简要地归纳如下：

-i(前)：　舌尖前、高、不圆唇元音。

-i(后)：　舌尖后、高、不圆唇元音。

er：　　　卷舌元音。

练读词语，体会并说出每个音节的韵母的发音特点：

zì cí	zǐ sì	zì sì	sì zǐ
字词	子嗣	恣肆	四子

zhī chí	zhí rì	zhī chǐ	shǐ zhì
支持	值日	知耻	矢志

mù ěr	ér qiě	shí èr	ěr hǎi
木耳	而且	十二	洱海

二、复韵母的发音

单韵母发音的特点是舌位、唇形都必须始终保持不变动，而复韵母发音的特点则是舌位、唇形都要逐渐变动。复韵母是由两个或三个元音构成的，就是说，在它的发音过程中，开口度、舌位、唇形由第一个元音的发音状态滑向第二个元音的发音状态，再滑向第三个元音的发音状态。既然是"滑向"，就是连续不断地由一个元音过渡到下一个元音，而不是(而且绝不能)两个或三个元音的"相加",也不是元音之间的"跳动"。在"滑动"过程中,气流不中断,中间无明显的界限,形成一个整体的音。

由于构成一个复韵母的几个元音的开口度和响度不一样,其中开口度、响度比较大的元音发音时间自然也比较长,是复韵母的主要元音,叫作复韵母的"响点",它处在韵腹的位置上。前面已说到,根据"响点"所处位置的不同,复韵母可以分为前响复韵母、中响复韵母、后响复韵母3组。下面分别学习它们的发音。

1. 前响复韵母(4个)

ai、ei、ao、ou 前响复韵母都无韵头,它们的前一个元音就是主要元音,是响点。发音时,前边的元音要响亮清脆、时间长一些,后边的元音则轻而短,音值不太固定,只表示舌位滑动的方向。

读准下列词语中每个音节的前响复韵母,并仔细体会它们发音的特点。

cǎi dài	ài dài	bái cài	pāi mài	kāi cǎi
彩带	爱戴	白菜	拍卖	开采
féi měi	fēi děi	bèi lěi	bēi nèi	pèi bèi
肥美	非得	蓓蕾	杯内	配备
bào dào	ào nǎo	gāo chāo	zhāo kǎo	zǎo cāo
报到	懊恼	高超	招考	早操
chóu móu	kǒu tóu	shōu zǒu	shǒu hòu	lóu kǒu
筹谋	口头	收走	守候	楼口

2. 中响复韵母(4个)

iao、iou、uai、uei 它们是在前响复韵母前边加上一个元音构成的。上节已经讲过,前边这个元音就是韵头,中间的元音是韵腹,也是响点,后边的元音是韵尾。发音时,韵头轻而短,韵腹响亮、清晰、时间也相对长些,韵尾较含混,只表示舌位滑动的方向。《汉语拼音方案》规定:韵母 iou、uei 自成音节时,分别写作 you、wei;与声母组成音节时,iou 写成 iu,uei 写成 ui。

读准下列词语中每个音节的中响复韵母,并仔细体会它们的发音特点。

xiǎo niǎo	piāo miǎo	miǎo biǎo	jiào xiāo	tiáo liào
小鸟	飘渺	秒表	叫嚣	调料
yōu jiǔ	niú yóu	jiǔ liú	xiù qiú	yōu xiù
悠久	牛油	久留	绣球	优秀
huái chuāi	shuāi huài	wài kuài	guāi guai	wāi zhuǎi
怀揣	摔坏	外快	乖乖	歪跩
cuì wēi	huì duì	zhuī huǐ	zuì kuí	guī duì
翠微	汇兑	追悔	罪魁	归队

3. 后响复韵母(5个)

ia、ie、ua、uo、üe 后响复韵母都没有韵尾,它们的响点是所含两个元音中的后一个。

发音时，前边的元音轻而短，只表示舌位滑动的开始点，后边元音响亮、清晰、时间相对较长。

读准下列词语中每个音节的后响复韵母，并仔细体会它们的发音特点。

xià jià	qià qià	yā jià	jiǎ yá	jiā yā
下架	恰恰	压价	假牙	加压
jiě jie	tiē qiè	jié yè	tiě xié	xiē yè
姐姐	贴切	结业	铁鞋	歇业
huà wā	guà huā	kuā wá	shuǎ huá	guā guā jiào
画蛙	挂花	夸娃	耍滑	呱呱叫
tuō luò	guò huǒ	kuò chuò	luó guō	cuò luò
脱落	过火	阔绰	罗锅	错落
yuē lüè	què yuè	xuě yuè	jué xué	jué jué
约略	雀跃	雪月	绝学	决绝

三、鼻韵母的发音

与复韵母的发音是由元音过渡到元音的特点不同，鼻韵母发音的特点是由元音过渡到鼻辅音。这种过渡是由气流通向口腔变化为口腔完全被闭塞，气流从鼻腔出来。作为鼻韵母韵尾的鼻辅音有两个，即前鼻音 n 和后鼻音 ng，它们构成的鼻韵母在发音时有不同特点，下面需分别练习。

1. 前鼻韵母（8个）

前鼻韵母的韵尾是 n。n 可以作声母，声母 n 的发音在上一章已讲过。n 作韵尾，成为韵母的一个组成部分时，发音的部位、方法与作声母时相同，只是更要注意在除阻阶段不发音，只能用 n 的本音而不能用它的呼读音。

● 先学习 an、en、in、ün。这四个韵母都没有韵头，发音时，先按要求准确地、响亮清晰地发元音，紧接着发 n 的音——舌尖向上齿龈移动，同时软腭下降封闭口腔通路，最后舌尖轻轻抵住上齿龈。

读准下列词语，仔细体会每个音节韵母的发音。

cān zhàn	fān shān	lán gān	hán dān	ān rán
参战	翻山	栏杆	邯郸	安然
nèn gēn	běn fèn	chén mèn	shēn zhèn	rén shēn
嫩根	本分	沉闷	深圳	人参
xīn mín	jìn lín	pīn yīn	bīn lín	xīn qín
新民	近邻	拼音	濒临	辛勤
jūn xùn	jūn yún	qún yùn	qūn xún	yún yún
军训	均匀	群运	逡巡	芸芸

● 再学习 ian、uan、üan、uen。这四个韵母都有韵头，发音时，作为韵头的元音要轻短，一发音即滑到作为韵腹的主要元音（主要元音响亮清晰），紧接着降下软腭打开鼻腔通路，同时舌尖移向并轻轻抵住上齿龈，气流从鼻出去。

读准下列词语，认真体会每个音节韵母的发音。

tiān biān	lián nián	xiān qiǎn	mián yán	jiān xiǎn
天边	连年	先遣	绵延	艰险
zhuān guǎn	zuān chuān	kuān huǎn	wǎn zhuǎn	suān ruǎn
专管	钻穿	宽缓	宛转	酸软
yuán quān	quán yuán	quán quán	xuān yuán	yuān yuán
圆圈	泉源	全权	轩辕	渊源
kūn lún	chūn sǔn	zhūn zhūn	hún tun	lún dūn
昆仑	春笋	谆谆	馄饨	伦敦

附带说明一点,根据《方案》规定,上面 8 个鼻韵母中有 6 个在音节中的书写形式上有变化:in、ün、üan 自成音节时,前面都加 y,并将 ü 头上两点去掉,如 yin、yun、yuan;uan、uen 自成音节时,u 改写成 w,如 wan、wen;ian 自成音节时 i 改写作 y,即为 yan;uen 与声母相拼时,省去中间的 e,写作 un。

2. 后鼻韵母(8 个)

后鼻韵母的韵尾是 ng。ng 用两个字母表示,但它是一个辅音音素(国际音标为[ŋ]),在普通话里,它不能作声母,只是作韵尾。ng 是舌根浊鼻音,发音时,舌头后缩,舌根抬高顶住上腭后部封闭口腔气路,声带振动,气流由鼻腔而出。后鼻韵母发音时是由前面的元音过渡到 ng。

先学习 ang、eng、ing、ong。这四个韵母都无韵头,其发音时,先按要求准确、响亮地发元音(韵腹),紧接着舌根向软腭移动并抵住软腭,封闭口腔通路,同时声带振动减弱。

读下列词语,认真按上述要领发好后鼻韵母。

bāng máng	fáng láng	chǎng zhǎng	cāng sāng	shàng dàng
帮忙	房廊	厂长	沧桑	上当
fēng zheng	gēng zhèng	dēng chéng	shēng téng	chéng méng
风筝	更正	登程	升腾	承蒙
jīng míng	bīng dīng	yīng míng	líng tīng	qīng jìng
精明	兵丁	英明	聆听	清静
gōng nóng	kōng zhōng	cōng lóng	tōng róng	hōng dòng
工农	空中	葱茏	通融	轰动

再学习 iang、uang、ueng、iong。这四个韵母都有韵头,发音时,由轻短的韵头很快地滑到作为韵母的主要元音(主要元音要清晰响亮),紧接着将舌根抬高抵住软腭,把口腔通路封闭,同时声带振动减弱下来。

读下边的词语,认真按上面的要求发好后鼻韵母。

liàng qiàng	xiāng yáng	liǎng jiāng	yǎng niáng	yáng xiàng
踉跄	襄阳	两江	养娘	洋相
shuāng huáng	zhuāng kuāng	zhuāng huáng	zhuàng kuàng	kuáng wàng
双簧	装筐	装潢	状况	狂妄
wēng wēng	wěng wěng	wěng yù	wèng cài	wèng chéng
嗡嗡	蓊蓊	蓊郁	蕹菜	瓮城
xiōng yǒng	xióng xióng	qióng jiǒng	qióng xiōng	jiǒng jiǒng
汹涌	熊熊	穷窘	穷凶	炯炯

在 8 个后鼻韵母中有 5 个在自成音节时书写形式有变化：ing 的前面要加 y，写作 ying；iang、iong 将 i 改写作 y，如 yang、yong；uang、ueng 将 u 改写作 w，如 wang、weng。

第三节　韵母的辨正

一、韵母辨正的重点

韵母的辨正是方音辨正的一个重要方面。为了迅速有效地掌握普通话的韵母，也需要像声母辨正那样，将方言与普通话二者的韵母做比较，找出辨正的重点之处。

（1）首先，普通话的 39 个韵母中，有的在方言里却没有。例如：长江流域和西南的北方官话地区以及南方各方言区，一般都无 e、eng、ing、uo、ueng、-i（后）这 6 个韵母；江淮不少地方没有复韵母 ai；贵州、云南昆明地区和重庆的东南部一些地方，没有单韵母 ü。

（2）方言中有些韵母是普通话里没有的。例如：四川话、重庆话里的韵母 uê（国、郭、或、获、扩等字的韵母）、io（约、略、觉、却、学等字的韵母）、üi（迁、鱼、雨、玉等字的韵母）和 üu（役、育、欲、足、促、蓄等字的韵母）等在普通话里就找不到。

（3）普通话韵母的大多数，在方言里都有，换言之，方言的多数韵母基本上都与普通话韵母相同。但却又同中有异，主要在于一些韵母在普通话和在方言里与声母的配合规则不一样，致使同一个字的读音相去甚远，这种情况还不少。以重庆话为例，它有 33 个韵母与普通话的韵母发音相同，但其中就有 14 个韵母在与声母配合时出现与普通话韵母不同的情况，请看表 4-3。

（4）方言中存在介音（韵头）丢失现象。例如：重庆话把 uen（顿、论、笋等字的韵母）读成 en。

从上面所作的简略比较中可以知道，方言区的人学习普通话韵母的重点，或者说进行韵母辨正的重点，应该是：①熟练掌握自己方言中没有而普通话里有的那些韵母的发音要领，反复训练到能迅速准确地发音，并且要掌握这些韵母与方言中与之对应的韵母二者在发音和运用上的区别。对于说方言的重庆、四川等地人来说，就要着重围绕 e、uo、eng、ing、ueng、ü 和-i（后）这 7 个韵母下功夫。②要研究和掌握普通话声韵配合的规律，并从与自己方言的不同中找出主要之点强记苦练（如重庆人要练好表 4-3 中标"√"的音节，改掉标"✕"的音节）。至于那些在普通话里不存在的方言韵母，自然应该完全避开，而把它们所拼合的字音改读相应的普通话韵母。好在这种情况不是很多，只要把这些字排列出来留心改读规范的韵母即可。

表 4-3　重庆话、普通话相同韵母与声母配合的不同

声母	韵母													
	o	ê	ai	ei	ou	en	ia	iu	in	u	uai	un	ong	üe
b		×											×	
p		×											×	
m		×						√					×	
f													×	
d	×	×		√		×		×				√		
t	×	×				×		×				√		
n	×			√	√									√
l	×	×		√		×	√					√		√
g	×	×		√										
k	×	×												
h	×	×		√						√				
j			×											
q	×													
x			×											
z	×	×		√							×			
c	×	×									×			
s	×	×									×			
零	×									√[v]u				

说明：1. 二者与声母配合情况相同的韵母未列入；

　　　2. 普通话有而重庆话没有的声母和重庆话有而普通话没有的声母未列；

　　　3. 重庆话能拼合而普通话不能拼合的打"×"，普通话能拼合而重庆话不拼合的打"√"；

　　　4. 重庆话与普通话都能拼合和都不能拼合的，不标符号。

二、韵母辨正的方法

　　韵母辨正要"边破边立，以立为主"，即要丢掉在普通话里用不上的方言韵母，掌握方言中没有的普通话韵母，而且以后者为主。掌握，包括学会准确地发音和正确地运用两个方面。具体做法，可按要学习、掌握的韵母及其相对方言韵母为单位，分组进行辨正。下面讲讲重庆方言的韵母辨正。

1. 六组韵母的辨正

　　重庆话里普遍缺少的普通话的 6 个韵母，在方言的相对应音节中被其他韵母代替了。

　　(1) e $\begin{cases} o \\ ê \end{cases}$

重庆话没有 e 韵母，把普通话里 e 韵母的字分别读作 o 韵母，或 ê 韵母。为纠正，必须掌握这 3 个舌面单元音韵母发音方法，区别它们的不同点。o 和 ê 是重庆人和其他西南官话区的人习惯了的韵母，发音不成问题；难点是 e。e 在发音时舌位、开口度都与 o 相同，在舌位图上可以看到，它们同在一个圆点位置上，但 e 是不圆唇音，o 是圆唇音，在发 o 时向两边展开双唇就变成 e 了。平时要反复练习由 o 再展开双唇的动作，使自己习惯于发 e 的口形。

还要掌握方言里以 o、ê 代替 e 的规律：

重庆话以 o 代替 e 的，是普通话里 e 的零声母音节和舌根音声母音节的大部分字。例如：e 音节的阿、鹅、讹、恶、遏、愕等；ge 音节的哥、割、戈、搁、鸽、葛、各、个等；ke 音节的瞌、科、苛、棵、颗、壳、渴、可、课等；he 音节的喝、涸、河、何、和、合、鹤、贺等。（辨正口诀见下面 uo-o）

重庆话以 ê 代替 e 的有两种情况。一种是普通话里 e 的零声母音节和舌根音声母音节中除了被读成 o 韵以外的那一部分字。例如：e 音节的额、厄、扼等；ge 音节的疙、格、革、隔等；ke 音节的咳、刻、克、客等；he 音节的核、赫、吓等。另一种情况是普通话里的几乎全部以舌尖音为声母的音节（除 ne 以外，因重庆话无音节 nê）；由于重庆话里舌尖后声母与舌尖前声母合二为一，这种音节表现在重庆话里就是 dê、tê、lê、zê、cê、sê、[z]ê 共 7 个，例字如：德、特、勒、则、策、色、这、车、奢、热。由于普通话中除 ê 自成音节的字外，就没有 ê 韵母音节，所以重庆人说普通话时可大胆地把方言里全部有声母的 ê 韵字都改读为 e 韵。辨正口诀：

ê 韵音节只一个，

方言 ê 韵全改 e。

（2）uo—o

重庆话一般没有 uo 韵母；普通话 uo 韵母，在重庆话、四川话里几乎全读成 o 韵母。所以重庆人、四川人学普通话必须学会 uo 的发音。uo 是复韵母，是由单元音 u 向单元音 o 滑动而成的，发 uo 是一个口形由较小到较大、舌位由高到较低（"半高"）的连续变化过程。对重庆人来说这是一个陌生的发音动作，要反复练习。

重庆话、四川话以 o 代替 uo 的规律是：除 kuo 这个音节以外，凡是普通话的 uo 韵音节，重庆话、四川话几乎都作 o 韵（只有"获、惑、做"等极少字例外）。

例字	普	渝、川	例字	普	渝、川
多	duō	do	戳	chuō	co
脱	tuō	to	说	shuō	so
挪	nuó	lo	若	ruò	[z]o
罗	luó	lo	昨	zuó	zo
锅	guō	go	错	cuò	co
火	huǒ	ho	索	suǒ	so
桌	zhuō	zo	窝	wō	[v]o
左	zuǒ	zo			

（重庆话音节未标调）

51

由于重庆话里的 o 韵音节只有 4 个与普通话相同,所以可用"排除少数法"来掌握规律:除零声母音节和唇音声母音节(o、bo、po、mo)外,所有重庆话的 o 韵音节都要改读为 uo。辨正口诀:

"玻坡摸佛"韵母 o,"零"声母音节可通说,

"哥科喝"要改 e 韵,其他 o 韵改为 uo。

(3)ing—in

重庆话、四川话里没有 ing 韵母,凡是普通话的 ing 韵音节,几乎都被读成 in 韵,in 韵母几乎完全取代了 ing 韵母。方言区的人以为这两个韵母音值相近,难以仅凭听觉辨别出来,所以要从它们两个韵尾不同的发音部位和发音方法上分清楚,再反复练习、体会,提高对发音部位、发音方法的调控能力。发 in 时,先发 i,紧接着是舌尖向上齿龈移动并轻轻抵住;而 ing 的发音是在发 i 后紧接着舌根向软腭移动并抵住它。即 in 是舌尖与上齿龈成阻,ing 是舌根与软腭成阻,区别应该是明显的。

如何掌握 ing 与 in 的运用规律,怎样判断一个齐齿呼的鼻韵母汉字该读前鼻音还是该读后鼻音呢?有三种办法:

①利用声韵母配合规律。此法能"剔"除两个音节:普通话中,d、t 两个声母不与前鼻韵母 in 拼合,只与后鼻韵母 ing 拼合,因此凡以 d、t 起头的齐齿呼鼻韵母音节就肯定读 ing 韵母。

②记少不记多。如普通话里 n 声母起头的齐齿呼鼻韵音节 nin 与 ning 中,nin 音节的字只有一个"您"字。只要排除了这一个字,就可断定凡 n 声母的鼻韵字都是后鼻韵母。

辨正口诀:

d、t 不与 in 相拼,齐齿韵母定是 ing。

n 拼齐齿只有"您",其他全是后鼻音。

③借助偏旁类推。这个方法是利用汉字结构特点来推断读音,前面声母辨正中也介绍过。它比上面的二法适用范围大,但记代表字要下较多的功夫。可参考本节所附《in 和 ing 辨音字表》。

另外,重庆话和四川话还有少数 ing 韵母被 ün 代替的情况,例如:零声母音节的"营、萤",q 声母音节的"倾、顷"等。这就要单独记忆了。

(4)eng—en

这一组的情况与上一组十分相似,eng 韵母在重庆话、四川话里也几乎全被 en 韵母取而代之,重庆人、四川人也很难只凭耳朵辨别它们。辨正方法,仍然是首先掌握后鼻韵母的发音要领,发准 eng 这个音;其次是从方言中 en 韵母的字群里把普通话 eng 韵母的字分辨出来。辨字的办法,也有三个:

①利用声韵母配合规律。普通话里舌尖中音声母都只跟后鼻韵母相拼合而不跟前鼻韵母相拼合(只有扽 dèn、嫩 nèn 两个字例外)。据此规律,凡重庆话、四川话里舌尖中音声母(d、t、n、l)与鼻韵母相拼的音节,全部应读为后鼻韵母音。

②记少不记多。如:重庆话、四川话里读 ren 音节的字,只记住"扔、仍"两个要改读后鼻音,其他都不必改,因而也不必记。

辨正口诀：

d、t、n、l 见 en、eng，除开 den、nen 都拼 eng。

r 声拼合 en 和 eng，只"扔仍"是后鼻音。

③借助偏旁类推。请见本节所附的 en 和 eng 辨音字表，这里不赘述。

此外，eng 韵母在重庆话、四川话的一些音节里，还有少数被 ong 韵母"代替"的情况，那是 b、p、m、f 四个唇音起头的音节。在普通话音系里，这四个声母是不与 ong 韵母相拼的。所以，重庆话中读音为 bong、pong、mong、fong 的字，全部都应改读 eng 韵母。

（5）-i（后）— -i（前）

重庆话和除内江、自贡以外的四川话都没有舌尖后元音-i（后），而由舌尖前元音-i（前）"一肩双挑"。关于它们的发音异同点及要领，在"韵母的发音"一节里已经讲过。但实践表明，明白道理容易，而真正掌握并熟练运用-i（后）这个韵母，对绝大多数重庆人、四川人来说，则需要下极大功夫，必须随时留心、反复苦练。至于-i（后）与-i（前）在运用上的区别，我们可结合声母 zh、ch、sh、r 的辨正和上一章所附的《zh、ch、sh 和 z、c、s 对照辨音字表》进一步去掌握。

（6）$\left.\begin{matrix} eng \\ ueng \end{matrix}\right\}$—ong

重庆话、四川话里没有 eng、ueng 这两个韵母，一些 eng 韵母和所有 ueng 韵母的字都被读成 ong 韵母。把 eng 韵母读成 ong 韵母的，如：beng（绷、甭、迸、蹦）、peng（朋、捧、碰），meng（蒙、萌、猛、梦），feng（丰、冯、讽、奉）。至于 ueng 韵母，它在普通话只能自成音节，该音节的字也只有"翁、嗡、蓊、蕹、瓮"等不多几个；但还是应该把它的音发准，与 ong 韵母清楚地区别开来。请读准下面的四句话，把含有这三个韵母的字找出来，标出其韵母。

碰见朋友装不懂　　紧绷面容言不衷

躬着身子不想动　　步态龙钟似老翁

2. 注意读准韵母 ü

（1）ü—üi

许多重庆人、四川人把 ü 读成 üi，这是因为没有遵循"单元音发音时唇形始终不变"的规律，而在发音过程中让嘴唇由圆形向两边后展所致。辨正的办法就是注意保持圆唇。

（2）ü—üu

在重庆话、四川话里，ü 韵母的舌面声母音节和 ü 的零声母音节的入声字，常被读成 üu 韵母。如：局、屈、曲、旭、续、蓄、吁、郁、育、浴、欲。可结合第五章第一节中"入声分派"的规律来记住、辨正。

（3）ü—i

重庆黔江等渝东南地区和贵州省、云南省许多地方没有 ü 韵母，凡 ü 韵母皆读 i（"雨""以"不分，"取""起"不分，"举""几"不分），并且由此推演，把 üe 韵母念成 ie 韵母（如"月""夜"不分），把 üan 韵母念成 ian（如"园""延"不分），把 ün 韵母念成 in（如

"云""银"不分)等等。辨正的方法,首先是按照要领熟练念出撮口元音 ü,再多听、多记,掌握一批代表字。

练读下列语句,发准 ü 韵母。

小宇家乡在巴渝　　气候多雨民富裕

山野苍郁水有鱼　　居有佳寓行有奥

根治愚昧兴教育　　规范语言力不余

人人参与抓机遇　　预期前程愈欢娱

3. 结合小方言实际进行韵母辨正

除了上述在重庆乃至西南地区范围内都需辨正的 6 组韵母和"ü"之外,某些局部地区的支方言韵母还有其特殊性,亦需注意辨正。比如:在渝东南一些县就普遍存在下列情况:

(1)ang—an

把普通话的韵母 ang 都读成韵母 an。例如:

帮—班	旁—盘	忙—蛮	方—翻	当—单	汤—滩	囊—南
郎—兰	刚—甘	康—堪	杭—含	张—毡	昌—搀	伤—山
壤—染	脏—簪	仓—参	桑—三	肮—安		

每组前一个字的 ang 韵都被读成后一个字的 an 韵,成了前鼻尾音 an 的同音字。

(2)ian—in

把普通话的韵母 ian 都读韵母 in。例如:

边—宾	篇—拼	棉—民	缅—泯	年—您	连—林	坚—今
千—亲	先—新	烟—因				

每组前一个字的 ian 韵都被读成后一个字的 in 韵,成了前鼻尾音 in 的同音字。

(3)iang—ian

把普通话韵母 iang 读成韵母 ian。例如:

娘—年	良—联	江—尖	腔—谦	香—仙	秧—奄

每组前一个字的 iang 韵都被读成后一个字的 ian 韵,成了前鼻尾音 ian 的同音字。

(4)uang—uan

把普通话中韵母 uang 读成韵母 uan。例如:

光—关	筐—宽	荒—欢	庄—专	窗—川	双—栓	汪—弯

本来读音相对的两个字都成了同音字。

以上四种情形,在云南和贵州的部分地区也存在。主要原因是以前鼻音韵母替代了后鼻音韵母。

渝东南还有的地方(如秀山县)没有韵母 er,该读 er 时则读 ai,于是"二哥"听起来是"爱哥",喊"老二"是"老艾"。

要解决这些问题,关键是下功夫学会并熟练掌握那些本地方言中没有的普通话韵母,再按对应关系认真辨正。

4. 避免丢失韵头的问题

西南各地方言中常把 uen（写作 un）做韵母的字都读成了 en 韵。例如：

例字	普	渝、川	例字	普	渝、川
蹲	dūn	den	尊	zūn	zen
吞	tūn	ten	村	cūn	cen
轮	lún	len	孙	sūn	sen

这种现象并非韵母混用，而是丢失韵头，又叫丢失介音。上面这 6 个音节的韵头 u，在发音时被丢掉了，即把合口呼韵母换成了开口呼韵母。由于丢掉韵头，就与普通话读音相差甚远了。避免这一毛病的办法首先是在声韵母相拼时把韵头念准；其次是注意遵循声韵配合规律（关于这方面的知识，将在下一章专门讲到）。

附录五

in 和 ing 辨音字表

声母 \ 例字 \ 韵母	in	ing
零声母	①因姻殷音阴荫②银龈垠吟寅淫③引蚓隐瘾饮尹④印饮	①英应鹰婴樱缨鹦②营莹萤盈迎赢③影④映硬应
b	①宾滨缤彬④殡鬓	①兵冰③丙柄秉饼禀屏④病并
p	①拼②贫频③品④聘	①乒②平苹萍屏瓶凭
m	②民③敏皿闽悯泯抿	②名茗铭明鸣冥③酩④命
d		①丁叮钉仃酊③顶鼎酊④定锭订
t		①听厅汀②亭停廷庭蜓③挺艇
n	②您	②宁狞柠凝③拧④宁佞泞拧
l	①拎②林淋琳磷邻鳞麟③凛廪檩④吝赁蔺淋（~病）	②灵伶蛉玲零铃龄菱陵棱凌绫泠③岭领④另令
j	①今斤巾金津襟筋③紧锦仅谨馑尽④尽劲缙觐烬近晋禁浸	①京惊鲸茎经菁精晶荆兢粳③景颈井警④敬镜竞净静境竞径
q	①亲侵钦②勤琴芹秦禽檎③寝④沁	①氢轻倾青清蜻卿②情晴擎氰③顷请④庆亲
x	①新薪辛锌欣心馨④信衅	①星腥猩兴②形刑型邢行③省醒④幸姓性杏兴

说明：表中的①、②、③、④分别指普通话的 4 种声调。

en 和 eng 辨音字表

例字 声母＼韵母	en	eng
零声母	①恩④摁	①鞥
b	①奔③本④笨	①崩②甭③绷④迸蹦泵
p	①喷②盆④喷	①烹②朋棚硼鹏彭澎膨③捧④碰
m	①闷②门们扪④闷	①蒙②盟萌蒙檬朦虻③猛蜢锰勐④梦孟
f	①分芬纷吩氛②坟梵汾③粉④奋份粪忿分	①风枫疯蜂峰锋丰封②逢缝冯③讽④奉凤缝
d	④扽	①登灯③等④邓瞪瞪
t		②疼腾誊滕藤
n	④嫩	②能
l		②棱③冷④愣
g	①根跟②哏④艮	①耕庚羹更③耿梗④更
k	③肯啃垦恳④裉	①坑
h	②痕③很狠④恨	①亨哼②横衡恒④横
zh	①真贞针侦珍胗斟③诊疹枕④振震镇阵	①争筝睁征正挣蒸③整拯④正政证症郑
ch	①嗔抻郴琛②晨辰沉忱陈臣尘橙③碜碜④衬趁称谶	①称撑②成城诚承呈程惩澄乘盛橙③逞骋④秤
sh	①申伸呻绅身深莘娠②神什③沈审婶④甚慎肾渗椹葚瘮	①生牲笙甥升声胜②绳渑③省④胜圣盛剩
r	②人仁壬③忍荏稔④任认刃纫韧	①扔②仍礽
z	③怎④潐	①曾增憎④赠锃
c	①参②岑涔	①噌②曾层④蹭
s	①森	①僧

说明:表中①、②、③、④分别指普通话的4种声调。

训练与实践

1. 根据所学语音知识判断下列说法的正误。

(1)韵母就是音节里的元音。　　　　　　　　　　　　　　　　　　　(　　)

(2)韵母是一个音节必不可少的部分。　　　　　　　　　　　　　　　(　　)

(3)韵头就是韵母开头的元音。　　　　　　　　　　　　　　　　　　(　　)

(4)韵尾就是韵母尾部的辅音。　　　　　　　　　　　　　　　　　　(　　)

(5)复韵母是由两个以上音素组成的。　　　　　　　　　　　　　　　(　　)

(6)鼻韵母是复韵母里的一小部分。　　　　　　　　　　　　　　　　(　　)

(7)开口呼、齐齿呼、合口呼、撮口呼,是按开头元音发音口形给韵母分的类。(　　)

(8)普通话共有韵母 35 个。　　　　　　　　　　　　　　　　　　　　(　　)

2. 依据提供的发音条件,在括号内填上相应的韵母。

(1)前、半低、不圆唇元音(　　　　　　)

(2)后、半高、圆唇元音(　　　　　　)

(3)前、高、圆唇元音(　　　　　　)

(4)后、半高、不圆唇元音(　　　　　　)

(5)前、高、不圆唇元音(　　　　　　)

(6)央、低、不圆唇元音(　　　　　　)

(7)后、高、圆唇元音(　　　　　　)

3. 按教学进程练读词语,留心读准每个音节的韵母,并用短横线把它们标出。

大厦	dà shà	沙发	shā fā	打靶	dǎ bǎ
怕辣	pà là	薄膜	bó mó	磨墨	mó mò
墨钵	mò bō	伯伯	bó bo	特色	tè sè
合格	hé gé	社科	shè kē	舍得	shě de
提议	tí yì	记忆	jì yì	积极	jī jí
霹雳	pī lì	祝福	zhù fú	突出	tú chū
畜牧	xù mù	互助	hù zhù	豫剧	yù jù
须臾	xū yú	絮语	xù yǔ	屈居	qū jū
资质	zī zhì	自知	zì zhī	字纸	zì zhǐ
自制	zì zhì	直指	zhí zhǐ	直至	zhí zhì
纸质	zhǐ zhì	制止	zhì zhǐ	雌鹚	cí cí
此次	cǐ cì	螫刺	cǐ cì	赐瓷	cì cí
匙子	chí zi	赤字	chì zì	迟滞	chí zhì
吃食	chī shí	而今	ér jīn	儿女	ér nǚ
饵食	ěr shí	耳语	ěr yǔ	海菜	hǎi cài
买卖	mǎi mài	爱戴	ài dài	彩排	cǎi pái
配备	pèi bèi	蓓蕾	bèi lěi	黑煤	hēi méi

北碚	běi bèi	宝岛	bǎo dǎo	茅草	máo cǎo
号召	hào zhào	抛锚	pāo máo	走兽	zǒu shòu
漏斗	lòu dǒu	楼口	lóu kǒu	瘦肉	shòu ròu
苗条	miáo tiáo	调料	tiáo liào	小巧	xiǎo qiǎo
鸟叫	niǎo jiào	优秀	yōu xiù	丢球	diū qiú
流油	liú yóu	六舅	liù jiù	歪跩	wāi zhuǎi
摔坏	shuāi huài	追随	zhuī suí	吹灰	chuī huī
归队	guī duì	催税	cuī shuì	贾家	jiǎ jiā
加压	jiā yā	架下	jià xià	假牙	jiǎ yá
铁屑	tiě xiè	节烈	jié liè	野猎	yě liè
斜切	xié qiē	铁镊	tiě niè	花袜	huā wà
抓蛙	zhuā wā	耍滑	shuǎ huá	挖垮	wā kuǎ
我说	wǒ shuō	错落	cuò luò	做活	zuò huó
骆驼	luò tuo	缺月	quē yuè	雪月	xuě yuè
缺血	quē xuè	绝学	jué xué	展览	zhǎn lǎn
舢板	shān bǎn	漫谈	màn tán	勘探	kān tàn
根本	gēn běn	认真	rèn zhēn	深沉	shēn chén
门诊	mén zhěn	金银	jīn yín	殷勤	yīn qín
信心	xìn xīn	新民	xīn mín	军群	jūn qún
牵连	qiān lián	变迁	biàn qiān	电线	diàn xiàn
天险	tiān xiǎn	宛转	wǎn zhuǎn	专断	zhuān duàn
贯穿	guàn chuān	换算	huàn suàn	渊源	yuān yuán
源泉	yuán quán	轩辕	xuān yuán	旋转	xuán zhuàn
温顺	wēn shùn	抡棍	lūn gùn	论文	lùn wén
温存	wēn cún	当场	dāng chǎng	上涨	shàng zhǎng
张榜	zhāng bǎng	商港	shāng gǎng	生成	shēng chéng
更正	gēng zhèng	丰盛	fēng shèng	鹏程	péng chéng
宁静	níng jìng	晶莹	jīng yíng	行星	xíng xīng
命名	mìng míng	共同	gòng tóng	隆重	lóng zhòng
轰动	hōng dòng	洪钟	hóng zhōng	江洋	jiāng yáng
响亮	xiǎng liàng	向阳	xiàng yáng	酱香	jiàng xiāng
装潢	zhuāng huáng	窗框	chuāng kuàng	狂妄	kuáng wàng
矿床	kuàng chuáng	老翁	lǎo wēng	水瓮	shuǐ wèng
歌咏	gē yǒng	英勇	yīng yǒng	困窘	kùn jiǒng
吉凶	jí xiōng				

4. 读词语，辨别易混淆的韵母，并把加点的字的韵母写出来。

{小钵 / 小鸽}　{下坡 / 下河}　{大哥 / 大波}　{信服 / 幸福}　{亲生 / 轻声}　{金鱼 / 鲸鱼}　{红心 / 红星}

$\begin{cases}人民 \\ 人名\end{cases}$ $\begin{cases}谈情 \\ 弹琴\end{cases}$ $\begin{cases}寝室 \\ 请示\end{cases}$ $\begin{cases}阴文 \\ 英文\end{cases}$ $\begin{cases}禁止 \\ 静止\end{cases}$ $\begin{cases}申明 \\ 声明\end{cases}$ $\begin{cases}陈旧 \\ 成就\end{cases}$

$\begin{cases}深思 \\ 生丝\end{cases}$ $\begin{cases}市政 \\ 市镇\end{cases}$ $\begin{cases}清蒸 \\ 清真\end{cases}$ $\begin{cases}阵势 \\ 正式\end{cases}$ $\begin{cases}整套 \\ 枕套\end{cases}$ $\begin{cases}正坐 \\ 振作\end{cases}$ $\begin{cases}珍异 \\ 争议\end{cases}$

5. 一边听读词语,一边迅速写出下边加点字的韵母。

合格	来客	特别	自治	私事	尺子	春雷
黑煤	水锅	错误	侵略	飞跃	正根	北风
丰富	争取	诚实	仍然	安宁	评分	口令
革命	右倾	姓名	嗡嗡叫	水瓮	老翁	

6. 下面这首诗包括了 39 个韵母,请予标出,再查字典订正,然后按正确读音反复练读。

人远江空夜,浪滑一舟轻。

网罩波心月,竿穿水面云。

儿咏诶唷调,橹和嗳啊声。

鱼虾留瓮内,快活四时春。

（此为语言学家周有光先生所编《捕鱼儿》）

7. 练读下面的顺口溜,按要求辨正韵母。

(1)标出句中的 in 韵和 ing 韵,然后反复诵读语句,注意把 in、ing 发准。

A.天津和北京,两城兄弟情。

津京两字韵,不是一个音。

津字前鼻韵,京字后鼻音。

请您仔细听,发音要分清。

B.欢迎旅游到重庆,重庆山水好风景。

滨江欣赏波粼粼,山城夜景如繁星。

麻辣火锅特有劲,古道林荫静心境。

小伙英俊多热情,姑娘漂亮又温馨。

高新技术出精品,文明建设传佳音。

欣欣向荣万事兴,重庆欢迎您光临。

（张源 提供）

C.小金郊游看风景,小京进城买围巾。

看风景有好眼睛,还带一个望远镜。

买围巾要带现金,不像古时用碎银。

小金小京同出行,定把 in、ing 来分清。

D.同姓不能念成通信,通信不能说成同姓。

同姓可以相互通信,通信不一定就同姓。

（2）标出句中的 en 韵和 eng 韵,然后反复诵读语句,注意把 en、eng 发准。

　　A.正月十五玩龙灯,盛碗汤圆香喷喷。
　　二月春风还觉冷,棉衣脱身寒难忍。
　　三月桃李花开盛,百鸟欢蹦唱清晨。
　　四月清明雨纷纷,晴天正好放风筝。
　　五月燕子争上门,蕹菜嫩绿牵蔓藤。
　　六月田野黄澄澄,又值丰年好收成。
　　七月高温热如蒸,两江横渡任浮沉。
　　八月白露又秋分,莘莘学子返校门。
　　九月家家扎彩灯,喜迎国庆尽欢腾。
　　十月秋爽人振奋,不畏风险把山登。
　　冬月虽是雾蒙蒙,百业争先仍驰骋。
　　腊月处处鼓乐声,农村城镇更昌盛。

　　B.学英文,靠勤奋。持之恒,勤攀登。
　　专心听,细辨声。反复读,发音正。
　　功夫深,志坚韧。拦路虎,定战胜。

（张源　提供）

（3）标出句中的 e、o、uo 韵,然后反复朗读,把这三个韵母读准。

　　大哥上街买铁锅,二哥进城买瓦钵。
　　大哥满意把锅摸,二哥上当喊喔唷。
　　二哥要用钵换大哥的锅,大哥不用锅换二哥的钵。
　　二哥拉住大哥的锅,大哥推开二哥的钵。
　　锅碰钵,钵碰锅,哥俩锅钵一起滚下坡。

（4）标出句中的 ü 韵,并在反复朗诵语句时发准 ü,防止发成"üi"。

　　有个青年叫小吕,不多言来不多语。
　　办事实在不弄虚,才德兼备善思虑。
　　助人为乐人赞许,团结同事和邻居。

8. 对话训练。

（1）请假

　　A：　您是三年级二班的班主任吗?
　　B：　是啊,您是谁? 有什么事吗? 请坐!
　　A：　老师好。我是张敏的叔叔。张敏病了,感冒发烧,我来为她请一天假。
　　B：　好的。您让她好好休息,不要着急,等病好了,我们会给她补课的。
　　A：　麻烦老师了!
　　B：　没什么。

A： 老师您忙吧,再见!

B： 不送您了,再见!

（2）打电话

A： 明天星期天,你有空吗?

B： 什么事?

A： 我买了两张电影票。咱俩一起去看电影,怎么样?

B： 好哇,是什么片子?

A： 《青春永驻》,你看过没有?

B： 没看过。听说很有新意,我正想看呢。是哪儿的票?

A： 新华影剧场的,晚上七点。

B： 好,我一定去。

9. 综合演练。下边节选了几节以"类比"作论证的演讲词,请用普通话练读,注意发准加点字的韵母,然后在同学中做一次演讲。

　　一九一二年春天,居里夫人的两个女儿养了一些蚕。病中的居里夫人有暇观察蚕儿如何吃桑叶,又怎样吐丝、结茧……看啊,看啊,居里夫人感动极了,恍惚觉得自己也化作了一条春蚕……

　　春蚕是细心的,居里夫人也是科学上的细心人。让我们想一想吧:从四百吨铀沥青矿物、二百吨化学药品和八百吨水之中捕捉一克的镭,该有多么难? 一点一点地分离,一次一次地测量,来不得半点浮躁和马虎……

　　春蚕是耐心的,居里夫人也是科学上的耐心人。为了发现镭,她和丈夫顽强地苦战了四年,终于揭示了镭的秘密……

　　春蚕是有事业心的,居里夫人更是把整个身心都献给科学和人类进步事业的人,她以毕生精力研究镭,建立了崭新的放射科学,成为核物理的开拓者……

　　为着崇高的事业,细心、耐心地工作,把一切献给人民,这也是春蚕的品格。这也是令人感动的居里夫人的品格!

第五章

普通话的声调和音节

第一节　普通话的声调

汉语是一种有声调的语言。声调就是音节发音时音高的变化。由于汉语的一个个音节代表一个个的汉字,音节的声调也就称为字调。声调同声母、韵母一样,有区别意义的作用,例如:mǎi(买)和mài(卖),huā(花)和huà(画),huī yī(灰衣)、huí yì(回忆)和huì yì(会议),都只是因为声调不同而意思相差很远。可见声调是音节中不可缺少的部分。

一、调值和调类

调值指的是音节高低升降的变化,也就是声调的实际读法。调值同构成声音四要素中的音高、音长、音强都有关系,但主要取决于音高。音高的不同是由于发音时声带的松紧程度不同造成的。发音时声带绷得越紧,在一定时间内声带颤动的次数越多,声音就越高;反之,发音时声带放得越松,在一定时间内声带颤动的次数越少,声音就越低。在一个音节的发音过程中,声带可以始终保持同样的松紧程度,也可以先放松后收紧,也可以先绷紧后放松,也可以紧—松—紧相间。这样造成音高的相对变化,就产生不同的调值,形成各种声调。

为了帮助初学者理解和掌握,也为了便于对不同方言进行研究或对普通话与方言进行比较,语音学上普遍采用"五度标记法"来具体描绘声调的调值:先画一条竖线作比较线,把它等分成4格5度,自下而上分别标明1~5度,并把相对音高的最高音定为5度,半高音定为4度,中音定为3度,半低音定为2度,最低音定为1度。再在比

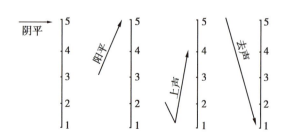

图5-1　普通话四声调值竖标图

较线左边用带箭头的线条表示声调音高的从起始至终结的变化情况。图5-1即是普通话

的声调调值图。

图 5-1 中从左至右呈水平的箭头表示调值高而平，由低至高的箭头表示调值向高处升，由左到右先降后升的曲线箭头则表示调值由降而升，由高至低的箭头表示调值是全程下降。这四根线条依次代表了"高平""高升""全降"和"降升"4 种调值。以 huang 为例，把它按四个调值读出来，可以分别是"慌、黄、谎、晃(晃动)"这 4 个字音。

把调值相同的字归在一起所形成的类，就是这种语言的"调类"。所以，调类就是声调的种类。一般来说，有多少种调值，就可以归纳成多少个调类。汉语方言的复杂除表现在声母、韵母等方面外，也表现在调类上。汉语方言中调类最少的只有 3 个(河北滦县话)，最多的则有 10 个(广西博白话)。

古汉语中，就给各种调类命了名。首先分为"平、上、去、入"四声，这四声又按声母的清浊分为阴调和阳调两类，古清音声母字的声调称为"阴调"，古浊音声母字的声调称为"阳调"，这样，就发展演变为"阴平、阳平、阴上、阳上、阴去、阳去、阴入、阳入"等调类。现代汉语(包括所有方言在内)的声调系统，都是从古汉语声调系统继承发展而来的，因此仍沿用古调类的名称来称述现代汉语普通话和方言的调类。这样，在"调值"与"调类"的关系上，就出现了如下的情况：普通话与方言之间，或者不同的方言之间，相同名称的调类往往调值不同，或者相同的调值被归入不同的调类。这一现象说明：调值和调类二者有密切的联系，但又不是同一个概念。

二、普通话的"四声"

普通话语音系统有四种基本调值，也就是说普通话的全部字音有 4 个调类，按照传统习惯，把这 4 个调类分别称为阴平、阳平、上声、去声，又常把它们分别称为第一声、第二声、第三声、第四声，统起来则称为"四声"。学习普通话必须把握四声高低的变化。

1. 阴平(第一声)

它的调值是从 5 度到 5 度，即声音比较高，而且基本上不发生升降变化。所以阴平调又叫"高平调"或"55 调"。例如："春花芳香""飞机升空""交通公司"，它们每个字音都是阴平调。

2. 阳平(第二声)

它的调值是由 3 度到 5 度，即发音时音高有向高处升的变化(滑动)。因而阳平调又叫"高升调"或"35 调"。例如："黄河流长""轮船南航""人民吉祥"，这些字音都是阳平调。

3. 上声(第三声)

它的调值是 214，发音时由半低音先滑到低音再滑到半高音，特点是先降后升。所以上声调又叫"降升调"或"214 调"。例如："远景美好""宝岛你早""指导起跑"，这些字音都读上声调。(注意："上声"的"上"读 shǎng)

4. 去声(第四声)

它的声音是由高滑降到低,即由 5 度直降到 1 度。因此,去声调又叫"全降调"或"51调"。例如:"社会进步""面向胜利""创造纪录",这些字的声调都是去声调。

普通话的四声听起来有明显的区别,一声平、二声扬、三声曲、四声降,不会相混。为了在把它们记下来时也不易混淆,就给每个调类确定了记录符号。标记声调有两种符号,一种叫"严式",一种叫"宽式"。严式是写在音节的后头,四声分别为ㄱ、ㄥ、ㄥ、ㄥ四个符号;宽式是写在音节的韵腹顶上,4 个调号分别是-、ノ、∨、\。平常多用宽式调号给音节标调。

表 5-1 是普通话四声表示法。

表 5-1　普通话四声的表示

调　类	调　值	调　号		标调举例		例　字
		严　式	宽　式	严　式	宽　式	
阴平(第一声)	高平　55	ㄱ	－	xin　ㄱ	xīn	心
阳平(第二声)	高升　35	ㄥ	／	ming　ㄥ	míng	明
上声(第三声)	降升　214	ㄥ	∨	yan　ㄥ	yǎn	眼
去声(第四声)	全降　51	\	\	liang　\	liàng	亮

用宽式符号给汉语拼音音节标调,要遵守下面的规则:

①调号一定要标在韵腹头上;

②当音节里有 2 个以上元音时,调号标在开口度最大、发音较响的那个元音头上;

③当调号标在"i"头上时,调号应把上面的圆点遮去;

④当 i 和 u 两个元音并列出现在音节里时,调号标在位于后面的那个元音头上。

把上面四条归纳起来,可以编成下列"标调口诀":

　　　　音节标调先找 a,没有 a 时标 o、e,

　　　　i 上标调要遮点儿,i、u 并列标在尾。

三、声调的辨正

方言区的人学普通话语音,主要是学"声""韵""调"。许多方言在声母、韵母方面与普通话的差别并不太大,而在声调方面却相差很远。往往有这样的情况,远远听某人说话,虽听不清说的是什么(声、韵听不清),但仅凭其说话的声调就可大致判断是说的哪种话;如果是很熟的人,还可仅凭声调知道他说的大致意思。可见声调在语言中的重要性。有位著名语音学家曾说过:声调简直可以说是普通话的"门面"。所以,要学好普通话,必须在声调的方音辨正上面下功夫。

如同声母、韵母的辨正一样,声调辨正也首先要分析普通话与方言在声调上的异同,也就是从调类、调值两方面找出对应关系。

前面说过,现代汉语(包括普通话和所有方言)的声调系统,都是从古汉语声调系统继承发展而来的,只是由于地理、历史、经济、文化等诸因素的作用,各方言区的声调演变成互不相同的了。

1. 辨调类

古汉语声调的平、上、去、入 4 个调类,演变到今天的普通话语音,入声消失了,而平声则分为阴平和阳平;演变到今天的一些方言,有 3 个、4 个、5 个,甚至 9 个、10 个调类的。四川话、重庆话属于北方方言,是普通话的基础方言之一,所以调类情况基本与普通话相同,也包括阴平、阳平、上声、去声四类,互相对应的关系十分明显。大多数汉字的读音在四川话和重庆话里属于哪个调类,在普通话里也属于同一调类,即可以说调类相同。例如"山明水秀"这 4 个字的声调,在普通话和四川话、重庆话里都依次为阴平、阳平、上声、去声。既然调类相同,为什么用方言读出来与用普通话读出来大不一样呢? 那就是由于调值不同。

2. 辨调值

调值就是声调的实际读法。调值不同,指的是相同的调类存在着不同的读法。表5-2是重庆话与普通话的调值比较。

表 5-2　重庆话与普通话的调值比较

调　类	例　字	普通话的调值	重庆话的调值
阴　平	妈	55	44
阳　平	麻	35	21
上　声	马	214	42
去　声	骂	51	214

重庆人学普通话要根据方言与普通话调类相同、调值不同的这种关系,准确掌握声调。一般地说,只要知道某个字在重庆话里读什么调,就可推断它在普通话里读什么调,然后按普通话调值读出来就对了。

但实际上还有一个前提,就是要能正确地读出普通话每个调类的调值。从表 5-2 可以看出:普通话四声中高音成分多而且较重庆话 4 个调的调值要高些,但低音成分少,阴平、阳平、去声 3 个调类都有 5 度的高音,连上声的收尾也在半高音 4 度上。这就是普通话令人感到清亮、高扬,较能达远的一个原因。重庆人学说普通话,往往由于四声的调值不准而影响语音面貌。一般易犯的毛病有:发阴平调时,或调值偏低,只有 44 度,或调程不能保持"平"而呈上扬状态,听起来近似阳平调;发阳平调时,调值呈"34"度,达不到"35"度,有的还在由 3 度向 5 度上升的过程中间降一下,听起来有点像上声了;发上声调时,或降程不够,读成"224",更多的还存在调程不全的毛病,变成了"21";发去声调时,不少人不是由 5 度启程,而是从 4 度与 5 度之间开始往下降,显得力度不够。以上几点,是调值辨正中应注意防止和克服的。

3. 辨字调

对任何一种方言来说,或多或少会有一些字,它们的声调不能按调类调值的对应关系来推断它们在普通话里的调类。这方面,难度较大,需要多下工夫的是古入声字的辨调,另外是少数特殊字需要硬记它们的声调。

古入声字的声调辨别,又称为古入声字的改读。

古入声字的韵尾很多是塞音,使得音长受到限制,字音念不长,读起来比较短促,形成特殊的"促调"。例如:"织""吃""失""八""发""喝""郭""克"这些字,古时都是读入声。据统计,在现代汉语的常用字表中,有600多个字是古入声字,如今它们在普通话里被"分派"到四声里去了,其中读去声的最多,约占2/5以上;读阳平的次之,约为1/3;读阴平的约为1/5;读上声的最少,不到1/10。

为了解决古入声字的正确改读问题,一是要了解哪些字是古入声字,二是要掌握古入声字与普通话四声的转换对应关系。

(1)哪些是古入声字 重庆人、四川人说普通话时,古入声字在很大程度上影响语音面貌。因为古入声字在重庆话、四川话中(除个别地区还保留着以外)基本上都归入阳平调,约有400个左右。重庆话、成都话里读阳平调的字中,凡韵母是 a、o、ê、i、u、ia、ie、io、ua、uê 的,几乎都是古入声字。而古入声字归入普通话阳平调的只约1/3,只有100多个。许多重庆人、四川人不了解这点,在讲普通话时,常把这几百个字都读成阳平调。如:"节约(jié yuē)"读成"jié yué","北京(běi jīng)"读成"béi jīng",一听就知道是川渝人。所以,把握古入声字与普通话四声的转换关系,对重庆人、四川人学普通话至为重要。

(2)掌握古入声字与普通话四声的转换关系有一些规律可循

①绝大多数 m、n、l、r 声母(浊音声母)或零声母的古入声字,在普通话里都读去声。它们在"派"入去声的古入声字中几乎占了一半。例如下列词语中加点的字。练读这些词语,注意把加点的字读去声:

m 声字

密切	蜜蜂	秘诀	寻觅	树木	沐浴
幕布	耳目	放牧	和睦	苜蓿	沙漠
末位	泡沫	茉莉	莫非	墨水	陌生
沉默	脉脉含情	麦苗	灭绝	蔑视	没顶之灾

n 声字

接纳	氯化钠	按捺	呐喊	承诺	聂耳
镊子	镍矿	妖孽	蘖枝	虐待	匿名
溺爱	逆向				

l 声字

| 辣椒 | 蜡染 | 腊梅 | 洛阳 | 降落 | 网络 |
| 骆驼 | 力量 | 起立 | 颗粒 | 斗笠 | 板栗 |

历史	厉害	沥青	霹雳	瓦砾	陆地
麋鹿	录取	庸碌	杀戮	效率	律己
氯气	肋骨	烙印	奶酪	列席	烈火
分裂	恶劣	猎取	掠夺	粗略	六合
六(lù)安	绿林				

r声字

热闹	软弱	假若	出入	被褥	肉食
日历					

零声母字

碾轧	遏制	扼杀	湘鄂	颚骨	险恶
噩耗	握手	肥沃	卧室	容易	益处
亿万	记忆	驿站	洋溢	轶闻	亦步亦趋
城邑	兵役	疫病	劳逸	翼翅	翻译
抑制	玉石	教育	地域	沐浴	欲望
监狱	郁闷	医药	钥匙	液体	腋窝
哽咽	枝叶	页码	职业	谒见	阅读
喜悦	月球	闽粤	山岳	跃进	翻越
物体	勿求				

②古入声字中的动词性字,在普通话里大半归入阴平调,尤其是其中的口语字,基本都派入阴平调。例如下列词语中加点的字。练读这些词语,注意加点的字读阴平调:

抹布	发展	搭配	倒塌	包扎	插手
杀虫	摩擦	撒谎	押运	压迫	掐算
瞎闯	挖掘	刮风	刷洗	搁置	收割
磕碰	吃喝	虫蜇	拨弄	剥皮	活泼
触摸	掇弄	委托	脱离	捋袖	捕捉
戳穿	说话	撮合	紧缩	哽噎	憋气
瞥见	撇开	跌撞	张贴	捏造	按揭
接触	切菜	歇气	约定	撅嘴	削皮
扑灭	督促	突出	哭闹	出入	曲折
屈服	作揖	威逼	劈面	挑剔	踢球
打击	积水	通缉	吸取	纺织	失却
勒马	拍打	摘要	堵塞	拆穿	

③既然古入声字派入普通话上声的最少,而古入声字在重庆话、四川话中基本上读阳平,那么重庆话、四川话阳平调的古入声字归入普通话上声的常用字自然不多。下面把它们(加点的字)列出,请本着"记少不记多"的原则反复练读,加以记忆:

法则	高塔	眨眼	盔甲	钾盐	诸葛
渴望	索取	钢铁	字帖	血晕	冰雪

占卜　　朴素　　骨肉　　山谷　　嘱咐　　家属

巴蜀　　耻辱　　曲调　　乙级　　笔直　　劈柴

脊柱　　乞求　　尺寸　　北京　　百姓　　松柏

宽窄　　手脚　　角度

　　上述这几条当然还远未涵盖所有的古入声字。为了便于读者随时查找、辨正,现将常用古入声字的普通话读音表列为附录七。

　　关于声调的辨正,还有一些字既不是古入声字,又不符合方言与普通话调类对应规律。例如:"帆船"的"帆""波涛"的"涛""粗糙"的"糙"这三个字,在重庆话和四川话里前二者是阳平调,第三个字是去声,但在普通话里它们都是读阴平调。要读准它们,就需要平时多听、多查、多记。

附录七

常用古入声字普通话读音表

（说明:按普通话调类分列,同一调类内按声母表声母之序排列,相同音节的字只在第一字前注音。）

阴平　ba 八捌　　bo 拨剥(削)　　bao 剥(皮)　　bi 逼　　bie 憋鳖

　　　　pai 拍　　po 泼　　pi 劈　　pie 撇　　pu 扑　　mo 摸　　fa 发

　　　　da 搭答(理)　　di 滴　　die 跌　　du 督　　duo 掇咄　　ta 踏(实)

　　　　ti 踢剔　　tie 贴帖　　tu 秃突凸　　tuo 托脱　　nie 捏　　lei 勒(捆)

　　　　ge 摘胳疙割鸽　　gu 骨(朵儿)　　gua 刮　　guo 郭　　ke 磕

　　　　ku 窟哭　　hei 黑　　hu 忽　　huo 豁　　ji 激积　　jia 夹(夹生)

　　　　jie 结(结果)揭接疖　　ju 鞠(躬)　　qi 戚柒漆　　qia 掐　　qie 切(开)

　　　　qu 曲屈　　que 缺　　xi 膝吸蟋昔悉蜥晰熄夕析息　　xia 瞎

　　　　xie 歇蝎楔　　xiao 削(切削)　　xu 戌　　xue 薛削(剥削)　　zhi 只织汁

　　　　zha 扎　　zhe 蜇　　zhai 摘　　zhao 着(失着)　　zhou 粥

　　　　zhuo 桌卓捉拙　　chi 吃　　cha 插　　chai 拆　　chu 出　　chuo 戳

　　　　shi 虱湿失　　sha 杀煞(收煞)　　shu 叔淑菽　　shua 刷　　shuo 说

　　　　za 咂扎　　zuo 作(坊)　　ca 擦拆(烂污)　　cuo 撮　　sa 撒　　sai 塞

　　　　suo 缩　　yi 一壹　　ya 押鸭压　　ye 噎　　yao 约(称重)　　yue 约

　　　　wu 屋　　wa 挖

阳平　因为和川、渝方言一致,所以略去不列。

上声　bai 伯(大伯)百柏　　bei 北　　bi 笔　　bu 卜　　pi 匹劈(柴)

　　　　pei 撇　　pu 朴　　mo 抹　　fa 法　　dei 得(只得)　　ta 塔獭

　　　　tie 铁帖(请帖)　　lie 咧　　lü 捋(捋胡子)　　gei 给　　gu 骨(干)谷

ke 渴　　hao 郝　　ji 脊给(供给)　　jia 甲胛　　jiao 脚角　　qia 卡

qu 曲　　xie 血(口语)　　xue 雪　　zhai 窄　　zhu 嘱　　chi 尺

shai 色(口语)　　zhu 蜀、属　　ru 辱　　sa 撒　　suo 索　　e 恶

去声　bi 必壁毕碧辟　　bie 别(扭)　　bu 不　　po 迫魄　　pi 僻辟

pu 瀑曝　　mo 末沫茉莫寞漠默墨没　　mai 麦脉　　mi 秘蜜密觅

mie 灭蔑　　mu 幕目木牧睦沐穆　　fa 发(头发)珐(琅)　　fu 复腹阜

di 的　　ta 踏榻塌　　te 特忒　　ti 惕　　tie 帖(字帖)　　na 纳捺钠呐

ni 匿溺逆　　nie 镊聂　　nüe 虐　　la 落(丢三落四)辣剌蜡腊

le 乐勒(勒索)　　lei 肋(骨)　　lao 烙酪　　li 力立粒笠栗励历

lie 列裂烈猎劣　　liu 六　　lu 麓辘录碌陆　　luo 洛落络骆

lü 律率(效率)绿氯　　lüe 略掠　　ge 各　　gu 梏　　ke 克客刻

ku 酷　　kuo 阔扩括廓　　he 赫吓褐鹤壑　　hua 划

huo 或惑获霍豁(达)　　ji 鲫迹绩寂稷　　qi 泣迄　　qia 恰洽

jiao 觉　　qie 怯切窃　　qiao 壳(地壳)　　jue 倔　　que 却确鹊雀

xi 隙　　xia 吓　　xie 泄屑　　xu 畜(畜牧)蓄恤续旭　　xue 血(贫血)

zhi 秩掷质置帜挚　　zha 栅　　zhe 浙　　zhu 祝筑　　chi 斥赤叱炽

che 撤彻澈　　chu 畜(畜生)触矗绌　　chuo 绰辍龊　　shi 式室释适饰

she 设摄涉　　shu 述术束　　shuo 硕朔烁　　shuai 率(率领)蟀　　ri 日

re 热　　rou 肉　　ru 褥入　　ruo 若弱　　zuo 作凿(确凿)

ce 厕测策册恻侧　　cu 促簇　　sa 萨卅飒　　se 塞涩色瑟啬

su 肃速宿粟　　　(以下为零声母字)　　e 恶扼颚鄂愕遏

yi 亦邑役疫益翼逸绎亿忆抑溢缢奕　　ya 轧　　ye 叶页业谒

yao 钥药　　yu 玉欲育浴域狱　　yue 悦阅越跃月乐岳粤　　wu 勿物

wo 握沃

<h1 style="text-align:center">第二节　普通话的音节</h1>

　　在第一章"语音概说"里,已经接触了"音节"这个基本概念,在那里,主要是从听觉和发音器官肌肉活动的角度去认识音节的,而在本节,则要从它的构成等方面更深入研究和认识它。

一、音节的结构

1. 普通话的音节

音节是最自然的语音单位。前面已经说过,所有的音节都是由一个或几个音素组成

的。但是音素都是作为声母或韵母在音节里发挥作用的,而且作为汉字读音的每个音节都有一定的声调。所以,普通话的音节是由声母、韵母、声调三部分构成。有些音节的声母为零,就称为零声母音节;有些音节的韵母比较复杂,包含有韵头(介音)、韵腹和韵尾三个部分。从已学过的关于声母、韵母的知识还知道:普通话的声母是由辅音音素充当,韵母是由元音音素或元音音素加鼻辅音音素来充当。这样,我们就可以把音节结构示意如下:

普通话音节 { 声母——辅音(或"零")
韵母——元音或元音加鼻辅音
声调

2. 普通话音节的结构方式

普通话音节的这种基本结构在实际上又表现为多种方式,这是由于声母和韵母的构成情况不同而造成的:

①有声母,韵母的头、腹、尾齐全,有声调。例如:zhuāng(庄)。
②有声母,韵母有头有腹而无尾,有声调。例如:jué(决)。
③有声母,韵母无头、有腹、有尾,有声调。例如:shǎn(闪)。
④有声母,韵母无头、有腹、无尾,有声调。例如:shá(啥)。
⑤零声母,韵母无头、有腹、无尾,有声调。例如:é(鹅)。
⑥零声母,韵母无头、有腹、有尾,有声调。例如:ǒu(偶)、ēn(恩)。
⑦零声母,韵母有头、有腹、无尾,有声调。例如:iè(业)。
⑧零声母,韵母头、腹、尾齐全,有声调。例如:iōu(优)。

将上述情况列表,就可一目了然地掌握普通话音节的所有结构方式:

表 5-3　普通话音节结构方式表

| 声韵(例字) | 声母 | 韵母 | | 韵尾 | | 声调 |
		韵头(介音)	韵腹(主要元音)	元音	鼻辅音	
zhuāng(庄)	zh	u	a		ng	阴平
jué(决)	j	ü	e			阳平
shǎn(闪)	sh		a		n	上声
shá(啥)	sh		a			阳平
é(鹅)	零		e			阳平
ǒu(偶)	零		o	u		上声
ēn(恩)	零		e		n	阴平
iè(业)	零	i	e			去声
iōu(优)	零	i	o	u		阴平

(jüe、ie、iou 3个音节的规定写法后面将有说明)

从表5-3还可以清楚看到,普通话的音节结构有这样一些特点:

①在音节中,元音占优势。每个音节都一定有元音,元音音素最多可达3个。

②音节中可以没有辅音;如果有辅音,只在音节开头(作声母)或末尾(作韵尾)。

③普通话的音节必须要有韵腹,韵腹即是音节里的主要元音。

④每个音节都有一定的声调。

二、音节的拼合

音节的拼合,也叫"拼音",是指依据普通话的语音结构规律,把声母和韵母(加上声调)拼合成一个音节。拼音的根本和惟一的要求,就是准确。为求得拼音的准确,就必须注意遵循拼音的基本原则和掌握适当的拼音方法。

1. 拼音的基本原则

(1)声母要用本音 平常称呼声母,一般是念它的"呼读音",即是在声母的本音后面加上一个元音(见第二章第二节中"声母的呼读音")。用声母拼音时,应该去掉呼读音里的元音,而用它纯粹的本音。有人总结拼音经验的第一句就是"前音轻短后音重",正反映了声母用本音的原则。"前音"即声母,声母都是辅音,辅音发音时声带多不颤动、声音一般也不响亮,自然"轻短"了。"后音"即韵母,韵母都是由元音或元音加鼻辅音,发音时声带都要颤动、声音一般比较响亮,自然"重"了。例如:拼 jiāng 这个音节,按正确的拼法,"j"发本音,拼出的是"江";如果把"j"发成呼读音,拼出来就是"基秧",显然不标准了。

(2)声母与韵母之间不能有停顿 从声母过渡到韵母不间歇,要连续发音。这就是人们总结拼音经验的第二句:"两音相连猛一碰"。例如 bài 这个音节,声韵相连拼出来是"拜";若声、韵间隔了,就变成"播爱",叫人听了哭笑不得。

(3)不能丢失介音 凡是有介音(韵头)的音节,在拼音时必须把介音念准、念清楚;否则会出现"丢失介音"的毛病,导致音节改变。例如:tūn(tuēn)这个音节,本应是"吞"的音,重庆话时常把介音"u"丢失,就成了"tēn"这样一个在普通话语音系统里不存在的音节。

2. 拼音的几种方法

在遵循上述三条原则的前提下,常用的拼音方法有下面三种:

(1)双拼法 就是把音节正确地划分为声母和带声调的韵母两部分,把两部分的发音都把握准确,先念声母的本音,紧接着念带声调的韵母,二者直接而快速地合成一体。这是最基本的方法。例如:

b — ān → bān(班)　　　　　　　f — éi → féi(肥)

d — ǎng → dǎng(党)　　　　　　q — iàng → qiàng(呛)

(2)三拼法 这种方法适用于有介音的音节。就是先把音节划分为声母、介音(韵头）、带声调的韵腹（或带声调的韵腹和韵尾）三部分，把三部分的发音都把握好之后，进行拼合。在具体拼合时，又有两种方式：

①三拼连读：一口气从声母到介音到带调的韵腹（或韵腹和韵尾）不间歇地读出来，成为一个完整的音。要领是：声母念得轻（本音）、介音念得快而清、韵腹及韵尾响而长。例如：

n — i— ǎo → niǎo（鸟）　　　　　　x — i — à → xià（下）

h — u — ái → huái（怀）　　　　　　zh — u — āng → zhuāng（装）

②三分两读：把音节分为三部分之后，分两步拼：先把声母和介音拼合为一，再跟带调的韵母其余部分进行拼合，第二次拼合出全音节来。这个方法对容易犯丢失介音的方言区人，特别适合，有助于防止介音被丢失。例如：

k — u → ku……ku — ài → kuài（快）

j — i → ji……ji — ǎng → jiǎng（桨）

h — u → hu……hu — ān → huān（欢）

g — u → gu……gu — āng → guāng（光）

l — u → lu……lu — én → luén（轮）

（3）先拼声韵后定调法　这适用于那些对声调还把握不稳的人，方法是：先按上边介绍的双拼法、三拼法，读出音节的阴平调（第一声），再采取阴平、阳平、上声、去声挨个儿试的方法，找到所需的调值读准音节。例如：

běi（北）：b — ei → bēi ⇒ běi；

chéng（城）：ch — eng → chēng ⇒ chéng

jià（架）：j — i — a → jiā ⇒ jià；

shuǎi（甩）：sh — u → shu……shu — ai → shuāi⇒ shuǎi

3. 普通话声韵调的配合关系

普通话语音系统中，声母、韵母、声调的配合是有其规律的；各种方言语音系统也是这样。例如：普通话和上海话里都有声母 f 和韵母 i，但普通话里，f 不能与 i 拼合成音节，而上海话里 f 可以与 i 拼合成音节，像"飞"就读 fi；而在普通话里可以相拼合的声母 t、韵母 uen（如"吞"的读音），在重庆话里，它们就不能拼合成音节了。这是声母与韵母的配合关系。其次，有时声母与韵母可以拼合，但它们拼合后不一定都能具有 4 个声调。例如：在普通话里，ban 就只有阴平、上声、去声，而没有阳平；hang 则只有阴平、阳平、去声，而没有上声；ka 也只有阴平、上声，而无阳平、去声。掌握了普通话中声、韵、调三者配合的规律，才能避免拼音时出差错，才能讲出标准的普通话。

普通话声母韵母配合关系上的规律性，可以用表5-4归纳出来。

表5-4　普通话声韵配合关系表

配合情况 声母类别 ＼ 韵母类别	开口呼（不是i、u、ü或不以i、u、ü起头的韵母）	齐齿呼（i或以i起头的韵母）	合口呼（u或以u起头的韵母）	撮口呼（ü或以ü起头的韵母）
双唇音　b、p、m	+	+	只与"u"拼合	－
唇齿音　f	+	－	只与"u"拼合	－
舌尖中音　d、t	+	+	+	－
舌尖中音　n、l	+	+	+	+
舌根音　g、k、h	+	－	+	－
舌面音　j、q、x	－	+	－	+
舌尖后音　zh、ch、sh、r	+	－	+	－
舌尖前音　z、c、s	+	－	+	－
零声母	+	+	+	+

（+表示能拼合，－表示不能拼合）

表5-4反映出来的规律是：

①双唇音和舌尖中音声母中的d、t，能与开口呼、齐齿呼、合口呼韵母拼合，不能与撮口呼韵母拼合（双唇音拼合口呼仅限于u）。

②唇齿音、舌根音、舌尖前音、舌尖后音4组声母能与开口呼、合口呼韵母拼合，不能与齐齿呼、撮口呼韵母拼合（唇齿音拼合口呼仅限于u）。

③舌面音声母与上面四组声母恰相反，能与齐齿呼、撮口呼韵母拼合，不能与开口呼、合口呼韵母拼合。

④舌尖中音声母n、l能与所有韵母拼合。

⑤零声母音节在四呼中都有；或者说，除-i（前）-i（后）外的所有韵母都可以自成音节。

上述五条规律还是比较粗略的。在这些规律基础上，普通话的21个辅音声母和39个韵母相拼合，加上零声母音节，一共有407个基本音节。这407个基本音节再与四声相配合（即声调变化），产生出1 300多个音节。这就构成了普通话的音节系统。要把这1 300多个音节都记住，困难太大；但把握407个基本音节却是必要的。因此，我们把它们列出来，即是《普通话基本音节总表》，附在书后面供随时查阅。

三、音节的拼写

普通话音节的拼合是有规律的，其规律是从客观存在的语言实践中归纳出来的；音节的拼写是记录音节中如何拼合的，它也有一定的规则，这规则是《汉语拼音方案》根据语音现象和认读需要而规定的。下面介绍关于隔音、省写、连写、大写、移行的规则。

1. 隔音

（1）用隔音符号"'"隔音　以 a、o、e 开头的音节，连接在其他音节后面，如果音节界限不清、可能发生混淆时，就要用隔音符号将它与前面的音节隔开。隔音符号打在 a、e、o 的左上角上。例如：

"皮袄（pí'ǎo）"如不隔音，就容易混为"漂（piǎo）"；

"海鸥（hǎi'ōu）"如不隔音，就容易误为"哈优（hǎ iōu）"；

"企鹅（qǐ'é）"如不隔音，则容易与"茄（qié）"相混；

"西安（xī'ān）"如不隔音，也容易误为"先（xiān）"。

（2）用字母 y、w 隔音　齐齿呼、合口呼、撮口呼韵母的零声母音节，在与前面的音节连写时，容易发生混淆，按《汉语拼音方案》规定，要用字母 y 或 w 来隔音。具体的用法是：

①i 或以 i 开头的韵母在零声母音节中，如果 i 后面还有别的元音，就把 i 改为 y；如果 i 后面没有其他元音，就在 i 前面加 y。例如：

心仪的"仪"是 i 的零声母音节，若不隔音，"心仪"写成"xīní"，就与"稀泥"相混了；i 前加 y 隔音，就能正确读音了（xīnyí）。

谨严的"严"是 i 开头的零声母音节，若不隔音，"谨严"写成"jǐnián"就变成了"几年"；把 i 改为 y 起到隔音作用，"jǐnyán"就不致读混了。

②u 或以 u 开头的韵母的零声母音节，如果 u 后面还有别的元音，就把 u 改为 w；如果 u 后面没有其他元音，就在 u 前面加 w。例如：

淡雾的"雾"，是 u 的零声母音节，如不隔音，"淡雾"写成"dànù"就变成了"大怒"；在 u 前加 w 隔音，写成"dànwù"就不会混淆了。

南宛的"宛"，是 u 起头的零声母音节，如不隔音，"南宛"写成"nánuǎn"就容易被读成"那怒俺"或"拿暖"；若把 u 改 w，写成"nánwǎn"就不致读混了。

（3）ü 或以 ü 开头的韵母的零声母音节，无论 ü 后面有无其他元音，一律在 ü 前加 y，同时去掉 ü 上的两个点。例如：

"鲤鱼"的拼音应写成"lǐyú"；若不用 y 隔音，写成"lǐú"，就变成了"流"的音了。

"梨园"的拼音应写成"líyuán"；若不用 y 隔音，写成"líuan"，就易被误为"留安"了。

以上三点，可用表 5-5 概括。

表 5-5　y、w 隔音的用法

韵　母	隔　音　方　式		加	改
i 或以 i 起头（加 y 或改 y）	i 后无元音	i in ing	yi　(衣) yin　(阴) ying　(英)	
	i 后有元音	ia ie iao iou ian iang iong		ya　(呀) ye　(耶) yao　(腰) you　(忧) yan　(烟) yang　(央) yong　(拥)
u 或以 u 起头（加 w 或改 w）	u 后无元音	u	wu　(乌)	
	u 后有元音	ua uo uai uei uan uen uang ueng		wa　(蛙) wo　(窝) wai　(歪) wei　(威) wan　(弯) wen　(温) wang　(汪) weng　(翁)
ü 或以 ü 起头（加 y 去点）		ü üe ün üan	yu　(迂) yue　(约) yun　(晕) yuan　(渊)	

2. 省写

（1）ü 上两个点的省写　ü 和以 ü 起头的韵母（撮口呼）只与 n、l、j、q、x 5 个声母相拼合，其中，与 j、q、x 这 3 个舌面声母相拼时，一律省去上头的 2 个点。因为在普通话语音系统中，j、q、x 不能与 u 拼合，所以 ü 省去两个点既简便又不会使人误认为是 u，见表 5-6。

表 5-6　ü 字母拼写规则

条件 / 两点的处理	保　留	省　去
ü 在 n、l 后	nǚ(女)、nüè(虐)、lǚ(吕)、lüè(略)	
ü 在 j、q、x 后		jū(居)、júe(决)、juān(捐)、jūn(军) qū(区)、quē(缺)、quān(圈)、qún(群) xū(虚)、xuē(靴)、xuān(宣)、xūn(勋)

（2）iou、uei、uen 的省写　在普通话中，这 3 个韵母跟多数声母相拼合之后（也包括受声调影响），其中的元音 o、e 在不同程度上变得不明显，主要的元音位置（即较响亮的元音）移到 i 或 u 上，所以当它们前面有声母时，拼写的音节里就把元音字母 o、e 省去。《汉语拼音方案》这样规定，既反映了语音的实际情况，又使拼式简短。例如：

d — iou → diu（丢）　　　　　g — uei → gui（规）　　　　　ch — uen → chun（春）

但要注意：iou、uei、uen 的零声母音节不能将 o、e 省掉（但按"隔音"要求应写成 you、wei、wen）。

3. 连写

连写，就是分词连写，也叫词儿连写。国家公布的《汉语拼音正词法基本规则》规定：拼写普通话基本上以词为书写单位，即一个词里的几个音节要连写。例如：

rén（人）　　　　　　　　pǎo（跑）　　　　　　　　hǎo（好）
hěn（很）　　　　　　　　fúzhuāng（服装）　　　　　péngyou（朋友）
niánqīng（年轻）　　　　　wǎnhuì（晚会）　　　　　　diànshìjī（电视机）
túshūguǎn（图书馆）　　　 Wūlǔmùqí（乌鲁木齐）

表示一个整体概念的双音节和三音节结构，也要连写。例如：

gāngtiě（钢铁）　　　　　　　　　hóngqí（红旗）
duìbuqǐ（对不起）　　　　　　　　àiniǎozhōu（爱鸟周）

四音节以上表示一个整体概念而又不能按词分开的名称，虽然比"词"大，也需连写。例如：

qīngsècāyīn（清塞擦音）　　　　　gǔwénzìxuéjiā（古文字学家）

单音节词重叠用时，也应连写。例如：

niánnian（年年）　　　　kànkan（看看）　　　　huānhuānxǐxǐ（欢欢喜喜）

有些分写和连写都不合适的词语，可以"半连写"，即用一条短横线连起来。例如：

huán-bǎo（环保）　　　　　　　　gōng-guān（公关）
bā-jiǔ tiān（八九天）　　　　　　　zhōng-xiǎoxué（中小学）

4. 大写

专有名词（如：人的姓和名、地名、书名、单位名、商号、商标等）的第一个字母要大写；由几个词组成的专有名词，每个词的第一个字母应大写，也可以全部字母都大写。例如：

Wáng Xiǎoshí（王晓石）　　Lǐ Huá（李华）　　　　　Yǔwén Kèběn（语文课本）
WANG XIAOSHI（王晓石）LI HUA（李华）　　　　　YUWEN KEBEN（语文课本）

句子开头的字母都要大写。例如：

Nǐ kàn diànyǐng le mā?（你看电影了吗?）
Tā shuō:"Zhè zhēnshi qiǎo!"（他说:"这真是巧!"）

5. 移行

当一个词或本应该连写的词语结构写到一行末尾仍写不完时，可以把它拆开，在下一行继续写,这叫移行。移行时必须整个音节移转下行,并在上一行没写完的地方加上一个短横(连接号)。例如:"lèirényuán"(类人猿)这个词,可以有两种移行法:

　　　　　　　　lèirén-

yuán

或:

　　　　　　　　lèi-

rényuán

不能把一个音节从中间拆开来移行,例如:

　　　　　　　　lèir-

ényuán

随着信息处理日益成为人们生活的一部分,掌握拼写知识就显得更加必要了。

训练与实践

1. 根据有关声调的知识填空。

(1)声调就是音节发音时_____的变化,也称为_____。

(2)调值指的是音节_____的形式,也就是声调的_____。

(3)把语言中调值相同的字归纳在一起所形成的种类叫_____;普通话有 4 个_____,它们是_____。

(4)在普通话里已没有入声,古入声字在普通话里分派到_____中去了,而分派到_____的最多。

2. 声调练读。下边练读词语时,注意一个字一个字读准它的调值,不可太快,以避免连读发生"音变",否则会失去声调训练的意义。

(1)四字同调训练

chūn tiān kāi huā	jiāng shān duō jiāo	zhēn xī guāng yīn
春 天 开 花	江 山 多 娇	珍 惜 光 阴
rén mín qín láo	hé píng fán róng	niú yáng chéng qún
人 民 勤 劳	和 平 繁 荣	牛 羊 成 群
yuǎn jǐng měi hǎo	shǒu biǎo zhǎn lǎn	qǐng nǐ zhǐ dǎo
远 景 美 好	手 表 展 览	请 你 指 导
shè huì xiào yì	chuàng zào jì lù	dà sài xiàng mù
社 会 效 益	创 造 纪 录	大 赛 项 目

(2)四声顺序训练

huā hóng liǔ lǜ	shēn qiáng tǐ zhuàng	xīn zhí kǒu kuài
花 红 柳 绿	身 强 体 壮	心 直 口 快
shēn móu yuǎn lǜ	zhōng liú dǐ zhù	zhū rú cǐ lèi
深 谋 远 虑	中 流 砥 柱	诸 如 此 类

yīng xióng hǎo hàn　　guāng míng lěi luò　　zhēng qián kǒng hòu
英　雄　好　汉　　　光　明　磊　落　　　争　前　恐　后

(3)四声逆序训练

wàn lǐ cháng zhēng　　chì dǎn hóng xīn　　gòu mǎi tú shū
万　里　长　征　　　赤　胆　红　心　　　购　买　图　书

yì kǒu tóng shēng　　dà hǎo hé shān　　miào shǒu huí chūn
异　口　同　声　　　大　好　河　山　　　妙　手　回　春

xiù shǒu páng guān　　xìn yǐ wéi zhēn　　jù shǎo chéng duō
袖　手　旁　观　　　信　以　为　真　　　聚　少　成　多

nì shuǐ xíng zhōu　　zì lǐ háng jiān　　bù lǚ wéi jiān
逆　水　行　舟　　　字　里　行　间　　　步　履　维　艰

(4)四声交错训练

tiān nán dì běi　　néng gōng qiǎo jiàng　　wǔ guāng shí sè
天　南　地　北　　　能　工　巧　匠　　　五　光　十　色

yǐ shēn zuò zé　　lóng fēi fèng wǔ　　qīng miáo dàn xiě
以　身　作　则　　　龙　飞　凤　舞　　　轻　描　淡　写

qiáo zhuāng dǎ bàn　　yǔ zhòng xīn cháng　　hé fēng xì yǔ
乔　装　打　扮　　　语　重　心　长　　　和　风　细　雨

xiǎng chè yún xiāo　　měi zhōng bù zú　　ruì xuě fēng nián
响　彻　云　宵　　　美　中　不　足　　　瑞　雪　丰　年

yì kǔ sī tián　　wò xīn cháng dǎn　　yǔ guò tiān qíng
忆　苦　思　甜　　　卧　薪　尝　胆　　　雨　过　天　晴

3. 判断声调,标调练读。

(1)把调号标在双音节词语的字上头,然后练读。

光辉	高超	春晖	鲜花	声音	奔波
招生	车间	开脱	东征	荧屏	红云
行程	名牌	严格	童年	凌晨	平凡
繁难	男篮	永远	语法	宛转	展览
鼓点	厂长	抖擞	砝码	敢想	俭省
社会	世纪	趣事	快乐	剧照	胜利
庆贺	命运	站队	卫士	合一	合宜
何以	和议	施事	实事	史实	逝世
医务	遗物	衣物	义务	思索	城池
无疑	断定	柔嫩	谬论	清静	整治

(2)把调号标在四音节词语的字上头,然后练读。

山明水秀	酸甜苦辣	思前想后	江山多娇
鲜花喷香	春天栽秧	人民银行	豪情昂扬
敌人投降	永远友好	手捧请柬	首场舞蹈
创造世界	变幻莫测	制订计划	自力更生

一帆风顺　　　虚怀若谷

4. 给加点的字标调,练读各组词语,体会声调区分字义的作用。

{假如 假日	{空中 空白	{吐气 呕吐	{供应 供认	{铺排 铺位	{栏杆 笔杆	{挑水 挑拨	{良种 种树
{处理 处所	{中心 中意	{少数 少年	{冲突 冲床	{缝纫 缝隙	{倒塌 倒叙	{旋转 旋风	{脏话 脏腑
{美好 喜好	{教书 教育	{号叫 号召	{背包 背负	{鸟笼 笼络	{扇动 纸扇	{别离 别扭	{漂流 漂白
{为难 为何	{应该 应考	{相亲 相貌	{挑选 挑战	{丧事 丧失	{宁静 宁肯	{蒙骗 蒙昧	{蒙牛 蒙面
{发展 头发	{把持 把子	{场院 广场	{称霸 称杆	{当真 当初	{分别 成分	{横蛮 横渡	{晃眼 摇晃

5. 古入声字的改读训练。下面的一些入声字,重庆人常读成阳平调,请认真按注音读准确。

mā zhuō
抹 桌 —— 抹桌子

cā hēi
擦黑 —— 擦黑板

dū cù
督促 —— 督促

xiāo bǐ
削 笔 —— 削铅笔

chū fā
出 发 —— 出发

là yuè
腊月 —— 腊月

bì yè
毕业 —— 毕业

bì lǜ
碧绿 —— 碧绿

gē gǔ
割谷 —— 割谷子

tiē tiě
贴帖 —— 贴帖子

zhuō gē
捉 鸽 —— 捉鸽子

hē xuě
喝雪 —— 喝雪碧

zhī wà
织 袜 —— 织袜子

shuā bì
刷 壁 —— 刷墙壁

pō mò
泼墨 —— 泼墨水

lā jī
垃圾 —— 垃圾

chī yā
吃鸭 —— 吃鸭子

rè liè
热烈 —— 热烈

jiào yù
教育 —教育

yā suō
压缩 —压缩

pāi jī
拍击 —拍击

kè fú
克复 —克复

zuò niè
作 孽 —作孽

wù zhì
物 质 —物质

yù shì
浴室 —浴室

xuè yè
血液 —血液

chā qǔ
插曲 —插曲

tiě tǎ
铁塔 —铁塔

6. 进行双拼法拼读。注意前后音节声母韵母的比较,并在括号内填入一个相应的汉字。

l——ín( )　　l——íng( )　　n——ín( )　　n——íng( )

l——éng( )　　n——éng( )　　z——ěn( )　　zh——ěn( )

c——én( )　　ch——én( )　　s——ēn( )　　sh——ēn( )

z——ēng( )　　zh——ēng( )　　c——éng( )　　ch——éng( )

s——ēng( )　　sh——ēng( )　　z——ūn( )　　c——ūn( )

s——ūn( )　　zh——ǔn( )　　ch——ǔn( )　　sh——ǔn( )

z——ōng( )　　c——ōng( )　　s——ōng( )　　zh——ǒng( )

ch——ǒng( )　　l——ún( )　　l——óng( )　　n——óng( )

l——ǔ( )　　n——ǔ( )　　l——èi( )　　n——èi( )

b——ǎi(　　)　　　b——ěi(　　)

7. 拼读下面的词语,并注上汉字。

Rú yān de xìyǔ, Xiǎocǎo zhēngkāi lǜsè de yǎnjīng.

Zǎochén de yuányě a, Yīqiè dōu xiǎndé shénmì.

Gānggāng sūxǐng de nóngtián, Shēngzhǎng chū yīpiàn lǜyì.

8. 把下列字和词语的拼写错误改过来。

puó(婆)	(　　)	dēn(灯)		(　　)	
duēng(冬)	(　　)	wong(翁)		(　　)	
jā(家)	(　　)	jīng(金)		(　　)	
guan(官)	(　　)	fong(风)		(　　)	
yü jü(雨具)	(　　)	luén liou(轮流)		(　　)	
xiào lù(效率)	(　　)	jiēn qiáng(坚强)		(　　)	
yüan iáng(远洋)	(　　)	zhuāng yán(庄严)		(　　)	
yún xa(云霞)	(　　)	quan shuei(泉水)		(　　)	
yng xong(英雄)	(　　)				

9. 给下列汉字注音,并归纳其中体现的拼写规则。

压(　　)	爷(　　)	优(　　)	烟(　　)
央(　　)	用(　　)	衣(　　)	因(　　)
影(　　)	挖(　　)	歪(　　)	窝(　　)
伟(　　)	宛(　　)	望(　　)	翁(　　)
乌(　　)	鱼(　　)	月(　　)	园(　　)

10. 综合演练。运用已学过的声母、韵母、声调的知识,反复练读《太阳不娇气》这篇散文,争取作为一个节目在集体活动上朗诵。

TAI YANG BU JIAO QI
太 阳 不 娇 气

qīng chén tài yang zhàn zài gāo gāo de shān dǐng shang pāi pai hóng liǎn dàn　xiàng
清 晨,太 阳 站 在 高 高 的 山 顶 上,拍 拍 红 脸 蛋, 向
lán tiān mā ma shuō zǎo ān　rán hòu bèng beng tiào tiào xià shan lai　yì biān pǎo　yī biān
蓝 天 妈 妈 说:早 安!然 后 蹦 蹦 跳 跳 下 山 来,一 边 跑,一 边
bǎ cháng cháng de jīn tóu fa dǒu kai ràng tā men piāo zài huā bàn shang piāo zài cǎo jiān
把 长 长 的 金 头 发 抖 开,让 它 们 飘 在 花 瓣 上,飘 在 草 尖
shang piāo zai xiǎo hé de jiǔ wō shang piāo zai xiǎo niǎo de chì bǎng shang　　zhè shì
上,飘 在 小 河 的 酒 窝 上,飘 在 小 鸟 的 翅 膀 上……这 是

lán tiān māma jiāo gěi tā de rènwu　yúshì zhěnggè shìjiè dōu gēnzhe tàiyang de jiǎo
蓝　天　妈妈　交　给　她　的　任务。于是，整　个　世界　都　跟　着　太　阳　的　脚

bù sūxǐng guòlai yíqièshēngmìng dōu zai tàiyang de xiàoshēng zhōng kāishǐ le xīnde
步苏醒　过来，一切　生　命　都　在　太阳　的　笑声　中　开始　了　新的

shēngzhǎng
生　长　。

　　pǎo le　yì tiān tàiyang lèi le　shēnshàng yě zhān mǎn le huī　tā shì gè ài
　　跑了一天，太阳　累了，身　上　也　沾　满了灰。她是个爱

qīngjié de xiǎogūniáng a　jiù zìjǐ tiàojin dàhǎi li qù xǐzǎo piànpiàn huǒhóng de
清洁的　小姑娘　啊！就自己跳进大海里去洗澡，片　片　火红　的

wǎnxiá shì tā huànxià de yī shang
晚　霞，是　她　换　下　的　衣　裳　。

　　lántiān māma zhēnhuì jiàoyù hái zi　tàiyang shì tā de dúshēng nǚér kěshì yī
　　蓝天　妈妈　真会　教育孩子，太阳　是她的独生　女儿，可是一

diǎner yě bù jiāoqi měitiān dōu yào pǎo hényuǎn de lù　zuò hěnduō de shì
点儿也不娇气，每天　都　要　跑　很　远　的　路，做　很　多　的　事。

（作者　张　曦）

第六章

普通话中的音变现象

　　人们说话时,是一个音节接着一个音节的,当一连串音节连续发出时便形成了"语流"。在语流中,音节与音节、音素与音素、声调与声调会相互影响,使某些地方发生变化,这种情况叫"音变"。音变现象在各种语言中都存在,在汉语的各个方言中也有。只有掌握了"音变"规律,熟练地运用"音变",口语才能自然、流畅、纯正。普通话里的音变现象主要有:变调、轻声、儿化以及语助词"啊"的变读等。

第一节　变　调

　　变调是音节连续发出时,其中有些音节的声调发生的变化。这种变化往往是由于受后面一个音节声调的影响而引起的,即是为了发准后一音节的调值而作的一种准备。学习普通话,应掌握的变调主要有下列几种:

一、上声的变调

　　上声调音节在单独念或处在词语末尾、句子末尾的时候,不发生调值变化。除此之外,上声调音节在词语或在句子中间,调值都要发生变化。

1. 在上声音节前面的变调

　　当一个上声音节在另一个上声音节前头,即两个上声音节相连时,前一个上声音节变得像阳平,调值不再是"214",而是"34"或几乎是"35"了。例如下面这些词语读起来,其中前一个字的声调,都由上声变得像阳平。

　　理想　美好　勇敢　小巧　鼓舞　虎骨　老李

　　如果一个上声音节,后面接着是两个或两个以上的上声音节,即当三个或三个以上的上声字连读时,可以按词意或按语气适当地分成组,再按单独的念法(念本调214)或两个上声连读的念法(34—214)来处理;快读时,也可以把前边的若干个上声字一律变为像阳平调,只保留最后一个字仍念上声。例如:(加点的字为变调)

$\left\{\begin{array}{l}\text{讲|语法　柳|股长　小|老虎}\\\text{碾米厂　手写体　洗脸水}\end{array}\right.$ $\left\{\begin{array}{l}\text{永远|友好　打鼓|起舞}\\\text{永远友好　打鼓起舞}\end{array}\right.$

$\left\{\begin{array}{l}\text{把雨伞|打好}\\\text{我给你把雨伞打好}\end{array}\right.$

2. 在非上声音节前面的变调

当上声音节处在阴平、阳平、去声音节前面时,原来的上声调变为半上声,即调值由"214"变为"21",也就是降下去不升起来只念前半声。例如:(加点的字为变调)

在阴平音节前:宝珠　顶针　几斤

在阳平音节前:旅行　酒壶　满足

在去声音节前:鼓励　土地　踊跃

上声音节在轻声音节前面也变为半上调,这里不举例了。

请按上述规律练读:

上声相连:

百尺　场景　导演　仿古　海水冷　好好走　虎耳草　洗冷水澡　买老古董
领导起早　买两本草稿纸　我可以给你跑跑腿

上阴相连:

百般　此间　导师　纺车　感恩　海参　虎威　井喷　老夫　领班　请安

上阳相连:

百年　场合　党团　访谈　感觉　果实　虎符　井盐　老人　领衔　品茗

上去相连:

百步　场地　党校　访问　赶路　果断　虎将　井架　老大　领袖　请教

二、"一"字的变调

"一"这个字在单独念时,或在词语和句子的末尾时,或作序数用时,声调不变,读阴平调;其他情况下都要变调。

"一"在去声字前,变为阳平调。例如:

一律　一处　一派　一块　一岁

"一"在阴平、阳平、上声字前面,一律变为去声。例如:

在阴平字前:一番　一端　一桩

在阳平字前:一群　一团　一元

在上声字前:一两　一走　一篓

"一"夹在相同的动词中间时,读得轻而短变为轻声。例如:

读一读　看一看　走一走　拉一拉

按上述规律可推知,同一词语、同一句话中的几个"一",由于它们后面的字声调不同,它们的声调往往不同:一生一世;一步一回头;一营一连一派新气象;到一团一营走一走就感到一阵春风扑面而来。

试按上述规律练读：

在去声前：

一步　一半　一旦　一定　一看　一系列　一溜烟　一会儿　一发千钧

一触即发　一唱一和　一次方程　一面之词

在阴平前：

一般　一边　一包　一端　一风吹　一锅粥　一差二错　一帆风顺　一丝不苟

在阳平前：

一员　一瓶　一成　一同　一席话　一连串　一劳永逸　一得之功　一筹莫展

在上声前：

一本　一笔　一起　一手　一览表　一股劲　一马平川　一孔之见　一举两得

在动词间：

想一想　试一试　用一用　听一听　写一写　练一练　跑一跑　尝一尝

三、"不"字的变调

"不"字的本调是去声，它是个使用频率很高的常用字，"不"在单独使用或位于句末时以及处在非去声音节前面的时候，仍读本调。

"不"在去声字（音节）前，一般要改念阳平调。但在比较随意地说话时，也常以轻声出现。例如：

不要　不必　不够　不在　不坏

"不"夹在重叠用的动词、形容词或动词补语之间的时候，一律要念得轻而短，即失去原调变为轻声。例如：

夹在动词之间：走不走　开不开　在不在　想不想

夹在形容词之间：亮不亮　红不红　高不高　紧不紧

夹在动词与补语之间：听不见　说不完　走不了　看不清楚

可见，即使在同一句话里的几个"不"，声调也不会一样：

"不！不要试了。这衣服不伦不类，穿着男不男女不女的！"

试按上述规律练读：

"不"在去声前：

不必　不便　不错　不大　不但　不过　不论　不料　不见得　不像话　不要紧

不自量　不动声色　不计其数　不胜枚举

"不"在四字组成的词语中：

不闻不问　不干不净　不折不扣　不见不散　不破不立　不明不暗　不上不下

不仁不义　不卑不亢　不管不顾

四、形容词重叠式的变调

形容词常常重叠使用，重叠的形式一般有三种：AA 式、ABB 式、AABB 式。其中 AA 式的单音节重叠一般不变调，如"红红""绿绿"等。但当两个字都是上声或去声的 AA 式加儿化尾时，重叠式的第二个音节就常变为阴平调。例如：

好好儿的　大大儿的　慢慢儿的

ABB 式中的"B"音节，如果不是阴平，许多时候改读成阴平调。例如：

亮堂堂　红彤彤　慢腾腾

AABB 式中的第二个 A 读轻声，BB 则常要读阴平调。例如：

结结实实　漂漂亮亮　马马虎虎

试按上述变调方法练读：

"AA"式加儿化尾：满满儿的　快快儿的　早早儿的　胖胖儿的　慢慢儿的

"ABB"式：湿淋淋　绿油油　黑糊糊　黄澄澄　沉甸甸　亮堂堂

"AABB"式：稳稳当当　清清楚楚　痛痛快快　慢慢腾腾　热热闹闹　骂骂咧咧

需要说明的是，上述形容词重叠式的变调法多用于一般口语，但如果说话较慢，不变调也可以。在语气较郑重、严肃或朗读政论性文章时，仍要按原变调规律读。有些书面语中的形容词重叠式也不变调，如："轰轰烈烈""干干净净"；有些形容词重叠式即使在口语中也不一定需要变调，如：喜洋洋、光灿灿、胀鼓鼓、直挺挺、软绵绵等，这就要在实践中注意掌握了。

《汉语拼音正词法基本规则》规定：在书写汉语拼音时，"声调一律标原调，不标变调。""但是在语音教学时可以根据需要按变调标写。"因此，我们在读拼音的读物时，对声调的处理不能简单地"照读"，而要根据变调规则来确定。

第二节　轻　声

轻声是一种特殊的变调现象，在口语十分常见。有的音节在语句中与其他音节连读时，失去了原来的声调，变成一种既轻又短的调子，这就叫轻声。例如："子"字的音节在"子女""子孙""夫子""鸡子儿"等词语中都读上声，保持原调或按变调规律变调；而在"小子""梳子""孩子""笛子"等词语中，就读得又轻又短了，变成了轻声。关于轻声，要注意以下几个问题。

一、轻声不是一种调类

轻声不是在四声之外的一种独立的调类，所以没有一定的调值，它不像阴平、阳平、上声、去声那样有固定的音高变化形式，而只是发音时用力特别小，音强特别弱而已。轻声音节的音高(调值)受它前面那个音节声调的制约,有高低的不同。粗略地说,如果前面音节声调的起音较高,轻声音节的调值则较低,反之前面音节声调的起音较低,它后面的轻声音节的调值则较高。请练读体会下列词读音:

（1）阴平、阳平音节后的轻声　念又轻又短的低调。例如:

妈妈　哥哥　山上　窗户　身子　爷爷　伯伯　时候　葫芦　缸子

（2）上声音节后的轻声　念又轻又短的半高调。例如:

底下　打量　牡丹　铁匠　晚上　喜欢　椅子　奶奶

（3）去声音节后的轻声　念又轻又短的最低调。例如:

爸爸　弟弟　意见　相声　态度　认识　客人　簸箕

由于轻声不是一种独立的调类,所以《汉语拼音方案》规定对轻声音节一律不标调。

二、轻声有区分词义的作用

在普通话里,有的词语,后一音节要求念轻声,如果不念轻声,听起来就不像地道的普通话,如"学生"不能说"xué shēng","客气"不能说"kè qì","情形"不能说"qíng xíng","谢谢"不能说"xiè xiè"等等。不过,这么念一般还不至于使听的人误解。但有许多词语,读轻声或不读轻声,表达的意思就大不相同了。也就是说,在普通话里,"轻声"常常有区别词义和词性的作用。

（1）轻声能区别词义　一个音节用不用轻声,表达的意思可能相去甚远。例如:

东西 { dōng xī——东边和西边,或表示从东到西(的距离)。
       { dōng xi——泛指各种事物,或特指人或动物。

人家 { rén jiā——指住户。
       { rén jia——指某个人或某些人,或特指"我"。

活路 { huó lù——指能够求生存的门路、办法,亦即生路。
       { huó lu——泛指各种体力劳动或工作。

多少 { duō shǎo——①指数量 ②或多或少 ③稍微。
       { duō shao——用来问人或时间量有多少,如"多少天?""多少人?"

（2）轻声能区别词性　一个音节用轻声与否,还能使它所表达的词具有不同的词性。例如:

自然 { zì rán——名词,自然界。副词,理所当然。
       { zì ran——形容词。不勉强,不局促,不呆板。

精神 { jīng shén——名词。指人的意识、思维理念等。
       { jīng shen——形容词。活跃,有生气。

用人 { yòng rén——动词。指选择、任用人员。
       { yòng ren——名词。仆人。

反正 { fǎn zhèng——动词。指敌人投到我方来,或从错误方面转到正面方面。
       { fǎn zheng——副词。表示不管怎么样。

在普通话中,有某个字(音节)必须念轻声的词,叫轻声词。现在请再把上列各词语按两种声调对比练读几遍,体会二者的不同。

三、使用轻声的规律

正因为轻声常常起着区别词义词性的作用,所以使用轻声在大多数情况下都与词汇、语法上的意义有密切关系。

(1)叠音名词、叠音动词及一些叠音形容词的第二个音节一般要读轻声 例如:

星星 娃娃 豆豆 猩猩 道道(儿) 听听 写写 走走 看看
干干净净 大大方方 骂骂咧咧 坑坑洼洼

(2)趋向动词在非特殊情况下都读轻声 例如:

起来 推下去 叫出来 跳过去 爬上来 拖出来 冲上去 掉下去

(3)方位词一般都读轻声。例如:

墙上 山里 东边 西边 上边 下边 前边 后边 里头 外头

(4)名词、代词的后缀和表示复数的"们"都要念轻声 例如:

桌子 本子 孩子 锄头 前头 石头 结巴 尾巴 多么 那么 怎么
同学们 女士们

(5)各种助词一般都应该读轻声 例如:

语气助词:

是啊 妈妈呀 好哇 看哪 说吧 我正想你呢 好啦 要说就说嘛

时态助词:

看过 走着 开了 下了雨就播种 检查过三遍了 听着就觉着耳熟

结构助词:

北京的声音 轻盈地起舞 飞得真快

(6)普通话里很多双音节的名词、动词、形容词的第二个音节也读轻声 例如:

名词:

摆设 大夫 功夫 来头 萝卜 甘蔗 狐狸 老虎 豆腐 题目

动词:

比试 答应 告诉 数落 打扮 教育 闹腾 打理 收拾 交代

形容词:

便宜 大方 结实 勤快 聪明 滑稽 体面 毛躁 扎实 痛快

现在,请把(1)至(6)列举的词语认真练读几遍,体会轻声的读音特点和所起的作用。

普通话里有不少轻声词。正确读出轻声,对语言面貌的改善和优化作用很大。本章附有《常用轻声词》,应该经常练读。此外,在普通话口语实践中,同一个词语在不同的语境,需要采用不同的轻重格,如"中重""重中""重-次轻"等,这里不便一一列举,要靠我们多听,多模仿,体会其中规律。

第三节　儿　化

念读音节,念读到韵尾时舌头卷起,使韵母带上一个卷舌音,这样引起该音节发生的音变叫作"儿化"。儿化的基本性质是卷舌作用。经过儿化的音节仍是一个音节而不能成为两个音节,经过儿化而成的卷舌韵母叫"儿化韵"。儿化韵音节在书面上有规定的表示方法:若写的是汉字,就在原汉字之后加一个"儿"字;若是用拼音字母拼写,则是在原来音节之后加上一个字母"r"。例如:"花儿 huār""门儿 ménr""根儿 gēnr"。

一、"儿化"的作用

普通话里的"儿化",具有区别词性、区别词义和表示感情色彩等语法上的功能或修辞上的作用,所以它绝不是可有可无的点缀。

1. 区别词性

能兼作动词、名词两类的词,一经儿化就变得只是名词了;形容词经儿化,变成了名词。例如:

画(名词,动词)——画儿(只是名词)　　　塞(动词,名词)——塞儿(名词)
破烂(形容词)——破烂儿(名词)　　　　错(形容词)——错儿(名词)

2. 区别词义

例如:

一块(表数量)——一块儿(一起、一同)　　　一点(表单位)——一点儿(很少)
头(脑袋)——头儿(领头的人)　　　　　　眼(眼睛)——眼儿(小孔)
口(嘴巴)——口儿(出入通过之处)　　　　信("信件"或"相信")——信儿(音信、消息)

3. 表示事物细小、轻微

例如:

男孩儿	枣红马儿	树杈儿	花瓶儿	金鱼儿
门缝儿	粉末儿	葡萄皮儿	一口气儿	大头针儿

4. 表示亲切、喜爱、友好的感情色彩

例如:

小刘儿	脸蛋儿	头儿	贴心话儿	小人儿书
小苹果儿	大伙儿	划船儿	小白兔儿	

5.在非正式对话中

例如：

红绿灯儿　影片儿　岔道儿　两拨儿人　轿车儿　缆绳儿　渡轮儿

需要说明一点，"儿化"一般只在口语和口语化的书面语中使用，在正式的、庄重的场合较少用"儿化"语气。

二、"儿化"的发音

普通话里的韵母，除了本身就发"儿"音的"er"之外都可以儿化。许多方言中也有儿化现象，但由于受方言发音习惯的影响，方言区的一些儿化音并不符合普通话儿化的规律和特点。儿化韵发音的要领是一个"化"字，即一定要把"er"化进儿化字的韵母中去，在念韵腹的同时舌头就卷起来。如果先把韵母念完再加念"er"，就不准确了。

一般韵母在儿化了之后会发生或大或小的音变，也就是儿化韵的实际读音与原韵母的读音有所不同。一种是原韵母不变，只是带上卷舌色彩（加 r）。另一种是原韵母发生变化，或丢失韵尾，或韵腹儿化，或加 er，等等。儿化韵实际读音的变化可以归纳为 7 种类型，请见表 6-1。

表 6-1　儿化韵的发音变化规律

原韵母的类型	儿化的方式	儿化后的实际读音
韵母或尾音素是 a、o、e、u	原韵不变，只是加 r	红花儿 huār　在哪儿 nǎr　山坡儿 pōr 粉末儿 mòr　方格儿 gér　台阶儿 jiēr 腰鼓儿 gǔr　打球儿 qiúr
尾音素是 i 或 n（除 in、ün）	原韵丢 i 或 n，加 r	小孩儿 hár　糖块儿 kuàr　刀背儿 bèr 土堆儿 dur　竹竿儿 gār　一点儿 diǎr 小本儿 běr　烟卷儿 juǎr
尾音素是 ng（除 ing）	原韵丢失 ng，加 r，元音鼻化	药方儿 fãr　小凳儿 dèr̃　天窗儿 chuãr 香水瓶儿 pír̃　没空儿 kòr̃　小熊儿 xiór̃
韵母是 i、u	原韵不变，加 er	玩意儿 yìer　有趣儿 quèr
韵母是 -i（前）（后）	原韵丢失，加 er	瓜子儿 zěr　大事儿 shèr
韵母是 in、ün	原韵丢失 n，加 er	手印儿 yèr　短裙儿 quér
韵母是 ing	丢 ng，加 e 鼻化加 r	电影儿 y er̃

（"～"表示元音发音时口腔鼻腔同时共鸣，叫"鼻化"）

注意：表 6-1 中"儿化后的实际读音"一栏内的拼音只是表示"实际读音"，在拼写儿化韵音节时并不能这样写，而是一律在原韵母之后加"r"。

请反复练读表 6-1 中右栏所列的例词，把"儿化"音读准。

第四节 "啊"的音变

"啊"是在普通话口语中使用频率很高的一个单音节词。它可用在句子开头,作为表达强烈感情的叹词,也可用在句尾,作为表示某种语气的助词。在不同的语言环境里,它的发音常常不同。往往有人由于未正确掌握"啊"的音变而影响了普通话水平。

一、作为叹词的"啊"

叹词"啊"的基本读音是"a",但随着表达感情的不同,发出的声调也不同:

(1)啊(ā)——表示惊异或赞叹。一般发音较长。例如:

啊(ā),下雪啦!

啊(ā),山城的夜景确实是美妙极了!

(2)啊(á)——表示追问或难以相信的情感。一般发音也较长。例如:

啊(á)? 你说呀,为什么你回来了?

啊(á)? 这事儿真是他干的?

(3)啊(ǎ)——表示惊疑、为难或否定,不以为然。一般发音较短。例如:

啊(ǎ),真的? 这下可怎么好呢?

啊(ǎ),怎么能这样呢?

(4)啊(à)——表示应诺、认可,或表示明白过来了(发音较短),或表示较强烈的惊异赞叹(发音稍长)。例如:

啊(à),我是。您是哪位呀?

啊(à,音较长),是你呀! 这么久都没露面,我还以为你出差了呢。

啊(à,音较长),祖国! 生我养我的母亲!

二、作为语气助词的"啊"

句尾语气助词"啊"的读音,由于受它前面音节末尾的音素的影响而有所不同,这种读音变化有一定的规律:

(1)当"啊"前面那个音节末尾的音素是 a、e、i、ü 或前面那个音节的韵母是 o、uo 时,"啊"发"ya"的音,相当于"呀"。例如:

tā ya	jiā ya	huā ya	huá ya
是他 啊(呀)	回家 啊(呀)	好花 啊(呀)	快划 啊(呀)
pō ya	luó ya	duō ya	shuǒ ya
上坡 啊(呀)	菠萝 啊(呀)	真多 啊(呀)	别说 啊(呀)
gē ya	hé ya	hè ya	kě ya
唱歌 啊(呀)	过河 啊(呀)	祝贺 啊(呀)	口渴 啊(呀)

jié ya	xiě ya	yuē ya	xuě ya
半截 啊(呀)	快写 啊(呀)	节约 啊(呀)	下雪 啊(呀)

yī ya	tì ya	qǐ ya	ài ya
雨衣 啊(呀)	警惕 啊(呀)	早起 啊(呀)	可爱 啊(呀)

qù ya	lǜ ya	yú ya	yǔ ya
不去 啊(呀)	真绿 啊(呀)	吃鱼 啊(呀)	下雨 啊(呀)

（2）当"啊"前面音节末尾的音素是 u 或前面那个音节的韵母是 ao、iao 时，"啊"发"wa"的音，相当于"哇"。例如：

shū wa	kū wa	tóu wa	zhǔ wa
好书 啊(哇)	别哭 啊(哇)	里头 啊(哇)	快煮 啊(哇)

wǔ wa	shǒu wa	lù wa	yǒu wa
跳舞 啊(哇)	巧手 啊(哇)	大路 啊(哇)	没有 啊(哇)

hǎo wa	bǎo wa	cháo wa	pǎo wa
多好 啊(哇)	吃饱 啊(哇)	新潮 啊(哇)	别跑 啊(哇)

tiào wa	qiǎo wa	xiǎo wa	xiào wa
快跳 啊(哇)	手巧 啊(哇)	太小 啊(哇)	可笑 啊(哇)

（3）当"啊"前面音节末尾的音素是 n 时，啊发"na"的音，相当于"哪"。例如：

dān na	rén na	yǐn na	zhǔn na
简单 啊(哪)	亲人 啊(哪)	冷饮 啊(哪)	真准 啊(哪)

kàn na	gàn na	nán na	huān na
你看 啊(哪)	大干 啊(哪)	不难 啊(哪)	真欢 啊(哪)

xīn na	qín na	men na	shēn na
小心 啊(哪)	弹琴 啊(哪)	你们 啊(哪)	好深 啊(哪)

qún na	běn na	chén na	mēn na
围裙 啊(哪)	版本 啊(哪)	姓陈 啊(哪)	真闷 啊(哪)

jǐn na	dǎn na	hěn na	zhuān na
好紧 啊(哪)	大胆 啊(哪)	真狠 啊(哪)	搬砖 啊(哪)

zhēn na	yīn na	tán na	pén na
认真 啊(哪)	语音 啊(哪)	不谈 啊(哪)	脸盆 啊(哪)

（4）当"啊"前面音节末尾的音素是 ng 时，"啊"读音仍似"啊"，而实际为"nga"。例如：

cháng nga	zāng nga	xiāng nga	chàng nga
好长 啊	多脏 啊	真香 啊	快唱 啊

tàng nga	yǎng nga	yòng nga	xiàng nga
手烫 啊	真痒 啊	不用 啊	不像 啊

tōng nga	tóng nga	chéng nga	néng nga
不通 啊	相同 啊	不成 啊	不能 啊

（5）当"啊"前面音节末尾的音素是舌尖后元音-i［后］或 er 时，"啊"发"ra"音。但听起来仍似"啊"。例如：

zhǐ ra	zhì ra	zhī ra	zhí ra
字纸 啊	整治 啊	树枝 啊	笔直 啊

chī ra	chí ra	chǐ ra	chì ra
快吃 啊	水池 啊	可耻 啊	鱼翅 啊

shī ra	shí ra	shǐ ra	shì ra
老师 啊	好几十 啊	历史 啊	有事 啊

ér ra	ěr ra	èr ra	ménr ra
女儿 啊	在耳 啊	十二 啊	开门儿 啊

（6）当"啊"前面音节末尾的音素是舌尖前元音-i[前]时，"啊"发"[z]a"音，但听起来仍似"啊"。例如：

zì za	cì za	cí za	cǐ za
写字 啊	有刺 啊	告辞 啊	如此 啊

cì za	sī za	sī za	
几次 啊	好撕 啊	大公司 啊	

附录八

常 用 轻 声 词

　　轻声词，主要是指第二个音节读轻声的双音节词。此外一些单音节读轻声、三音节中第二个音节或第二第三个音节读轻声的词，也是轻声词。这里收录的轻声词，不包括一般都读轻声的语气助词、时态助词、结构助词、后缀"子尾"轻声词、方位词、趋向动词、叠字名词和重叠式动词。所录轻声词按音序排列，其中读轻声的字，都不加符号。

A	爱人	案子						
B	八哥(鸟名)	巴结	巴掌	把式	把戏	霸道	白净	摆布	摆设
	拜望	帮手	棒槌	包袱	包涵	宝贝	报酬	抱怨	辈分	背静
	被卧	本分	本钱	本事	奔头	鼻涕	比方	比画	比量	比试
	避讳	编排	编辑	扁担	便当	憋闷	别人	别扭	拨弄	玻璃
	薄荷	簸箕	补丁	部分	布置				
C	裁缝	残疾	苍蝇	差事	柴火	搀和	称呼	程度	成分	尺寸
	冲突	抽屉	臭虫	出息	锄头	畜生	窗户	伺候	刺激	刺猬
	次序	聪明	凑合	撮合					
D	搭理	奔拉	答应	打扮	打发	打量	打磨	打手	打算	打听
	大方	大人	大爷	大意(疏忽)		大夫(医生)		担待	耽搁	耽误
	当铺	叨叨	叨唠	叨咕	道理	道士	得罪	灯笼	提防	嘀咕
	底细	底下	弟兄	地道	地方	地下	点拨	点心	定钱	冬瓜
	东家	东西	动静	动弹	豆腐	嘟哝	对付	对头(仇敌)		队伍
	多么	哆嗦							
E	恶心	耳朵							
F	翻腾	反正(副词)		犯人	方便	防备	仿佛	肥实	废物	费用

	分寸	吩咐	分析	分量	风头	风筝	奉承	凤凰	夫人	扶手
	福分	福气	服侍	斧头	富余	富裕	父亲			
G	干净	干粮	甘蔗	干事	高粱	膏药	告示	告诉	哥们	胳臂
	胳膊	疙瘩	格式	跟头	公道	工夫	功夫	公家	工钱	恭维
	勾搭	勾当	咕嘟	姑夫	姑父	姑娘	咕哝	骨碌	骨头	姑爷
	故事	寡妇	怪物	官司	棺材	关系	罐头	光景	规矩	闺女
	锅巴									
H	哈欠	蛤蟆	害处	含糊	行当	行家	行市	好处	合计	和气
	和尚	核桃	合同	厚道	厚实	后头	呼噜	狐狸	胡琴	胡同
	葫芦	糊弄	胡涂	护士	花费	花消	滑稽	滑溜	坏处	慌张
	荒唐	黄瓜	皇上	恍惚	晃荡	晃悠	活动	活计	活路	活泼
	火候	伙计	祸害	贿赂						
J	机灵	机器	脊梁	记号	记性	忌妒	家伙	家具	嫁妆	架势
	煎饼(食物)	奸细	见识	将就	讲究	浆糊	交代	交道	交情	
	娇气	搅和	叫唤	结巴	结实	街坊	节气	姐夫	戒指	芥末
	近便	近乎	精神(形容词)							
K	看见	考究	考虑	靠山	瞌睡	咳嗽	刻薄	客气	客人	口袋
	口气	窟窿	快当	快活	会计	困难	阔绰	阔气		
L	垃圾	喇叭	喇嘛	来头	浪头	唠叨	牢骚	老婆	老实	老爷
	烙铁	累赘	篱笆	里头	厉害	利落	利钱	利索	痢疾	力量
	力气	利息	莲蓬	联系	练习	凉快	粮食	良心	亮堂	了得
	铃铛	伶俐	溜达	笼头	啰嗦	逻辑	萝卜	螺蛳	骆驼	
M	麻烦	麻利	马虎	码头	蚂蚱	埋怨	买卖	馒头	毛病	毛躁
	冒失	玫瑰	眉毛	媒人	妹夫	门路	门面	迷糊	棉花	苗条
	苗头	明白	名分	名气	名堂	名字	蘑菇	模糊	茉莉	模样
	牡丹	母亲	目的	木匠	木头	苜蓿				
N	哪个	哪里	那个	那里	那么	南瓜	男人	脑袋	闹腾	能耐
	你们	年成	粘糊	年纪	念叨	奴才	女人	女婿	暖和	
P	盘缠	盘算	盼头	佩服	喷嚏	朋友	脾气	皮匠	皮肤	枇杷
	琵琶	便宜	漂亮	苤蓝	姘头	婆家	泼辣	扑腾	扑克	铺盖
	菩萨	葡萄								
Q	欺负	气数	前头	亲戚	勤快	清楚	情形	认识	任务	软和	容易
R	热乎	热火	热闹	人家	人们	人物	认识	任务	软和	容易
S	洒脱	扫帚	傻气	商量	晌午	烧饼	烧卖	芍药	少爷	舌头
	舍得	身分	神气	神仙	什么	生日	生意	牲口	师傅	时辰
	时候	石榴	石头	使唤	世道	世故	事情	势力	势利	收成
	收拾	首饰	手巾	手续	手艺	疏忽	舒服	书记	熟识	熟悉

※注：Q行含「亲家(亲 qìng)」「拳头」

93

数落	属相	数目	水灵	似乎	斯文	思量	俗气	素净	算计
岁数	索性								
T 他们	它们	踏实	态度	特务	题目	体面	替换	天气	甜头
挑剔	铁匠	痛快	头发	徒弟	唾沫				
W 外甥	外头	晚上	王八	王爷	忘记	尾巴	委屈	味道	胃口
位置	稳当	窝囊	我们	误会					
X 西瓜	希罕	喜欢	细致	虾米	下巴	吓唬	先生	响动	想头
相公	相声	消息	小姐	小气	笑话	孝顺	歇息	心思	新鲜
寻思	行李	行头	兴致	兄弟	休息	秀才	秀气	絮叨	玄乎
学生	学问								
Y 丫头	衙门	哑巴	烟筒	胭脂	阎王	严实	眼睛	砚台	秧歌
养活	吆喝	妖精	钥匙	衣服	衣裳	姨夫	已经	益处	意见
意思	意识	义务	因为	应酬	应付	硬朗	芋头	冤家	冤枉
鸳鸯	月亮	匀称	运气						
Z 杂碎	在乎	咱们	糟蹋	早晨	造化	怎么	扎实	栅栏	张罗
丈夫	丈母	丈人	帐篷	招呼	招牌	兆头	照应	折腾	折磨
这个	这么	枕头	支吾	知识	指甲	指头	芝麻	志气	制度
秩序	主意	转悠	赚头	庄稼	壮实	状元	自在	祖宗	嘴巴
作坊	作料	琢磨							

附录九

易读错字正音表

本表选字范围为国家语言文字工作委员会和国家教育委员会(教育部)1988 年 1 月联合发布的《现代汉语常用字表》中的 3 500 个汉字,按笔画顺序排列。

例词	应读	不读	例词	应读	不读
乙 乙等、乙醇	yǐ	yī	丸 药丸、弹丸	wán	yuán
卜 萝卜	bo	bu	刃 刀刃、迎刃而解	rèn	rěn
占卜、姓卜	bǔ	bū、pū	扎 包扎、结扎	zā	zhā、zhá
匕 匕首	bǐ	bì	扎实、驻扎	zhā	zā、zhá
干 干练	gàn	gān	挣扎	zhá	zā、zhā
大 大夫(医生)	dài	dà	区 姓区	ōu	qū
与 给与、与人为善	yǔ	yù	切 切除、切磋	qiē	qiè
参与、干与	yù	yǔ	切身、切实、亲切	qiè	qiē
上 上声	shǎng	shàng	中 中计、中奖、中意	zhòng	zhōng
			冈 山冈、井冈山	gāng	gǎng

	例词	应读	不读
什	什锦、什物	shí	shén
	什么	shén	shěn
片	唱片儿、电影片子	piān	piàn
	片断、片刻、照片	piàn	piān
仆	仆倒、前仆后继	pū	pú
	仆从、公仆、风尘仆仆	pú	pǔ
仇	姓仇	qiú	chóu
仍	仍旧、仍然	réng	rēng、rěng
爪	爪牙、魔爪	zhǎo	zhuǎ
	爪子	zhuǎ	zhǎo
从	从容	cóng	cōng
分	分量、安分、时分	fèn	fēn
乌	乌拉草	wù	wū
勾	勾当	gòu	gōu
为	作为	wéi、wei	wèi
	为了、为虎作伥、因为	wèi	wéi
戈	干戈	gē	gé
冗	冗长、冗杂、拨冗	rǒng	rōng
扒	扒拉、扒开	bā	pá
	扒手、扒糕	pá	bā
节	节骨眼	jiē	jié
	节约、节日、关节	jié	jiē
可	可汗	kèhán	kěhàn
轧	滚轧、倾轧	yà	zhá
	轧钢、轧制、轧辊	zhá	yà
卡	卡车、卡片	kǎ	qiǎ
	关卡、哨卡、发卡	qiǎ	kǎ
占	占卜、占卦	zhān	zhàn
	占据、占领、攻占	zhàn	zhān
号	号叫、怒号	háo	hào
	号角、号码	hào	háo
只	只身、只言片语	zhī	zhǐ
	只好、只是、不只	zhǐ	zhī
叨	叨咕	dáo	dāo
	叨扰、叨教	tāo	dāo

	例词	应读	不读
令	一令纸	lǐng	lìng
	姓令狐	líng	lìng
处	处罚、处分、处理	chǔ	chǔ
	处所、到处、用处	chù、chu	chǔ
宁	宁肯、宁愿、宁可、姓宁	nìng	níng
穴	穴位、洞穴	xué	xuè
艾	自怨自艾	yì	ài
凹	凹版、凹陷、凹凸	āo	wā
扫	扫除、打扫、清扫	sǎo	sào
	扫帚	sào	sǎo
场	场院、圩场、一场雨	cháng	chǎng
	场合、市场、操场	chǎng	cháng
朴	姓朴	piáo	pǔ
夹	夹击、夹杂、夹子、夹克	jiā	jiá
	夹袄、夹被	jiá	jiā
划	划算、划船、划得来	huá	huà
当	当真、适当、当作	dàng	dāng
吐	吐露、吐痰、吞吐	tǔ	tù
	呕吐、吐血	tù	tǔ
吓	吓唬、吓人、惊吓	xià	hè
	恫吓、恐吓、威吓	hè	xià
曲	曲折、歪曲、委曲	qū	qǔ
	曲艺、歌曲	qǔ	qū
同	胡同	tòng	tōng
帆	帆船、扬帆、风帆	fān	fán
任	姓任、任县	rén	rèn
华	姓华	huà	huá
血	(口语、单用)出血	xiě	xuè
	(书面语、复音词)血汗	xuè	xiě
似	……似的	shì	sì
会	会计	kuài	huì
创	创伤	chuāng	chuàng
	创造、独创、开创	chuàng	chuāng

例词	应读	不读	例词	应读	不读
色 掉色、套色	shǎi（书面语也读 sè）		佛 佛教、佛像	fó	fú
			仿佛	fú	fó
冲 冲床	chòng	chōng	龟 龟裂	jūn	guī
兴 兴奋	xīng	xìng	角 角斗、角色、角逐	jué	jiǎo
兴趣、兴高采烈	xìng	xīng	饮 饮马、饮牲口	yìn	yǐn
论 论语	lún	lùn	系 系鞋带（系；打结）	jì	xì
尽 尽管、尽量、尽快	jǐn	jìn	应 应当、应该、应届	yīng	yìng
好 爱好、喜好、洁身自好	hào	hǎo	应邀、应用、应战	yìng	yīng
纤 纤维、纤细、化纤	xiān	qiān	间 间谍、间断、间接	jiàn	jiān
纤绳、拉纤	qiàn		闷 闷热、闷气	mēn	mèn
纪 纪律、法纪、年纪	jì	jǐ	没 没落、没收、埋没	mò	mù
姓纪	jǐ	jì	究 究竟、讲究、研究	jiū	jiù
屹 屹立	yì	qì	诊 诊断、诊疗、出诊	zhěn	zhēn
驯 驯服、驯化、温驯	xùn	xún	即 即便、即使、立即	jí	jì
弄 弄假成真、玩弄、愚弄	nòng	lòng	阿 阿谀、阿弥陀佛	ē	ā
弄堂（小巷子）、里弄	lòng	nòng	劲 劲头、费劲、干劲	jìn	jìng
违 违抗、违例、违章	wéi	wěi	劲旅、劲松、刚劲	jìng	jìn
折 折腾	zhē	zhé	韧 韧带、坚韧	rèn	rěn
折本、折耗	shé	zhé	杉 杉木	shā	shān
壳 贝壳、蛋壳、外壳	ké	kē	杉树、冷杉	shān	shā
地壳、金蝉脱壳	qiào	ké	伺 伺机	sì	cì
把 刀把子、印把子	bà	bǎ	伺候	cì	sì
劫 劫持、抢劫	jié	qié	庇 庇护、包庇	bì	pǐ、pì、bǐ
更 更改、更换、更正	gēng	gèng	拉 手被刀拉了一个口子	lá	lā
更加、更好	gèng	gēng	半拉（半个）	lǎ	lā
否 否极泰来	pǐ	fǒu	丧 丧葬、哭丧、治丧	sāng	sàng
还 还是、还有、还在	hái	huán	丧命、丧失、懊丧	sàng	sāng
歼 歼灭、围歼	jiān	qiān	奔 奔头、投奔	bèn	bēn
呆 呆板、痴呆	dāi	ái	转 转盘、打转、晕头转向	zhuàn	zhuǎn
吨 吨位、两吨	dūn	dùn、dēn	帖 妥帖、俯首帖耳	tiē	tiě
别 别扭	biè	bié	请帖	tiě	tiē、diē
岗 岗位、门岗	gǎng	gāng	字帖、碑帖	tiè	tiē、diè
钉 钉钉子、钉扣子	dìng	dīng	和 附和、一唱一和	hè	hé
作 作坊	zuō	zuò	和面、和泥	huó	hé
佣 佣金、佣钱	yòng	yōng	暖和、热和、软和	huo	hé

例词		应读	不读	例词		应读	不读
供	供给、供销、供应	gōng	gòng	指	指甲、手指头	zhǐ	zhī
	供奉、供养、招供	gòng	gōng	挣	挣断、挣命、挣脱	zhèng	zhēng
迫	迫击炮	pǎi	pò	挪	挪动、挪借、挪用	nuó	ná、lā
质	质量、质朴、本质	zhì	zhǐ	巷	巷道(矿里地下的水平坑道)	hàng	xiàng
舍	舍弃、舍身、取舍	shě	shè	查	山查[楂]	zhā	chá
	宿舍、校舍、房舍	shè	shě	柏	柏树、柏油、松柏	bǎi	bó
券	债券、股券、国库券	quàn	juàn	省	省悟、反省、不省人事	xǐng	shěng
卷	卷宗、试卷、开卷有益	juàn	juǎn	削	刮削、切削	xiāo	xuē
单	姓单	shàn	dān		削减、削弱、剥削	xuē	xiāo
泊	飘泊、停泊	bó	pò	哗	哗啦、哗啦啦	huā	huá
	湖泊、血泊	pō	bó、pò		哗变、哗然、哗众取宠	huá	huā
沿	沿岸、沿海、边沿	yán	yuán	咳	咳嗽	ké	kāi
泥	拘泥	nì	ní		咳！我太糊涂了。	hài	ké
沸	沸腾、人声鼎沸	fèi	fú	哪	哪个、哪里、哪怕	nǎ	nà
怜	怜悯、可怜	lián	lín		哪吒	né	ná、nǎ
空	空话	kōng	kòng	骨	骨碌、花骨朵	gū	gǔ
弦	琴弦、箭在弦上	xián	xuán		骨干、骨气、骨肉	gǔ	gú
参	参差	cēncī	cānchā	看	看管、看护、看守	kān	kàn
拓	拓本、拓片	tà	tuò	种	种地、种植、耕种	zhòng	zhǒng
拙	拙笨、拙劣、弄巧成拙	zhuō	chū、zhuó	便	便宜	pián	biàn
拗	拗口	ào	niù	胖	心广体胖	pán	pàng
	执拗、脾气很拗	niù	ào	脉	含情脉脉	mò	mài
苫	草苫子	shān	zhān	度	忖度、审时度势	duó	dù
	苫布	shàn	zhān	亲	亲家	qìng	qīn
苗	苗壮	zhuó	chū	炸	炸糕、炸酱、油炸	zhá	zhà
呵	呵斥、一气呵成	hē	ā	炮	炮制、如法炮制	páo	pào
咆	咆哮	páo	bào	济	济南、济济一堂	jǐ	jì
咖	①咖啡②咖喱	①kā②gā	jiā	扁	扁舟、一叶扁舟	piān	biǎn
侥	侥幸	jiǎo	xiǎo	说	游说	shuì	shuō
刽	刽子手	guì	kuài	结	结巴、开花结果、结(果)实	jiē	jié
刹	刹那	chà	shà		结果、结合、结局	jié	jiē
氓	流氓	máng	mín	给	供给、给予、自给自足	jǐ	gěi
沮	沮丧	jǔ	zǔ	挟	挟持、挟嫌、挟制	xié	jiā、xiá
绊	绊脚石、羁绊	bàn	pàn	栅	栅极	shān	zhà
挑	挑拨、挑动、挑花	tiǎo	tiāo	轴	轴承、轴心、车轴	zhóu	zhú

	例词	应读	不读		例词	应读	不读
涎	涎水、口涎、垂涎三尺	xián	dàn	酝	酝酿	yùnniàng	wēnràng
屏	屏风、屏幕、荧光屏	píng	pín	酗	酗酒	xù	xiōng、xūn
	屏除、屏息、屏弃	bǐng	pín	畦	菜畦	qí	wā
娜	婀娜、袅娜	nuó	nā	秸	麦秸	jiē	jí、jié
骇	骇人听闻、惊涛骇浪	hài	hé、gāi	秽	污秽	huì	suì
载	记载、刊载、千年万载	zǎi	zài	笤	笤帚	tiáo	zhāo
	载体、装载、载歌载舞	zài	zǎi	舷	舷窗、舷梯、船舷	xián	xuán
埋	埋怨	mán	mái	阐	阐明、阐述	chǎn	shǎn
都	都来了、都是优等生	dōu	dū	涮	洗涮、涮碗、涮羊肉	shuàn	shuā
恶	恶心	ě	è	谒	谒见、拜谒	yè	jié
	厌恶、好恶	wù	è	绰	绰号、绰绰有余、阔绰	chuò	zhuō
校	校对、校正	jiào	xiào	捷	捷报、捷径、敏捷	jié	qié
核	杏核儿、桃核儿（口语）	hú	hé	勒	勒紧	lēi	lē、lè
较	较量、比较、计较	jiào	jiǎo	械	械斗、机械	xiè	jiè
晕	晕车、晕船、晕机	yùn	yūn	盛	盛器、盛饭	chéng	shèng
乘	乘客、乘凉、有机可乘	chéng	chèng	累	累赘	léi	lěi、lèi
倚	倚轻、倚重	yǐ	qí	圈	圈肥、马圈、猪圈	juàn	quān
称	称心、称职、对称	chèn	chēng	假	假期、假日、请假	jià	jiǎ
倒	倒立、倒退、倒影	dào	dǎo	得	这件事得他去（需要、必须）	děi	dé
臭	乳臭未干、满身铜臭	xiù	chòu	率	效率、频率	lù	suò
脊	脊背、脊骨、山脊	jǐ	jí	着	着慌、着火、着凉	zháo	zhuó
症	症结	zhēng	zhèng	粘	粘连、粘贴	zhān	nián
凉	饭太热,凉一凉再吃	liàng	liáng	混	混水摸鱼、混蛋	hún	hùn
畜	畜生、耕畜、家畜	chù	xù		混合、混杂	hùn	hǔn
浸	浸湿、浸透、沉浸	jìn	qìn	渗	渗透、渗入	shèn	cān
扇	扇动	shān	shàn	悼	悼念、哀悼、追悼	dào	dǎo、diào
剥	剥皮、剥花生	bāo	bō	宿	三天两宿、一宿没睡	xiǔ	sù
屑	木屑、纸屑、不屑一顾	xiè	xāo、xuè	逮	逮捕	dài	dǎi、dì
捍	捍卫	hàn	gàn	绿	绿林好汉、鸭绿江	lù	lǜ
贾	商贾	gǔ	jià	堤	堤岸、堤坝、河堤	dī	tí
赂	贿赂	lù	luò	提	提防	dī	tí
倔	倔强	jué	qū	散	散漫、闲散、零散	sǎn	sàn
	倔头倔脑、倔脾气	juè	jué、qū	落	丢三落四	là	luò
衷	衷心	zhōng	chōng	厦	高楼大厦	shà	xià
祟	鬼鬼祟祟、作祟	suì	cóng				

	例词	应读	不读		例词	应读	不读
量	量杯、测量、衡量	liáng	liàng	嫉	嫉妒、愤世嫉俗	jí	jì
喘	喘气、喘息	chuǎn	chuǎi	缚	束缚	fù	bó
铺	铺位、店铺、卧铺	pù	pū	模	模样、装模作样	mú	mó
答	答案、答谢、问答	dá	dā	漂	漂白、漂染	piǎo	piào
储	储备、储蓄	chǔ	chú	酵	酵母、发酵	jiào	xiào
强	强迫、强词夺理、			撒	撒谎、撒娇	sā	sǎ
	勉强	qiǎng	qiáng	撑	撑船、撑腰、支撑	chēng	zhǎng
	倔强	jiàng	qiáng	横	蛮横、专横跋扈	hèng	héng
揣	揣测、揣度、揣摩	chuǎi	chuāi	暴	一暴十寒	pù	bào
棱	棱角、模棱两可	léng	líng	蕴	蕴藏、蕴涵	yùn	wēn
棘	棘手	jí	là	幢	一幢楼房	zhuàng	dòng
颊	面颊	jiá	xiá	薄	薄饼	báo	bó
嵌	嵌入、镶嵌	qiàn	kān		薄荷	bò	bó
腌	腌臢	ā zā	yānzàn	藏	藏族、宝藏	zàng	cáng
遂	遂心、未遂、毛遂自荐	suì	suí	黏	黏米、黏土、黏液	nián	zhān
湃	澎湃	pài	bài	臂	胳臂	bei	bo、bì
窖	菜窖、地窖、老窖	jiào	gào	擎	擎花、引擎	qíng	jìng
隘	狭隘、关隘	ài	yì	辙	车辙	zhé	chè
缕	条分缕析、千丝万缕	lǚ	lǒu	踱	踱步	duó	dù
蒙	蒙骗、蒙头转向	mēng	méng	噪	噪声	zào	cào
禁	禁受、禁得起、不禁	jīn	jìn	糙	粗糙	cāo	zào
微	微风、微妙、微笑	wēi	wéi	濒	濒临	bīn	pín
数	数见不鲜	shuò	shù	藐	藐视	miǎo	mào
塞	闭塞、堵塞、茅塞顿开	sè	sāi、sài	瞭	瞭望	liào	liáo
辟	辟谣、精辟	pì	bì	镣	镣铐	liào	liáo
酪	奶酪	lào	luò	簇	簇拥、花团锦簇	cù	zú
楔	楔子	xiē	qì	臀	臀部	tún	diàn
畸	畸形	jī	qí	嚼	咬文嚼字	jiáo	jué
蜕	蜕变、蜕化、蜕皮	tuì	tuō		咀嚼	jué	jiáo
肄	肄业	yì	sì	露	露面、露马脚、出头露面	lòu	lù
痹	麻痹	bì	pí				
溯	溯源、追溯	sù	shuò	蘸	蘸墨水、蘸水钢笔	zhàn	jiāo
谬	谬论、荒谬	miù	miào				

训练与实践

1. 为下列词语中的上声字标出实际读音应读的调类(用①②③④),并准确读出。

领口　草稿　选举　手掌　水管　粉笔　考察　水库　铁道　火柴　鼓动

指挥　碾米厂　旅党委　好产品　请走好　虎骨酒　打井水

理想美好　走访宝岛　早起改土　老板炒股　好友喜酒　古典舞蹈

2. 读下列词语,注意按要求读出"一""不"的变调。

一切　一块　一半　一样　一步　一件　一筐　一张　一层　一元

一筒　一捆　不去　不要　不快　不料　不变　不在　不累　不唱

不但　不到　不闹　不笑　不行　不知　不听　不难　不说　不少

3. 按形容词重叠时的声调变化规律读出下列词语,并给它们注上变化后的调号。

(1)重叠的形容词加儿化尾:

满满(儿)的　长长(儿)的　远远(儿)的

快快(儿)的　好好(儿)的　慢慢(儿)的

(2)在单个形容词后面的重叠形容词(ABB 式):

黄灿灿的　绿油油　明晃晃

懒洋洋的　湿漉漉　黑黝黝

(3)双音节形容词重叠式(AABB):

热热闹闹　慢慢腾腾　鼓鼓囊囊

磨磨蹭蹭　清清楚楚　结结实实

4. 练读下边的词语。

(1)下列加点的词中第二个字读轻声与不读轻声,词义有什么不同?请读后比较。

东西　生意　结实　反正　好处

地道　大夫　干事　对头　大意

(2)下边词语中有无应读轻声的字?把你读了轻声的字标上黑点。

哥哥	红红	春春	马马	辘辘
写写	想想	说说	谢谢	比比
猴子	馒头	我们	盐巴	花儿
哪里	晌午	马虎	庄稼	先生
石榴	事情	清楚	耳朵	西瓜
上来	拿下去	走出来	藏起来	讲台上
汽车里	队伍中	城墙外面	改革的潮流	席卷着神州
发展得很快				

5. 练读下列儿化词,认真把其中的儿化韵发准、读顺口。(每行开头的是儿化字的原韵母)

a　　那儿　哪儿　碴儿　价码儿　刀把儿

ai　　小孩儿　女孩儿　男孩儿　盖儿　鞋带儿

an	门槛儿 脸蛋儿 腰板儿 快板儿 光杆儿
ang	帮忙儿 药方儿 香肠儿
ia	豆芽儿 木匣儿
ian	一点儿 差点儿 心眼儿 聊天儿 片儿 燕儿
iang	好样儿（的） 像样儿 娘儿（俩） 鼻梁儿
ua	大褂儿 梅花儿 画画儿
uan	好玩儿 小船儿 铁环儿
uang	蛋黄儿 像框儿
üan	小院儿 烟卷儿 人缘儿
ei	椅子背儿 小字辈儿
en	大婶儿 嗓门儿 压根儿 调门儿 纳闷儿
eng	板凳儿 八成儿 麻绳儿
ie	小街儿 半截儿 碟儿 帖儿
uei	一会儿 这会儿 跑腿儿 壶嘴儿 洋味儿
uen	没准儿 铁棍儿 车轮儿 打盹
i	玩意儿 没好气儿 小米儿
in	一个劲儿 小树林儿 使劲儿
ing	找零儿（补零钱） 电影儿 鞋钉儿
ü	鱼儿 小曲儿
ün	花裙儿 连衣裙儿
-i（前）	石头子儿 小石子儿 花子儿（种子）
-i（后）	年三十儿 顶事儿 走神儿 侄儿
e	这儿 小个儿 哥儿们 模特儿 下巴颏儿
u	身子骨儿 小兔儿 水珠儿
o	山坡儿 细末儿
ong	空儿 萤火虫儿
ao	好好儿 有儿着（招儿） 早早儿 小道儿 符号儿
iao	面条儿 豆角儿 小鸟儿
ou	年头儿 纽扣儿 两口儿 两头儿 个头儿 猴儿
iou	打球儿 蜗牛儿
uo	大伙儿 花骨朵儿 被窝儿 饭桌儿 让座儿

6. 练读下面这首儿歌,注意按语音规律处理好"啊"的音变。

啪,啪,啪,

谁啊?

张果老啊。

你怎么不进来啊?

怕狗咬啊。

你衣兜里揣着什么啊?

大酸枣啊。

你怎么不吃啊?

怕牙倒啊。

你手里拿着什么啊?

破皮袄啊。

你怎么不穿上啊?

怕虱子咬啊。

你怎不叫你老伴儿拿拿啊?

老伴儿她死啦。

你怎么不哭啊?

盆儿啊,罐儿啊,我的老伴儿啊。

7. 把下面这篇寓言里的轻声、儿化、变调的音节做上相应的符号,然后反复练读。

坐井观天

一只青蛙坐在井里。一只小鸟飞来,落在井沿儿上。

青蛙问小鸟:"你从哪儿来呀?"

小鸟回答说:"我从天上来。我飞了一百多里,口渴了,下来找点水喝。"

青蛙说:"朋友,别说大话了。天不过井口那么大,还用飞那么远吗?"

小鸟说:"你弄错了。天无边无际,大得很啊!"

青蛙笑了,说:"朋友,我天天坐在井里,一抬头就看见天。我不会弄错的。"

小鸟也笑了,说:"朋友,你是弄错了。不信,你跳出来看一看吧。"

8. 用普通话熟读下面的《微笑》,与同学一起排练后向大家朗诵。

一个微笑,

平常又微妙。

无需什么投资,

价值却是很高。

给予的人心感幸福,

接受的人报以礼貌。

一个微笑只有几秒,

绽放的可是长久情操。

没有人豪富

富到对它不再需要;

没有人贫穷

穷到给不出一个微笑。

有了它,家庭和谐、温馨,

有了它,生意兴隆、利好。

它使繁忙者疲劳顿消，
它让困惑者喜上眉梢。
它是友情、善意的信号，
它是理解、温暖的火苗！

（王立丹 提供）

9. 把下面这篇汉语拼音短文的音节逐一译成汉字，再按它们的声、韵、调及音变要求连起来朗读。

Lǎoshī dài Wǒmen Zhǎo Chūntiān

Lǎoshī dài wǒmen qù zhǎo chūntiān. Wǒmen láidào tiányě lǐ, yóucài kāi chū jīnhuáng de huā. Xǔduō mìfēng zhèngzài cǎimì. Màimiáo lǜyóuyóu de, hǎoxiàng gěi dàdì chuānshàng le lǜsè de yīshang.

Wǒmen láidào càiyuán lǐ, kànjiàn gèzhǒng-gèyàng de shūcài dōu zhǎng chūlái le. Xiǎocǎo cóng dìlǐ zuān chūlái, lǜlǜde, mǎn dì dōu shì.

Wǒmen láidào guǒyuán lǐ, yǒu de táoshù yǐjing kāichū fěnhóngsè de xiǎohuā, wēifēng chuīlái, piāozhe yìgǔ xiāngqì. Jǐzhī xiǎoniǎo xiē zài shùzhī shàng "jījī-zhāzhā" de jiàozhe, hǎoxiàng zài huānyíng wǒmen zhǎo chūntiān.

Wǒmen yòu láidào xiǎohé biān, kànjiàn yìpáipái yángliǔ tǔ chū nènyá. Wēifēng chuīlái, róuruǎn de zhītiáo qīngqīng de bǎidòng. Xiǎohélǐ de shuǐ huǎnhuǎn de liúzhe, shuǐlǐ háiyǒu jǐ tiáo xiǎoyú zhèngzài kuàihuó de yóulái-yóuqù. Hé duì'àn yǒu jǐgè āyí zhèngzài xǐ yīfu, tāmen shuōzhe, xiàozhe, duō gāoxìng a!

Chūntiān zhēn hǎo a! Wǒ yuàn chūntiān yǒngyuǎn liú zài zǔguó de dàdìshàng, yǒngyuǎn liú zài wǒmen de shēnbiān.

第七章

词汇和语法的辨正

在第二章里已经讲过,汉语各种方言与普通话,最大和最主要的差异是语音系统,所以学习普通话必须下很大的功夫学习普通话语音,进行方音辨正。但要说好普通话,只注意语音是远远不够的。有些人以为把自己习惯的方言土语用普通话的腔调说出来,就是讲普通话了,可是外地人听不懂,本地人也觉得不伦不类以致啼笑皆非。生活中所谓的"椒盐普通话",不少就是模仿北京语调说出来的重庆话、四川话。所以,为了学习规范的普通话,还必须从词汇和语法方面进行认真的辨正和规范。

第一节 词汇的辨正

词汇和词是两个不同的概念,它们之间是集体与个体的关系。一种语言里所有的词的集合体称为这种语言的"词汇"。一种方言的词的总和称为某种方言的词汇。某个人所使用的词的总和,称为这个人的词汇。普通话的词汇是以北方话的词汇为基础的,由于北方话分布的地域最广,说北方话的人口最多,北方话词汇比其他方言词汇更具普遍性,容易为各方言区的人们接受。由于重庆话和西南官话都属于北方方言,在词汇方面接近作为基础方言的北方话,与普通话的差异不像语音方面那么明显,因而常被人忽视。其实在口语中,重庆话、四川话等方言与普通话不同的常用词语数量不少,据不完全统计有近3 000个,其中主要是名词、动词和形容词等实词。所以在初步规范了语音的基础上,我们还必须努力规范自己的词汇。这就需要通过比较,了解自己熟悉惯用的方言词汇与普通话词汇的异同并掌握其中相异部分的对应转换关系。值得注意的是这种对应转换关系并不像语音方面那样有系统性有规律性,只有一部分词语的对应关系较为明显。下面仅列出西南方言(含重庆话)与普通话部分词语相异的对应关系,而更多的则要靠我们通过多读普通话作品,多看多听普通话影视节目,勤查规范的字典、词典,用心比较订正,勤练和积累。

为便于掌握运用,下面按词类分别列出方言和普通话的词语进行比较。

一、名词、动词的辨正

1. 名词

（1）叠音名词　西南方言名词中叠音形式的特别多（其第二个音节一般是轻声，有一些还是儿化韵），普通话名词中叠音的则较少。方言叠音名词与普通话名词的对应情况也不尽相同，大致有：a.词根相同，单音节；b.部分词根相同；c.词根相同，带词缀"子"；d.词根相同，儿化韵；e.词根完全不同。例如：

方言词	普通话词	方言词	普通话词
粑粑 ——	饼或馒头	窜窜儿 ——	票贩子,倒爷,小倒儿
疤疤 ——	疤痕,补丁	锤锤（儿）——	钉锤儿,榔头
屄屄——	屎,脏东西	担担儿 ——	担子,挑子
把把 ——	把儿,柄	凼凼 ——	坑儿,水坑
坝坝 ——	院子,露天小平地	筻筻 ——	篮子,竹篓
蹒蹒（儿）——	跛子,瘸子	刀刀 ——	小刀
板板 ——	板子	单单 ——	单儿,纸条儿
瓣瓣（儿）——	瓣（儿）	凳凳 ——	凳子
棒棒 ——	棍子	底底 ——	底儿,底细
包包（儿）——	包儿,小提包,衣服口袋	巅巅（儿）——	尖儿
杯杯（儿）——	杯子,茶杯,酒杯	点点 ——	一点儿,小斑点
壁壁 ——	墙,墙壁	吊吊 ——	穗,悬吊物
边边 ——	边沿儿,边儿	顶顶 ——	顶儿,尖儿上的
背背 ——	背	洞洞（儿）——	小洞,小窟窿,小孔
本本儿 ——	本子,小本儿	豆豆儿 ——	豆（子）
饼饼（儿）——	饼（子）	堆堆 ——	（土）堆
钵钵 ——	钵,大碗	对对儿 ——	对儿,对子
槽槽 ——	槽（子）,槽（儿）	飞飞儿 ——	小纸条儿、纸片儿
草草 ——	草,小草	粉粉 ——	粉末
肠肠儿 ——	肠子	风风儿 ——	消息,传闻
敞敞 ——	漏斗	封封儿 ——	红包,赏钱
沉沉 ——	沉渣	缝缝（儿）——	缝,缝隙
齿齿 ——	齿,齿牙（儿）	壶壶儿 ——	小壶
葱葱儿 ——	小葱	盖盖（儿）——	盖儿,盖子
虫虫（儿）——	虫（子）	竿竿 ——	竹竿（儿）
抽抽 ——	抽屉	杆杆（儿）——	杆儿
铲铲（儿）——	铲子	格格 ——	格子

方言词	普通话词	方言词	普通话词
根根(儿) —— 根,根底		口口 —— 口子,口儿	
羹羹儿 —— 糊糊		箍箍 —— 箍	
锅锅儿 —— 锅,小锅(儿)		块块 —— 块儿	
角角 —— 角落		毛毛 —— 毛	
果果儿 —— 果子,籽儿		帽帽 —— 帽儿,盖儿,帽子	
个个儿 —— 个子,个头儿		米米 —— 籽儿,仁儿,小疙瘩	
拱拱 —— 弯拱		面面(儿) —— 粉末,面儿	
钩钩(儿) —— 钩子		苗苗 —— 苗儿,秧子	
沟沟(儿) —— 沟儿,阳沟		笼笼 —— 笼子	
褂褂儿 —— 褂子,衣裳		篓篓 —— 篓子	
管管儿 —— 管子,管儿		炉炉儿 —— 小炉子	
罐罐(儿) —— 罐子,罐儿		路路 —— 痕迹,画道儿	
柜柜 —— 柜子		嬢嬢 —— 姑姑,姨	
滚滚(儿) —— 小轮子(儿)		帕帕(儿) —— 毛巾,手绢儿	
棍棍(儿) —— 棍子,棍儿		牌牌 —— 牌儿,牌子	
下(há)下儿 —— 一会儿		盘盘(儿) —— 盘子,盘儿,碟子	
巷巷(儿) —— 小巷,胡同(儿)		泡泡 —— 泡儿,泡沫	
恍恍 —— 马虎,马大哈		皮皮 —— 皮儿	
灰灰 —— 灰尘,土		偏偏 —— 靠着正房搭的房子	
夹夹 —— 夹子		瓢瓢 —— 瓢,勺儿,调羹,汤匙	
圿(jɑ)圿 —— 汗垢		瓶瓶 —— 瓶子,瓶儿	
架架 —— 架子		坡坡 —— 坡,斜坡儿	
架架儿 —— 背心儿,坎肩儿		棚棚 —— 棚子	
尖尖儿 —— 尖儿		铺铺 —— 小店铺,小铺儿	
浆浆 —— 糊糊		气气 —— 气味,味儿	
叫叫儿 —— 哨子,哨儿		旗旗 —— 旗子,小旗儿	
筋筋 —— 布条儿		签签 —— 竹签儿	
鬏鬏(儿) —— 小辫儿		桥桥 —— 小桥	
卷卷儿 —— 圈儿,头发卷儿		圈圈(儿) —— 圈,圈套,零	
脚脚 —— 腿儿,沉淀的渣滓		缺缺 —— 缺口	
栿(kā)栿 —— 角落,窄缝		雀雀 —— 小鸟儿	
坎坎 —— 坎儿,台阶儿		瓤瓤 —— 瓤子,瓤儿	
坑坑 —— 坑,坑儿		人人儿 —— 小人儿	
壳壳 —— 壳儿,皮儿		索索 —— 绳子,绳儿	
空空 —— 缝儿,空隙		数数儿 —— 钱	
扣扣 —— 扣儿,结		刷刷 —— 刷子	

方言词	普通话词	方言词	普通话词
闩闩儿 ——	门闩儿	眼眼儿 ——	眼儿,洞儿
摊摊儿 ——	摊子,摊儿	秧秧儿 ——	幼苗,小苗儿,秧子
坛坛(儿) ——	坛子,罐子	样样儿 ——	样子,样儿
藤藤 ——	藤,藤蔓	舀舀儿 ——	舀子,勺儿等
提提 ——	油提子,酒提子	缨缨(儿) ——	缨子
挑挑儿 ——	挑子,担子	影影儿 ——	影子
坨坨(儿) ——	团儿,小集团	印印(儿) ——	痕迹,印子
筒筒 ——	筒子	院院儿 ——	院子,院儿
桶桶(儿) ——	桶,桶子	渣渣 ——	渣子,垃圾,沉渣
网网(儿) ——	网,网子,网兜儿	崽崽 ——	小孩儿,小崽子
蚊蚊儿 ——	蚊子,小咬儿	爪爪 ——	爪子
舷舷 ——	(床或桌子的)边儿	罩罩 ——	罩子
香香 ——	零食儿,零嘴儿	子子(儿) ——	小疙瘩
箱箱(儿) ——	箱子	盅盅(儿) ——	杯子
心心儿 ——	心儿	皱皱 ——	皱纹儿
须须 ——	须子,线头儿,尾数	揍揍 ——	瓶塞儿,塞子
玄玄 ——	正往下滴的黏液	祖祖 ——	曾祖父,曾祖母
丫丫 ——	枝丫,桠杈	柱柱 ——	柱子
芽芽 ——	芽,芽儿	纂纂儿 ——	纂儿,头发髻

(2)差异较大的名词　西南方言中不少名词的语素与普通话对应名词差异较大,甚至完全不同,如不转换则外地人不能理解。这种情况,没有明显的对应规律,要靠读者用心记住。例如:

方言词	普通话词	方言词	普通话词
爸(如"二爸""三爸") ——	叔叔	槽房 ——	糖坊,油坊,酒坊
攡单 ——	床单	蟮虫 ——	蚯蚓
摆子 ——	疟疾	挡子 ——	幕布,帘子
包单 ——	被套	德性 ——	性格,脾气
包谷 ——	玉米	丁丁猫儿 ——	蜻蜓
白墨 ——	粉笔	耳矢 ——	耳光
擦黑 ——	傍晚	耳子 ——	黑木耳
茶瓶 ——	热水瓶	二天 ——	以后
菜板儿 ——	砧板	风灯儿 ——	风筝
菜子 ——	油菜	封皮 ——	封面,信封,封条
场 ——	集市,集镇	柑子 ——	橘子
抄手 ——	馄饨	杠炭 ——	木炭
操坝 ——	操场	高头 ——	上边儿,上面,上司

方言词	普通话词	方言词	普通话词
隔壁户 —— 邻居		嬢,嬢嬢 —— 姑姑,阿姨	
哥子 —— 哥们儿,老哥(称呼)		娘老子 —— 父母	
锅魁 —— 烧饼		牛蚊子 —— 牛虻	
憨巴儿 —— 傻瓜		女娃儿 —— 女孩子,女人	
汗衣 —— 内衣		脾性 —— 脾气	
火炮 —— 鞭炮		婆娘 —— 妻子,已婚妇女	
花菜 —— 菜花		婆娘家 —— 妇道人家	
家公 —— 外公,姥爷		扑爬 —— 摔跤	
家婆 —— 外婆,姥姥		汽划子 —— 汽艇,汽船	
开山儿 —— 斧头		蛐蟮儿 —— 蚯蚓	
箍子 —— 戒指		婶娘 —— 婶母	
墨笔 —— 毛笔		水锅巴 —— 水垢	
墨盘儿 —— 砚台		堂客 —— 妻子	
霉豆腐 —— 豆腐乳		讨口子 —— 叫花子,乞丐	
面衣 —— 外衣		偷油婆 —— 蟑螂	
奶娃儿 —— 婴儿		蚊子——苍蝇	
癞格宝 —— 癞蛤蟆		歪人 —— 横行霸道的人	
男娃儿 —— 男孩儿,男人,男的		玩友 —— 票友	
老汉儿 —— 老头子,父亲		乌棒 —— 鲇鱼	
老的 —— 长辈,父母		相料 —— 作料,调料	
老人公 —— 丈夫的父亲,公公		垭口 —— 山口	
老人婆 —— 丈夫的母亲,婆婆		鸦鹊 —— 喜鹊	
老头儿 —— 父亲		洋海椒 —— 西红柿	
姥子 —— 姑姑		幺店子 —— 乡间路边小客店或小铺	
脑壳 —— 头,脑袋		鹞鹰 —— 老鹰	
轮子 —— (排)队,(排列的)顺序		夜猫子 —— 猫头鹰	
剪头 —— 理发,剪头发		油大 —— 荤菜,宴席	
礼信 —— 礼节,礼貌,礼品		崽儿 —— 男孩儿,男青年	
亮火虫 —— 萤火虫		栈房 —— 旅店	
螺丝骨 —— 踝,踝骨		灶房 —— 厨房	
络耳胡 —— 络腮胡子		罩子 —— 蚊帐	
龙门阵 —— 聊天儿,故事		蜇蛛 —— 蜘蛛	
额娄 —— 额头		阵仗 —— 场面,气势	
年辰 —— 年代,年景,收成		侧边人 —— 旁人	

(3)带词缀的名词　虽然普通话名词中有不少带词缀"子"或带儿化韵,但有些与西南方言带"子"或儿化韵名词相对应的普通话名词却不带。例如:

方言词	普通话词	方言词	普通话词
饼子 —— 饼		跟斗儿 —— 跟斗,筋斗	
蚕子 —— 蚕		黄豆儿,豆子 —— 黄豆	
蜂子 —— 蜜蜂或马蜂		蚂蚁儿 —— 蚂蚁	
葱子 —— 葱		嘴壳子 —— 嘴巴	
树子 —— 树		长衫子 —— 长大褂(儿),长袍儿	
心子 —— 心儿,馅		瘟猪子 —— 瘟猪	
磨子 —— 磨、石磨		一伙子 —— 一伙的,同伙	
羊子 —— 羊		瓜瓢 —— 葫芦瓢,瓢	
虫子 —— 虫		蚂蚁子 —— 蚂蚁	
虾子 —— 虾		信筒子 —— 信筒,邮筒	
梨子 —— 梨		沙虫子 —— 孑孓	
烟子 —— 烟、(冒的烟)		今年子 —— 今年	
鞋子 —— 鞋		内伙子 —— 同伙	
驴子 —— 驴		水痘儿 —— 麻疹、疹子	
风筝儿 —— 风筝			

（4）特殊形式的名词　除上述情况外,西南方言中名词还有下面一些特殊形式,要注意转换。

①西南方言中有些名词带有词缀"巴",而普通话中除"嘴巴"等个别之外,没有词缀"巴"。下列名词在普通话里都要丢掉"巴":跰巴、謇巴、角巴、憨巴、脸巴、肋巴、泥巴、腮巴、牙巴、盐巴、土巴。

②西南方言中表人(或大型哺乳动物)身体一些部位的名称带有"杆"这个语素,转换为普通话时要改为对应的名词。例如:

手杆——→胳臂　脚肝——→脚　　腿杆——→腿　腰杆——→腰　连二杆——→小腿骨

③重庆、四川不少地区在表人或事物的名词后面加"些"来表明是多数(不是单个),普通话里根本没有这种用法:表人的复数时在原名词(或词根)后加"们"或在原名词前面加"这些""那些"等词语;表事物的复数时,原名词后面不加成分,必要时则在它前面加"这些""那些"等词语。例如:

方言	普通话
人些——→去"些",后面加"们"	——→人们
老师些——→去"些",后面加"们"	——→老师们
代表些——→去"些",前面加"那些"	——→那些代表
同学些——→去"些",前面加"那些"	——→那些同学
工人些——→去"些",前面加"所有的"	——→所有的工人

水泥沙石些──去"些" ────→水泥沙石

菜摊些──去"些",前面加"这些" ────→这些菜摊

④西南方言口语中常用"头""高头""高上"来表人和事物的方位,普通话中与之对应的一般是:"头"─"面、里、里头、里面、里边";"高头""高上"─"上、上头、上面、上边"。例如:

方言	普通话		方言	普通话
上头 ——	上面		房子高头 ——	房子上面,房顶
下头 ——	下面		柜子高头 ——	柜子上面
屋头 ——	屋里		报纸高上 ——	报纸上,报纸里
锅头 ——	锅里面		电杆高上 ——	电杆上边
书包头 ——	书包里边		桌子高头 ——	桌子上面

2. 动词

动词的辨正,可先从三个方面进行比较,然后把方言动词转换成相应的普通话动词。

(1)词形相同,表义不同 在西南方言和在普通话里有些动词用字相同但表义作用不同,这种情况容易使人忽略它们的差异,应当引起注意。这种形同实异的情况有以下几种:

①方言词的词义多于普通话的同形词:

方言动词	相当于普通话词中的其他动词	方言动词	相当于普通话词中的其他动词
巴 ——	粘、贴、靠、跟、顺、巴结、亲近、贴合	负责 ——	肯定、保证、打保票
摆 ——	说话、讲、告诉	赶 ——	扒、拨、比
操 ——	显阔、混、赶时髦	告 ——	试
扯 ——	买、领、吸、蛮横、开玩笑、有趣、幽默	拱 ——	冒出、攻击、排挤、钻空子、揭底
吃 ——	喝、吸	勾 ——	(向下)弯
冲 ——	冒、长(zhǎng)、吹嘘、炫耀、出风头	煎 ——	(用油)炸、炒
杵 ——	顶撞、正好碰上	垮 ——	扒下、脱下、沉下(脸)
cóu ——	扶持、抬举、推	扭 ——	纠缠
打倒(去声) ——	掉头、后退	落 ——	下
打发 ——	嫁	抟 ——	讨好、巴结
逮 ——	拉	跩[1] ——	摔(倒)、强给(东西)
等 ——	让他去、随他去	跩[3] ——	得意、骄傲
盯 ——	看守、监视、理睬、看护	争 ——	差、欠

②普通话的词义多于同形的方言词:

普通话动词 相应的西南方言动词(方言字或方言词只有音无字的,注音,不标调)

碰 —— 杵、遇、搒(pang)

掰 —— 撇(pie,"撇开")、□(mie,"□断")、扳("扳包谷")

哄——诓、麻、□（ho，"□娃儿"）

折——□（yue，"□断"）

③同形不同类的词：词形（即用字）相同，读音也相近，在西南方言里是动词，但在普通话里却是名词或形容词等。试举这类方言动词与普通话动词的对应如下：

方言动词	普通话词	方言动词	普通话词
呵（ho）——	哄（小孩）、哄骗	麻——	哄骗、诈骗、醉酒
烦——	淘气、调皮、捣乱、脏	马——	欺负、强迫、板（脸）
车——	转动、跑（走）	默——	考虑、估量、算计、回忆
费——	顽皮、调皮、皮	欧——	（故意）卖弄、摆（架子、资格）
嗨——	倚靠、大吃	梭——	溜走、躲开
黄——	告吹	网——	结交、勾搭
尖——	敏锐、精明、狡猾	左——	交换、走调（唱歌不准）

（2）词形不同，表义相同

①词义对应：方言的动词含义与普通话的动词含义一一对应。例如：

方言动词	普通话动词	方言动词	普通话动词
伙倒——	伙同，合伙	扯筋——	闹别扭、扯皮
诀——	骂	蹸——	瘸
明坎——	明着说	呻唤——	呻吟，叫苦
搁——	放	估倒——	强迫
铺排——	分派，安排	赶场——	赶集
踏削——	贬低	马倒——	欺压
消夜——	吃晚饭	生成——	生来
信实——	相信	栽诬——	诬陷
照——	看守，看管	造孽——	可怜，作孽
照闲——	过问，管	默倒——	以为
理抹——	清查、追究	冲壳子——	吹牛皮

②一词多义：方言的动词含义不止一个，与普通话动词有一个对多个的关系。例如：

方言动词　　　　　　普通话动词

（cou）和——恭维、成全、支持、帮助

扳——掰、争辩、推（翻）

出脱——断送、报销（转意为除掉的意思）

打整——收拾、整理、整治、对付

挵——扛、抬、拿

臊皮——取笑、扫面子、起哄

落教——讲交情、守信用、够意思、地道

煞贴——收拾、打扫、整理

煞葛——结束、完毕

耍 —— 玩儿、休息、休假、做客、表演（魔术等）、结交
遭 —— 遭受、承受、倒霉、挨、被

二、其他词类的辨正

1. 形容词

西南方言的形容词与普通话形容词的差异，可从以下两个方面注意辨正。

（1）词形不同，表义相同　在方言与普通话里所用的形容词不同，但它们有表示同一种性质、状态的对应关系，在实践中要注意把方言词转化为普通话词。

方言词	普通话词	方言词	普通话词
炦 ——	软、熟、烂，没力气	得行 ——	能干、好
炦和 ——	软和、便宜、轻松	行（háng）势 ——	能干、凶悍、厉害
炦皮 ——	软弱、可欺、孬	燥辣 ——	辛辣、麻烦、棘手
巴实 ——	合适、周到、妥贴、得体	颠东 ——	糊涂、颠三倒四
伸（chen）抖 ——	光鲜、漂亮、清楚、舒服	哈 ——	傻、呆
禁事 ——	结实耐用、禁（jīn）用	撇脱 ——	简单、容易、方便、干脆
央夹 ——	吝啬、小气	安逸 ——	舒服、痛快、好、满意
夹 ——	吝啬、（味）涩口	光生 ——	光亮、整洁、体面、光鲜
水 ——	马虎、随便、不讲信用	雅静 ——	安静
污 ——	乱来、烂、不正派、没章法、偷	松活 ——	轻松、轻巧、容易、宽裕
相因 ——	便宜	□pie⁴ ——	孬，不好，低劣
恼火 ——	麻烦、苦、累、费心力、棘手	千翻儿 ——	顽皮、淘气、爱惹祸
老奸 ——	狡猾、善暗中算计	疲 ——	慢、拖沓、（价格）低落
热烙 ——	烫、热情、亲热	旺实 ——	多、分量大、足
忤劣 ——	厉害、狠毒、六亲不认、忤逆	富泰 ——	胖而健康、富裕

（2）用法习惯不同，表义相同　普通话中形式生动的常用形容词和形容性的固定短语格式，与方言的习惯不一样。这种情况比较复杂而灵活，初学的读者不易都掌握，以后听得多、说得顺了，就不难了。

①形容词的修饰：方言里常在单音节形容词前面加修饰成分，普通话里则有更多的表达方式。试比较：

形容词	方　言	普通话
紧	帮紧	紧帮帮、紧巴巴
硬	帮硬	硬帮帮、铁硬铁硬
恶	飞恶（万恶、歪）	穷凶极恶、恶狠狠的
干（口干）	焦干	干透了、干得很

普通话里还有在形容词前面加修饰语的，如：雪白、雪亮、漆黑、笔直、崭新、湛蓝、飞

快、溜圆、喷香、锋利等。

②形容词语的后缀:普通话名词和方言名词后缀,除了一小部分相同(如"红通通、喜洋洋、胖都都、兴冲冲、大咧咧、黑古隆冬")之外,多是各有特点的。

形容词	方言	普通话
可怜	可怜兮兮	可怜巴巴
假	假兮兮	假惺惺
懒	懒兮兮	懒洋洋
矮	矮浊浊	矮墩墩
傻	哈浊浊	傻乎乎
湿	湿扎扎	湿漉漉
蔫	蔫扎扎	蔫不溜秋
火(热)	火燎燎	火辣辣
贼	贼呵呵	贼头贼脑、贼眉鼠眼
气	气杵杵	气鼓鼓、气冲冲
滑	滑叽叽	滑不溜秋、滑溜溜
圆	圆懂懂	圆呼呼

形容词的后缀在普通话里也和方言里一样,因修饰的对象、表达的感情不同而不同。如"冷",在形容人的态度冷淡或冬天的凉水,可用"冷冰冰";形容夏天的雪糕,可说"冷丝丝";形容严冬的北风则要用"冷飕飕"了。

③形容词的短语格式:普通话和方言里都有一些形容性的固定短语格式,二者有同有异,要注意它们的对应和转换关系。请看:

笨头笨脑　　　　　呆头呆脑　　　　　傻头傻脑

上述三个短语在方言和普通话里都可以用。但不能因此认为"×头×脑"的格式可随便套用。重庆人可以说"哈头哈脑""怪头怪脑",普通话就不能这么说,而是说"傻里傻气""怪里怪气"。

2. 量词

在西南方言里,表示人、事、物以及行为动作的单位与普通话也存在差异,如不注意规范,也要影响语言交流。下面是重庆话、四川话中存在的不同于普通话的量词。

(1)表示人、事、物的量词

人或事物	方言中不规范量词	普通话量词
人	块、坨	个、群、帮、伙
牛、羊	根、伙	头、条、群
鸡、鸭、鹅	块、头	只
猪	根、只	头、口
虫(长形的)、蛇	根	条
房子、楼房	墩	座、栋、幢、所

汽车、拖拉机	架	辆
自行车	架、挂	辆
椅子	根	把
凳子(方形)	根	张、个
凳子(长形)	根	条
笔	杆	支、枝、管
硬币	个、块	枚
肥皂	连、坨	条(长形)、块(方形、圆形)
肉(切了的)	坨	块
鱼(完整的)	根	条、尾(活的)
葡萄	抓、窝	串(果实)、棵(植物)
黄瓜	根	条
米、玉米、沙粒	颗	粒
花生、大豆等	一篼篼	一篮子
蔬菜、青草	窝	棵
席子	块	张、床
围巾	根	条
蚊帐	床、笼	顶
烟卷	杆、根	支
棋子儿	颗	个、枚
山	匹	座
水(积在地上的)	凼	滩
树	窝	棵、株
叶子	匹	片
砖	匹	块
瓦	匹	片
鼻涕	pā(㞎)	把
痰、唾沫	pā(㞎)	口
屎、尿	pā(㞎)	一泡
许多事情	一pā(㞎)拉	一大堆

（2）表动作的量词

方言的说法	普通话的说法
我已经给他说了几道	说了几遍，说了几次
这个歌剧,已演出了一百回	演出了一百场
小林刚才来问了两道	问了两遍(问了两次)
张书记到市郊团转几个县走了一转	走了一圈　走了一趟
他才去冰场溜了一盘	溜了一回　溜了一场

请把绳子再挽几转　　　　　　　再挽几圈儿(或再绕几圈儿)
他为抢险扛水泥一连拣了几扑爬　一连跌了几跤(摔了几跤)
在与歹徒搏斗中他挨了好几坨(掟)子　挨了好几拳头　挨了好几拳

3. 代词

西南方言与普通话方言在代词上差异不太大,且基本都有一对一的对一关系。但因使用频率高,对语言面貌影响大,所以也不可忽视。

(1)人称代词

①普通话里第二人称有"您"而方言没有。当面用第二人称代词称呼长辈、长者、师长等应示敬重的人,以及需要表示客气的同辈人、同龄人,都要用"您 nín"。这也是礼貌用语之一,要养成使用的习惯。

②方言里的人称代词"别个",在说普通话时不能出现。在一般情况下可以换成"别人"来用;但当"别个"原意的是指说话人自己时,这"别个"就得换成"人家"。如:小玲想报考医学院而妈妈担心小玲怕见血而不同意她报考时,小玲说:"别个早就不像小时候见血就心跳了。别个喜欢当医生嘛!"句中两个"别个"都不是指"别人",恰恰是小玲指自己;按普通话的说法,应转换为"人家"才对。

(2)指示代词　方言指示代词在书写形式上基本与普通相同,但在日常口语上却常冒出一些"土语"来。下面把方言中的一些土语说法与普通话说法对应列出以便转换。

普通话	方　言
这里、这儿,那里、那儿	这堂、这跟前,那堂、那跟前
这样(这么)	这样子、恁个、纵个子
那样(那么)	那样子、啷个、啷个子
这会儿、这个时候	这阵(子)、这下儿("这"读 lei^4,"下"读 ha^1)
那会儿、那个时候	那阵(子)、那下儿("下"读 ha^1)

(3)疑问代词　方言疑问代词在说法上与普通话差异较大,但对应关系明显,转换起来并不困难。例如:

普通话	方　言
谁	哪个
什么、怎么	啥子、啷个、咋个
哪里、哪儿	哪点儿、啥子地方
怎么、怎么样、怎样	啷个、咋个、啷个的、咋个的
多少	好多
什么时候	哪阵(子)、哪下(ha^1)儿

还需注意,重庆人口头上常说一句话:"抓(相当于普通话'抓(zua)'的三声)子?"它实际是"做什么?",方言是"做"加"啥子"。转换成普通话,应说"干什么?""干吗?"

4. 副词

西南方言中副词与普通话的说法差异不大,但有两点由于出现频率高,显得突出。

（1）应丢掉的"hê"和"hêmo"　重庆和四川的部分地区，人们口语中把程度副词"很"都不发本音而说成"hê"（近似"嘿"）和"hêmo"（近似"嘿摸"），而本音的"很"则不是用作程度副词（下节将讲到）。说普通话时一定要丢掉这两个读法。

（2）应改用的加强性副词　方言中强调事物的某种性质或状态的程度时，还用一些普通话没有的副词，如：梆重、飞咸、焦黄、稀孬（读 pie）、捞轻"等，这些情况不能带到普通话中去，而应视具体语言环境转换普通话的程度副词：很、是、极、挺、顶、非常、十分、极其、格外、分外……

5. 助词

西南方言的结构助词中有一个"得来"，如"她看得来啥事都忘了！"其实作用同"得"一样，它一般只用于单音节谓语（动词或形容词）后面；普通话不用它。

西南方言的动态助词中有"倒""起""倒起"，它们大致可以转换为普通话的动态助词"着"。例如：

方　言	普通话
她说倒说倒就哭了。	她说着说着就哭了。
她总是眯起眼睛看东西。	她总是眯着眼睛看东西。
请你帮我看倒起。	请你帮我看着。
你站倒起做啥子？	你站着干什么？

6. 语气词

语气词虽不是话语的主要成分，但它们对语气语调的影响很大。方言中经常有一些普通话不用的语气词，形成特殊的语调。只有将它们转换成普通话应有的语气词，语调面貌才纯正。下面略举几个：

（1）"不"　"不"在普通话里一般只作副词，而在西南方言里，它常被用在疑问句尾，表示是否可能的语气。转换为普通话，可用"吗"，也可以改为"能不能""可以不可以""是不是"或"×（谓语）+不+×（谓语）"的格式。试看：

方　言	普通话
你上街不？	你上街吗？
	你上不上街？
我来得不？	我能来吗？
	我能不能来？
他明天写得完不？	他明天写得完吗？
	他明天能写完吗？

（2）"啰"　这个语气词在方言里较常用，而普通话里虽然近年也有用的但属个别情况，转换为"啦"才符合习惯。由于篇幅关系，不举例说明了。

（3）"得嘛"　这是西南方言中特有的语气词，一般用在与对方有不同看法时肯定已存在的事实，多少在陈述之中含一点埋怨的语气。在普通话中应转换为"呀"。例如：

方　言	普通话
我亲眼看到了得嘛。	我亲眼看见的呀。
熟都熟了得嘛,还煮啥子哟!	已经熟了,还煮什么呀?
他是二娃得嘛,你记不得了嗦?	他是小二呀,你不记得啦?

(4)"哈"　这不是"哈哈笑""打哈哈"的"哈",它在方言里用于句尾,使用频率相当高,能表示多种语气,但不能带入普通话。注意按下边举的例分别转换为普通话的语气。

①强调某事

表明自己原是对的,用"哈"表不太强的反问语气;普通话里用"吧"。例如:

我说要转晴哈(吧) —— 太阳都出来了。

②提出要求

委婉地提出自己的要求,用"哈"表示商量的口气;普通话用"吧 —— 呵"。

例如:

A. 叔叔已经入土安息了,我们回去了哈(吧 — 呵)!

B. 妈妈,给我买个布娃娃哈(吧 — 呵)!

③表示提醒

根据情况或是叮咛,或是命令的语气;在普通话里都用"啊"。例如:

A. 小燕,这钱一定要放好哈(啊)!

B. 这是你自己要换的,不能后悔哈(啊)!。

(5)"哂(sê)"　这个方言语气词在重庆和四川一些地区用得极频繁,转换为普通话时,要根据不同句意换成不同的语气词。

①疑问语气

例如:啷个回事哂? 快说哂。 —— 怎么回事嘛? 快说呀!

②祈使语气

例如:走哂,快点儿去哂! —— 走吧,快点儿去吧!

③肯定的陈述语气

例如:吃了东西要给钱哂。 —— 吃了东西要给钱啊。

④感叹语气

例如:这就对了哂! —— 这就对了嘛!

(6)"嗦(so)"　这是西南方言中的一个疑问语气词,它暗含有"是不是啊"的意思。转换为普通话时若句子结构不改变,可直接换用"吗"。例如:

①你还不走嗦(吗)? 天都快黑了。

②这部电影啷个好看嗦(吗)?

③他不干了嗦(吗)?

(7)"哆(do)"　这个方言语气词有时用在句中停顿处,有时用在句末,有时在一句话里出现两次,表示"……再说吧"的语气。所以在普通话里也可改成"吧",若在句子中间的,也可不再用语气词。例如:

117

①等你考起了学校哆(再说吧)。

②我再去看一下哆(吧)。

③明天哆(吧),让我仔细考虑一下哆(再说吧)。

④等一下哆(可以略去),我从北京回来再说。

方言里的语气词很多,绝大部分都不能原样搬用到普通话里。这里只对少数几个做了辨正,更多的要靠读者自己留心。

第二节　语法的辨正

语法是语言中组词造句的规律和法则。与语言三要素中的语音、词汇比较起来,语法在语言的发展过程中变化最缓慢,最具稳定性;在民族共同语与方言之间及方言与方言之间差异都不太大。重庆和西南各省区的方言作为汉民族共同语的基础方言的组成部分,它们的语法系统与普通话的语法系统是很接近的。但是既然是方言,它与共同语的差异就不可能仅限于语音和词汇两方面,尤其是方言口语,在语法方面也存在不少不符合普通话规范。为了帮助读者掌握标准的普通话,下面从词法、句法两个方面把方言与普通话的主要差异略作比较。

一、词法辨正重点

在上节已经对方言词和普通话词的形态特征作了一些辨正,这里则从词类运用上的不同特征对方言和普通话作必要的比较。

1. 名词

西南方言名词与普通话名词的不同语法特征主要有两点:

(1)名词重叠多　普通话里名词一般不重叠,而方言名词大量是重叠的,其中最多的是双叠音格式的名词,除上节已大量列举外,还有两种格式。

①ABB 格式

布条儿 —— 布筋筋　　　　　　　　树杈 —— 树丫丫(yā)

水坑 —— 水凼凼(dàng)　　　　　墙旮旯 —— 墙角角(go)

②AAB 格式

手掌 —— 巴巴掌　　　　　　　　　绞肉 —— 绞绞肉

(2)普通话里名词的不定指复数的格式是"××们",而重庆话、四川话的格式中常用"××些"。

2. 动词

方言动词与普通话动词比较,有两点应注意:

（1）动词后加缀　方言中单音节动词如果表示动作短暂、尝试的意义，一般都在后面加"一下儿"。这种情况在说普通话时，要转换成"AA""A — A""A 了 A"等格式：

听一下（ha）儿 —→ 听听　　　　　看一下（ha）儿 —→ 看一看

告了一下（ha）儿 —→ 试了试　　　考虑一下（ha）儿 —→ 考虑考虑

（2）动词前加缀　方言里表达"流行、盛兴"什么习惯或习性的意义时，用"兴+动词"或"兴+动宾短语"。这个"兴"不能原封带入普通话。例如：

①堂倌送毛巾兴甩。

②四川人过年兴吃汤元。

（3）动词前加词缀　方言里常在谓语动词前加一个动词"过"，使谓语变成"过×"的格式，这种格式多用于带贬义的句子里。例如：

①他教育娃儿就只晓得过打。

②教育娃儿过打要不得哟。

③老汉儿唱戏 —— 过说。

这种"过×"的格式转换为普通话时要去掉"过"，改为"只是""光是""只知道"或"一个劲地"。

3. 形容词

方言中单音节形容词一般都不重叠。普通话常用形容词重叠式来表示事物的状态适中，恰到好处，令人可爱。而方言表达这种意思时则是在形容词前后加修饰性成分。例如：

普通话	方　言
她，瘦瘦的个儿，红红的脸。	她，瘦精精的个子，红冬冬的脸。

4. 副词

西南方言口语中常用一些普通话里没有的程度副词，如"bang 帮、梆"，"fei 飞、非"，"jiao 焦、浇"，"xi 稀、唏"，"lao 捞"，"hêmo 嘿么"等，它们相当于普通话里的"很、非常"等，用时多重叠。由于它们的使用频率高，如不注意转换，带入普通话中对语言面貌影响会很大。例如：

方　言	普通话
这菜飞咸。	这菜太咸了。
看你把地下弄得浇湿。	瞧你把地弄得这么湿。
这是啥子稀饭嘛，捞清的。	这是什么粥啊，太稀了。
她嘿么（hêmo）怕虫虫儿。	她特别怕小虫子。
你的脸焦黄焦黄，哪点不舒服？	你的脸色黄得很厉害，哪儿不舒服吗？

重庆话、四川话还常常在形容词和动词后面直接加程度副词，构成"×很了"的格式，表示"太过"的程度。其作用有时相当于普通话里的补语"得很××""得太××"。

例如：

方　言	普通话
天气冷很了就不要出去。	天儿冷得很就别出去了。
他可恶很了，这是报应！	他太可恶了，这真是报应！
孩子烧很了遭不住，快送医院！	孩子烧得太厉害了受不了，快送医院！
你这是累很了，休息几天就会好的。	你这是累得太厉害了，休息几天就会好的。

5. 介词

方言口语中表被动的介词一般都用"遭"，农村也说"拿跟""拿帮"，转换为普通话时应视情况分别用"被、叫、让、给"等。例如：

方　言	普通话
王林遭老师刮了一顿胡子。	王林被老师批评了一顿。
那本书遭小李拿走了。	那本书让小李给拿走了。
你太歹毒了，真该拿跟汽车 nga 死！	你太狠了，真该给汽车压死！
我那只鸡母拿帮黄鼠狼叼走了。	我家那只母鸡被黄鼠狼叼走了。

二、句法辨正重点

方言与普通话在句式方面的差异不大，除前面辨正词的用法时已涉及的，这里扼要归纳比较如下。

1. 表"能……"或"不能……"的句式

普通话里表示"可以、可能"的意思时是作为助动词放在动词前充当状语；而在重庆话、四川话里表示同样意思时，却是用"得"放在动词的后面充当补语。例如：

方　言	普通话
这件衣服她肯定穿得。	这件衣服她一定能穿。
他说的话还听得。	他说的话，还算可以听。
这种事做不得。	这样的事不能做。
每天一万多字，他真写得！	每天一万多字，他真能写呀。

2. "正反问"的句式

正反问，是在提问中把事情可能的正面（肯定）和反面（否定）并列说出来，让答话人选择回答。方言里用"得"做正反问的句子成分，使这种句式异于普通话。

①"得不得……？"和它的答式

A. 他得不得走了？—— 不得。

B. 他得不得借哟？—— 得借，他最肯帮人了。

C. 他得不得批评我们呢？—— 也许要遭刮一顿。

在这组问话句中"得"是助动词，"得不得"作状语，转换为普通话就是"会不会"，"会"是助动词。答话中"不得"，是"不得会走"的省略，"得"似动词，实仍是助动词；普通话应说"不会"。

但同是"得不得……?"的疑问句，有时情况却不一样，例如：

方　言	普通话
你明天得不得空？	你明天有没有空？
── 不得空。	── 没有空。

在这组问、答句中，"得"是动词，转换为普通话时应根据句子内容，不用"得不得""不得"，而该用"有没有""有"。

②"……得不?""……得来不?"及其答式

A. 你那娃儿走得不？── 还走不得。（走得了。）

B. 这首歌你唱得来不？
　这首歌你唱得来唱不来？
　这首歌你唱不唱得来？　── 唱得来。（唱不来。）

在这组句子中，"得""得来"都是助词，放在动词后面作补语，转换为普通话，问句都是"会不会"的格式，但这里的"会"已变成了助动词，做状语了。答句要转换，换为"会走""会唱"。但这种转换格式也并不是公式。例如：

C. 你吃不吃得来重庆火锅？── 吃得来。

D. 你穿不穿得来高跟鞋？── 不太穿得来。

E. 你睡得来席梦思床不？── 还可以。

这三个问句和答句不能一概套"会不会""会"，而要根据句子内容分别说成："能不能吃……""能（可以）吃"，"适应不适应穿……""不太适应"，"习惯睡……吗?""还可以"等等。

3. "……得有……"的句式

方言里常在动词谓语和宾语之间用上"得有"，表示事物的存在。"得有"是句中的补语，相当于普通话里的动态助词"着""了"，也可转换为"有"或在转成普通话时省去。例如：

方　言	普通话
你带得有手电筒没得？	你带了手电筒吗？
── 带得有。	── 带了。
他带得有工程图纸。	他带着工程图纸。
岩上刻得有上千个菩萨。	岩壁上刻有上千个菩萨。
信里夹得有啥子东西没得？	信里夹了什么东西没有？

4. 补语格式的差异

方言与普通话句式的差异中，补语构成上的差异比较大，而且几乎都与"起""倒"

"倒起"这几个助词有关。前面在助词辨正中对它们与普通话助词的对应关系有所涉及，这里则从句式的角度再次提到它们。

（1）结果补语的比较　在动词后面表示动作的结果，在普通话里一般用动词、形容词、代词或谓词性短语等充当，这充当"结果"的词或短语都在词义上与动词谓语的词义直接相关，如"说清楚了""听懂了"。而方言里却常用"倒""倒起"充当许多不同动作的结果。转换成普通话时应依据句子的谓语动词选用对应的词语。例如：

方　言	普通话
请把传呼机关倒起。	请把传呼机关上（关住）。
关倒门，把他看倒起。	关上门，把他看好（看住）。
现在还轮不倒你说。	现在还轮不到你说话。
你的话他听倒起了。	你的话，他听见了。

（2）趋向补语的比较　在普通话里，用趋向动词充当补语表示动作的趋向，这个"趋向"一定要与"动作"相呼应。但重庆话、四川话里的一些趋向补语却都用"起"，它转换为普通话时多数要改为"起来""着"，有的改为其他趋向动词（如"过来""出来"）。例如：

方　言	普通话
红岩队，雄起！	红岩队，振奋起来！
臭豆乳闻起臭吃起香。	臭豆乳闻着臭吃起来香。
请把它捡起，二天有用。	把它收起来……
把那本书拿起。	把那本书拿着。
把那个箱子抱起，看里面有些啥子。	把箱子抱过来，……

（3）可能补语的比较　普通话里的可能补语在动词后面用"得"和"不得"表示是否可能。而在重庆话、四川话里，常在"得"的后面加上"倒"或"起"，多起动态助词"了"的作用。例如：

方　言	普通话
我看你们拿不倒了！	我看你们拿不了啦！
你背得倒那么多不？	你背得了那么多吗？
明天大家都来得倒。	大家都能来（来得了）。
他一定能把工作推得起走。	他一定能把工作推得动。

5."……都……了"的句式

方言里的这种句式是普通话里没有的，它在两个相同的动词、形容词或数词中间嵌入副词"都"，强调事态、性质或数量已经如此了，相当于普通话里"已经……了"的句型。例如：

方　言	普通话
走都走了。	已经走了。
读都读完了。	已经读完了。
这本书我看都看过了。	这本书我已经看过了。

撕都撕了,还说啥子。　　　　　　已经撕了,还说什么

晓都晓得了,没啥新鲜的。　　　　已经知道了,没什么新鲜的。

三都三天了,还没得音信。　　　　已经三天了,还没有消息。

以上 5 种方言句式,都是不合普通话句法规范的,如果不加改变,只是用北京语音来说,其他方言区的人还是难以准确了解句意。所以,我们提倡大家注意从典范的白话文著作中学习和掌握规范的句式。

训练与实践

1. 重庆话、四川话的许多词与普通话的词有基本上"一对一"的对应关系。请把与下列方言词相对应的普通话词写出来、念出来:

包谷(玉米)	背时(倒霉)	冰浸( )	扯筋( )	白墨( )
呻唤( )	蹁蹁( )	耳性( )	反转( )	葫豆( )
估倒( )	刮毒( )	伙倒( )	灰面( )	央夹( )
洋芋( )	禁事( )	诀( )	立马( )	铺排( )
声气( )	田坎( )	晚黑( )	颠东( )	二辈子( )
赶场( )	告花儿( )	红苕( )	檐老鼠( )	雅静( )
马倒( )	默倒( )	千翻儿( )	下细( )	相因( )
喜得好( )	心厚( )	栽诬( )	踏�( )	消夜( )
信实( )	灶房( )	照闲( )	歇凉( )	

2. 有些重庆话、四川话的词,相当于普通话里几种说法。下边的方言词转换为普通话时,你认为相当于哪些词? 请尽量写出来,念出来:

方　言　　　　　普通话

㨄(cou)和 —— 恭维、成全、支持、帮助

伸抖 ——

要得 ——

撇脱 ——

麻 ——

黄 ——

打整 ——

耍 ——

123

燥辣 ——

光生 ——

巴实 ——

得行 ——

恼火 ——

阵仗 ——

拇——

木 ——

煞贴 ——

遭 ——

安逸 ——

3. 下列是重庆话,请先指出(画线)每句里的方言词,再把整句话转换成普通话说说,与同学相互评判订正。

(1)莫把西瓜籽籽吐到地上,要吐到盆盆头。

(2)把药瓶瓶肉(ròu)到抽抽头去。

(3)你看别个哭兮兮的样儿,好造孽哟!

(4)这女娃子诧生,生人一来她眼睛就只盯倒屋角角。

(5)未必我这副打头还是宝筛筛的嗦?

(6)我们班上学期松松垮垮的,王老师当了班主任,几下(hǎ)就整归一了。

(7)坝坝头有嘿么多学生娃儿,好闹热哟!

(8)你要弄醒豁,莫遭别个麻了广广。

(9)她穿得伸(zén)伸抖抖的,在宾馆头实习。

(10)请你们掭过来点儿,那坨稀脏的石头照(照像)进去不好看得。

(11)我的舌头都遭热汤烫木了,啥子味道都尝不倒了。

(12)他刚到高头走了一转就挞了个扑爬。

(13)下(hǎ)下都是我遭刮胡子,硬是背时。

(14)他好得行呵,只告了一盘就学会了。

(15)小张硬是行(hang)势,几掟子就把歹徒收拾得归归一一。

(16)今天人多,我两个挤倒起坐要得不?

(17)正南齐北的,你要好生展把劲。

（18）小英学习就是逗硬,从来考试都不得打捝子。

（19）他的字好提劲儿呵,我写得稀孬(piě)。

（20）郭红在堤上两天没睡瞌睡,呵嗨都不打一个,硬是干(gān)精。

4. 把下列重庆话转换成普通话,并说说二者不同之处的原因。

（1）他太累了,抱倒本书看倒看倒就睡着了。

（2）大家好生听倒起,先自己做倒练习,老师跟倒就来。

（3）再坚持一下儿,要不倒好久就搞完了。

（4）老师管不倒那么多,要靠大家撑(zá)起。

（5）接力赛都还没开始,你啷个就梭起跑了呢?

（6）我们得了团体第一名,张老师笑得来嘴都合不拢了。

（7）这件衣服洗得来不见本色了 ,该换得新的了。

（8）现在的灾情有好严重你晓得不?

（9）再下大雨嚛,长江中下游就更遭不住啰哟。

（10）把你的笔借帮我,一下(hɑ)儿就还帮你哈!

（11）莫客气,我们是一家人得嘛!

（12）放暑假了得嘛,你还到学校去做啥?

（13）你先走倒,我吃了药哆。

（14）莫要急,等大家来了想个办法哆。

（15）空调莫开大很了,谨防遭凉倒。

（16）莫挑(挑担子)了,用力用狠了对伤口不好。

5. 把下列重庆话转换成普通话,并说说二者在句式转换上有什么规律。

（1）元宵节(重庆话也叫"过大年")班上得不得举行晚会哟?

（2）这件衣服得不得小?

（3）这么晚了,小华得不得来哟?

（4）这首歌你唱得来唱不来?

（5）重庆话你说得来说不来?

（6）"麻辣烫"你吃不吃得来?

（7）电子琴你弹得来不?

（8）你游得来蛙泳不?

（9）保龄球你打不打得来?

（10）过山车你坐不坐得?

（11）正在打雷哟,电视机开得不?

（12）你的病才好,那么远的路走得不?

（13）大家晓都晓得了,还保啥子密哟。

（14）百大百块钱一件还相因嗦?

（15）九大九月份了,天气还这么热。

（16）给你五大五百元,该够了嚛?

第八章

普通话水平测试及等级评定

对每个人来说,普通话都是通过学习和训练而逐步掌握的。掌握到什么程度,就需要有一把尺子来衡量。"尺子"就是统一的标准。1986年全国语言文字工作会议把掌握普通话的水平划分为三级:"相当标准的""比较标准的"和"一般的"。但这只是定性的描述,过于模糊,测评时难以掌握。1994年10月,国家语委、国家教委和国家广播电影电视部发布《关于开展普通话水平测试工作的决定》及两个附件《普通话水平测试实施办法(试行)》和《普通话水平测试等级标准(试行)》,将普通话水平划分为三级六等。2003年教育部和国家语委又发布了《普通话水平测试实施纲要》,对水平测试的试卷构成、评分标准、定级办法等再次作了统一、明确的规定,使普通话水平测试工作走上了更加制度化、科学化、规范化的轨道。

下面,根据《普通话水平测试大纲》,对普通话水平测试及等级评定的有关问题略做说明。

一、测试的目的、性质和内容

普通话水平测试(Pǔtōnghuà Shuǐpíng Cèshì),缩写为PSC。

PSC的目的是:评定应试人普通话所达到的水平等级;通过测试,促进普通话的普及,并在普及的基础上逐步提高全社会的普通话水平,提高现代汉语规范化的程度。

PSC是一种标准参照性考试,是对应试人掌握和运用普通话所达到的规范程度、熟练程度的检测和评定。测试以口试方式进行。但它不是普通话知识的考试,不是文化水平的考核,也不是对口才的评估。

普通话水平测试的内容包括普通话语音、词汇和语法,范围是国家测试机构编制的《普通话水平测试用普通话词语表》《普通话与方言词语对照表》《普通话与方言常见语法差异对照表》《普通话水平测试用朗读作品》《普通话水平测试用话题》。

二、试卷构成和评分

普通话有口语和书面语两种形式,对一个人普通话口语能力的测试也就必须从没有文字凭借和有文字凭借两个方面来进行;两个方面都要包括语音、词汇、语法的检测项。

为此《大纲》对测试试题的编制提出了明确要求,规定了各个测试项目的测试目的、要求和评分标准。

试卷包括 5 个组成部分,满分为 100 分。

1. **读单音节字词**(100 个音节,不含轻声、儿化音节　限时 3.5 分钟,共 10 分)

目的:测查应试人声母、韵母、声调读音的标准程度。

要求:

①100 个音节中,70％选自《普通话水平测试用普通话词语表》"表一",30％选自"表二"。

②100 个音节里,每个声母的出现一般不少于 3 次,每个韵母的出现一般不少于 2 次,4 个声调出现的次数大致均衡。

③音节的排列要避免同一测试要素连续出现。

评分:

①语音错误,每个音节扣 0.1 分。

②语音有缺陷每个音节扣 0.05 分。

③超时 1 分钟以内扣 0.5 分,超时 1 分钟及以上扣 1 分。

2. **读多音节词语**(100 个音节　限时 2.5 分钟,共 20 分)

目的:测查应试人声母、韵母、声调和变调、轻声、儿化韵读音的标准程度。

要求:

①词语中 70％选自《普通话水平测试用普通话词语表》"表一",30％选自"表二"。

②声、韵、调出现的次数大体与单音节字词相同。

③上声和上声相连的词语不少于 3 个,上声和其他声调相连的词语不少于 4 个,轻声不少于 3 个,儿化韵不少于 4 个。

④词语的排列要避免同一测试要素连续出现。

评分:

①语音错误,每个音节扣 0.2 分。

②语音有缺陷每个音节扣 0.1 分。

③超时 1 分钟以内扣 0.5 分,超时 1 分钟及以上扣 1 分。

3. **选择判断**(限时 3 分钟,共 10 分)

(1)词语判断(10 组)

目的:测查应试人掌握普通话词语的规范程度。

要求:根据《测试用普通话与方言词语对照表》,列举 10 组普通话与方言意义相对但说法不同的词语,由应试人判断并读出普通话的词语。

评分:错 1 组,扣 0.25 分。

（2）量词、名词搭配（10组）

目的：测查应试人掌握普通话量词和名词搭配的规范程度。

要求：根据《测试用普通话与方言常见语法差异对照表》，列举10个名词和若干量词，由应试人搭配并读出符合普通话规范的10组名量短语。

评分：搭配错误，每组扣0.5分。

（3）语序或表达形式判断（5组）

目的：测查应试人掌握普通话语法的规范程度。

要求：根据《测试用普通话与方言常见语法差异对照表》，列举5组普通话与方言意义相对，但语序或表达习惯不同的短语或短句，由应试人判断并读出符合普通话语法规范的表达形式。

评分：判断错误，每组扣0.5分。

选择"判断"合计超时1分钟以内扣0.5分，超时1分钟及以上扣1分。答题时若出现语音错误音节，扣0.1分；但如判断错误已经扣了分，不重复扣分。

4.读短文（400音节短文1篇　限时4分钟，共30分）

目的：测查应试人声韵调读音标准程度的同时，重点测查连读中的音变、停连、语调，以及流畅程度。

要求：短文从《水平测试用朗读作品》中选取。长度以400字（不含标点）为限。

评分：

①每错一个音节扣0.1分；漏读或增读1个音节扣0.1分。

②声母或韵母的系统性语音缺陷，视程度扣0.5分、1分。

③语调偏误，视程度扣0.5分、1分、2分。

④停连不当，视程度扣0.5分、1分、2分。

⑤朗读不流畅（包括回读）视程度扣0.5分、1分、2分。

⑥超时扣1分。

5. 命题说话（限时3分钟，共30分）

目的：测查应试人在无文字凭借的情况下说普通话的水平，重点测查语音标准程度、词语语法规范程度和自然流畅程度。

要求：

①话题从《水平测试用话题》中，由应试人从给定的两个话题中选定1个话题，连续说一段话。

②应试人单向说话。如发现有明显背稿、离题、说话难以继续等，主试人应及时提示或引导。

评分：

①语音标准程度，20分，分为6档：

一档：语音标准，或极少有失误。扣0分、0.5分、1分。

　　二档:语音错误在 10 次以下,有方音但不明显。扣 1.5 分、2 分。

　　三档:语音错误在 10 次以下,但方音比较明显;或者虽然有方音但不明显,而语音错误在 10~15 次之间。扣 3 分、4 分。

　　四档:语音错误在 10~15 次之间,方音比较明显。扣 5 分、6 分。

　　五档:语音错误 15 次以上,方音明显。扣 7 分、8 分、9 分。

　　六档:语音错误多,方音重。扣 10 分、11 分、12 分。

　　②词汇、语法规范程度,5 分。分为 3 档:

　　一档:词汇、语法规范。扣 0 分。

　　二档:词汇、语法偶有不规范的情况。扣 0.5 分、1 分。

　　三档:词汇、语法屡有不规范的情况。扣 2 分、3 分。

　　③自然流畅程度,5 分。分为 3 档:

　　一档:言语自然流畅。扣 0 分。

　　二档:言语基本流畅,口语化较差,有背稿子的表现。扣 0.5 分、1 分。

　　三档:语言不连贯,语调生硬。扣 2 分、3 分。

　　说话不足 3 分钟,酌情扣分:缺时 1 分钟以内(含 1 分钟),扣 1 分、2 分、3 分;缺时 1 分钟以上,扣 4 分、5 分、6 分;说话不满 30 秒(含 30 秒),说话一项计 0 分。

三、普通话等级标准和等级的确定

1. 普通话等级标准

　　《普通话水平测试大纲》和《普通话水平测试等级标准》是全国进行普通话水平测试的依据,普通话等级标准和水平测试的成绩是确定应试人普通话等级、发放相应等级证书的依据。

2. 普通话等级的确定

　　测试机构根据测试成绩和下列等级标准确定应试人普通话的"级"和"等",由省级以上语言文字工作机构颁发相应的等级证书。

　　一级甲等:测试总失分率不超过 3%(97 分以上);

　　一级乙等:测试总失分率不超过 8%(92 分及其以上但不足 97 分);

　　二级甲等:测试总失分率不超过 13%(87 分及其以上但不足 92 分);

　　二级乙等:测试总失分率不超过 20%(80 分及其以上但不足 87 分);

　　三级甲等:测试总失分率不超过 30%(70 分及其以上但不足 80 分);

　　三级乙等:测试总失分率不超过 40%(60 分及其以上但不足 70 分)。

　　[说明]　省级语言文字工作部门可根据实际情况决定是否进行"选择判断"项的测试,如免测此项,则将"命题说话"项的分值调整为 40 分,具体分值调整如下:

　　①语音标准程度,25 分。

一档:扣 0 分、1 分、2 分;二档:扣 3 分、4 分;三档:扣 5 分、6 分;四档:扣 7 分、8 分;五档:扣 9 分、10 分、11 分;六档:扣 12 分、13 分、14 分。

②词汇语法规范程度,10 分。

一档:扣 0 分;二档:扣 1 分、2 分;三档:扣 3 分、4 分。

③自然流畅程度,仍为 5 分,各档分值不变。

附录十

普通话水平测试等级标准(试行)

(录自:国语[1997]64 号文件)

一 级

甲等　朗读和自由交谈时,语音标准,词汇、语法正确无误,语调自然,表达流畅。测试总失分率在 3%以内。

乙等　朗读和自由交谈时,语音标准,词汇、语法正确无误,语调自然,表达流畅。偶然有字音、字调失误。测试总失分率在 8%以内。

二 级

甲等　朗读和自由交谈时,声韵调发音基本标准,语调自然,表达流畅。少数难点音(平翘舌音、前后鼻尾音、边鼻音等)有时出现失误。词汇、语法极少有误。测试总失分率在 13%以内。

乙等　朗读和自由交谈时,个别调值不准,声韵母发音有不到位现象。难点音(平翘舌音、前后鼻尾音、边鼻音、fu—hu、z—zh—j、送气不送气、i—ü 不分、保留浊塞音、浊塞擦音、丢介音、复韵母单音化等)失误较多。方言语调不明显。有使用方言词、方言语法的情况。测试总失分率在 20%以内。

三 级

甲等　朗读和自由交谈时,声韵母发音失误较多,难点超出常见范围;声调调值多不准。方言语调较明显。词汇、语法有失误。测试总失分率在 30%以内。

乙等　朗读和自由交谈时,声韵调发音失误多,方音特征突出,方言语调明显。词汇、语法失误较多。外地人听其谈话有听不懂的情况。测试总失分率在 40%以内。

附录十一

普通话水平测试样卷

（1）读单音节词（100个）

昼	八	迷	先	毡	皮	幕	美	彻	飞
鸣	破	捶	风	豆	蹲	霞	掉	桃	定
宫	铁	翁	念	劳	天	旬	沟	狼	口
靴	娘	嫩	机	蕊	家	跪	绝	趣	全
瓜	穷	屡	知	狂	正	裁	中	恒	社
槐	事	轰	竹	掠	茶	肩	常	概	虫
皇	水	君	人	伙	自	滑	早	绢	足
炒	次	渴	酸	勤	鱼	筛	院	腔	爱
鳌	袖	滨	竖	搏	刷	瞟	帆	彩	愤
司	滕	寸	恋	岸	勒	歪	尔	熊	妥

（2）读双音节词语（100个）

取得	阳台	儿童	板凳儿	混淆	衰落	分析	防御
沙丘	管理	此外	便宜	光环	塑料	扭转	加油
队伍	挖潜	女士	科学	手指	策略	抢劫	森林
侨眷	模特儿	港口	没准儿	干净	日用	紧张	炽热
群众	名牌儿	沉醉	快乐	窗户	财富	应当	生字
奔跑	晚上	卑劣	包装	洒脱	现代化	委员会	轻描淡写

（3）选择、判断（为便于读者了解题意，样题显示了答案）

1）词语判断：请判断并读出下列10组词语中的普通话词话。

①如崭　　***现在***　　而家　　今下　　目下

②瞒人　　边个　　***谁***　　啥侬　　啥人

③为么子　　做脉个　　***为什么***　　为什里　　为啥　　为怎样

④***细小***　　细粒　　幼细　　异细

⑤后生子　　后生崽里　　　后生家　　后生仔　　***小伙子***

⑥日里向　　日里　　***白天***　　日上　　日头　　日时　　日辰头

⑦***婴儿***　　毛它　　冒牙子　　苏虾仔　　婴仔　　啊伢欤

⑧蚂蚁子　　蚂蝇里　　狗蚁　　蚁公　　***蚂蚁***

⑨***这里***　　个搭　　咯里　　个里　　呢处　　即搭

⑩早上向　　***早晨***　　早间里　　朝早　　朝辰头

2）量词、名词搭配：请按照普通话规范搭配并读出下列数量名短语。

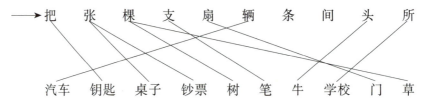

把　张　棵　支　扇　辆　条　间　头　所

汽车　钥匙　桌子　钞票　树　笔　牛　学校　门　草

3)语序或表达形式判断:请判断并读出下列 5 组句子里的普通话句子。

①**他大约要两三个月才能回来。**

他大约要二三个月才能回来。

②他好好可爱。

　他非常可爱。

　他上可爱。

③你去去逛街?

　你去不去逛街?

④你矮我。

　你比我过矮。

　你比我矮。

　你比较矮我。

　你比我较矮。

⑤**那部电影我看过。**

　那部电影我有看。

(4)朗读短文:请朗读第 12 号短文。

(5)命题说话:请按照话题"我的业余生活"或"我熟悉的地方"说一段话(3 分钟)。

附录十二

普通话水平测试用话题

说　明

1.30 则话题供普通话水平测试第五项——命题说话测试使用。

2.30 则话题仅是对话题范围的规定,并不规定话题的具体内容。

　①我的愿望(或理想)

　②我的学习生活

　③我尊敬的人

　④我喜爱的动物(或植物)

　⑤童年的记忆

　⑥我喜爱的职业

　⑦难忘的旅行

　⑧我的朋友

⑨我喜爱的文学(或其他)艺术形式

⑩谈谈卫生与健康

⑪我的业余生活

⑫我喜欢的季节(或天气)

⑬学习普通话的体会

⑭谈谈服饰

⑮我的假日生活

⑯我的成长之路

⑰谈谈科技发展与社会生活

⑱我知道的风俗

⑲我和体育

⑳我的家乡(或熟悉的地方)

㉑谈谈美食

㉒我喜欢的节日

㉓我所在的集体(学校、机关、公司等)

㉔谈谈社会公德(或职业道德)

㉕谈谈个人修养

㉖我喜欢的明星(或其他知名人士)

㉗我喜爱的书刊

㉘谈谈对环境保护的认识

㉙我向往的地方

㉚购物(消费)的感受

附录十三

普通话水平测试用朗读作品

说明:因词语朗读已在前面各章做了较多的安排,这里不再集中列出。应读者要求将《普通话水平测试实施纲要》选定的60篇朗读作品及对应的汉语拼音附录。为节约篇幅,有的作品只节选至400个音节(用"//"标明)后的句末。注音一般只标本调,不标变调。必读轻声的音节,不标调号;一般轻读,间或重读的音节,加注调号,并在其前面加一圆点提示。儿化音节,凡在汉字词语有"儿"的,拼音的音节后加r;汉字词语后虽无"儿"但口语里一般要儿化的,拼音的音节后也加r。

作品1号

节选自茅盾《白杨礼赞》

那是力争上游的一种树，笔直的干，笔直的枝。它的干呢，通常是丈把高，像是加以人工似的，一丈以内，绝无旁枝；它所有的桠枝呢，一律向上，而且紧紧靠拢，也像是加以人工似的，成为一束，绝无横斜逸出；它的宽大的叶子也是片片向上，几乎没有斜生的，更不用说倒垂了；它的皮，光滑而有银色的晕圈，微微泛出淡青色。这是虽在北方的风雪的压迫下却保持着倔强挺立的一种树！哪怕只有碗来粗细罢，它却努力向上发展，高到丈许，两丈，参天耸立，不折不挠，对抗着西北风。

这就是白杨树，西北极普通的一种树，然而决不是平凡的树！

它没有婆娑的姿态，没有屈曲盘旋的虬枝，也许你要说它不美丽，——如果美是专指"婆娑"或"横斜逸出"之类而言，那么，白杨树算不得树中的好女子；但是它却是伟岸，正直，朴质，严肃，也不缺乏温和，更不用提它的坚强不屈与挺拔，它是树中的伟丈夫！当你在积雪初融的高原上走过，看见平坦的大地上傲然挺立这么一株或一排白杨树，难道你就只觉得树只是树，难道你就不想到它的朴质，严肃，坚强不屈，至少也象征了北方的农民；难道你竟一点儿也不联想到，在敌后的广大土//地上，到处有坚强不屈，就像这白杨树一样傲然挺立的守卫他们家乡的哨兵！……难道你又不更远一点想到这样枝枝叶叶靠紧团结，力求上进的白杨树，宛然象征了今天在华北平原纵横决荡用血写出新中国历史的那种精神和意志。

Nà shì lìzhēng shàngyóu de yī zhǒng shù, bǐzhí de gàn, bǐzhí de zhī. Tā de gàn ne, tōngcháng shì zhàng bǎ gāo, xiàngshì jiāyǐ réngōng shìde, yī zhàng yǐnèi, juéwú pángzhī; tā suǒyǒu de yāzhī ne, yīlǜ xiàngshàng, érqiě jǐnjǐn kàolǒng, yě xiàngshì jiāyǐ réngōng shìde, chéngwèi yī shù, juéwú héng xié yì chū; tā de kuāndà de yèzǐ yě shì piànpiàn xiàngshàng, jīhū méi·yǒu xié shēng de, gèng bùyòng shuō dàochuí le; tā de pí, guānghuá ér yǒu yínsè de yùnquān, wēiwēi fànchū dànqīngsè. Zhè shì suī zài běifāng de fēngxuě de yāpò xià què bǎochízhe juéjiàng tǐnglì de yī zhǒng shù! Nǎpà zhǐyǒu wǎn lái cūxì ba, tā què nǔlì xiàngshàng fāzhǎn, gāo dàozhàng xǔ, liǎng zhàng, cāntiān sǒnglì, bùzhé-bùnáo, duìkàng zhe xīběi fēng.

Zhè jiùshì báiyángshù, xīběi jí pǔtōng de yī zhǒng shù, rán'ér jué bù shì píngfán de shù!

Tā méi·yǒu pósuō de zītài, méi·yǒu qūqū pánxuán de qiúzhī, yěxǔ nǐ yào shuō tā bù měilì——Rúguǒ měi shì zhuān zhǐ"pósuō" huò "héng xié yì chū" zhīlèi ér yán, nàme, báiyángshù suàn·bù·dé shù zhōng de hǎo nǚzǐ; dànshì tā què shì wěi'àn, zhèngzhí, pǔzhì, yánsù, yě bù quēfá wēnhé, gèng bùyòng tí tā de jiānqiáng bùqū yǔ tǐng bá, tā shì shù zhōng de wěizhàngfu! Dāng nǐ zài jīxuě chū róng de gāoyuán·shàng zǒuguo, kàn·jiàn píngtǎn de dàdì·shàng àorán tǐnglì zhème yī zhū huò yī pái báiyángshù, nándào nǐ jiù zhǐ jué·dé shù zhǐshì shù, nán dào nǐ jiù bù xiǎngdào tā de pǔzhì, yánsù, jiānqiáng bùqū, zhìshǎo yě xiàngzhēngle běifāng de nóngmín; nándào nǐ jìng yīdiǎnr yě bù liánxiǎng dào, zài díhòu de guǎngdà tǔ // dì·shàng, dàochù yǒu jiānqiáng bùqū, jiù xiàng zhè báiyángshù yīyàng àorán tǐnglì de shǒuwèi tāmen jiāxiāng de shàobīng! Nándào nǐ yòu bù gèng yuǎn yīdiǎnr xiǎngdào zhèyàng zhīzhī-yèyè kàojǐn tuánjié, lìqiú shàngjìn de báiyángshù, wǎnrán xiàngzhēngle jīntiān zài Huáběi Píngyuán zònghéng juédàng yòng xuè xiěchū xīn Zhōngguó lìshǐ de nà zhǒng jīngshén hé yìzhì.

作品 2 号

节选自张健鹏、胡足青主编《故事时代》中《差别》

两个同龄的年轻人同时受雇于一家店铺,并且拿同样的薪水。

可是一段时间后,叫阿诺德的那个小伙子青云直上,而那个叫布鲁诺的小伙子却仍在原地踏步。布鲁诺很不满意老板的不公正待遇。终于有一天他到老板那儿发牢骚了。老板一边耐心地听着他的抱怨,一边在心里盘算着怎样向他解释清楚他和阿诺德之间的差别。

"布鲁诺先生,"老板开口说话了,"您现在到集市上去一下,看看今天早上有什么卖的。"

布鲁诺从集市上回来向老板汇报说,今早集市上只有一个农民拉了一车土豆在卖。

"有多少?"老板问。

布鲁诺赶快戴上帽子又跑到集上,然后回来告诉老板一共四十袋土豆。

"价格是多少?"

布鲁诺又第三次跑到集上问来了价格。

"好吧,"老板对他说,"现在请您坐到这把椅子上一句话也不要说,看看阿诺德怎么说。"

阿诺德很快就从集市上回来了。向老板汇报说到现在为止只有一个农民在卖土豆,一共四十口袋,价格是多少多少;土豆质量很不错,他带回来一个让老板看看。这个农民一个钟头以后还会弄来几箱西红柿,据他看价格非常公道。昨天他们铺子的西红柿卖得很快,库存已经不 // 多了。他想这么便宜的西红柿,老板肯定会要进一些的,所以他不仅带回了一个西红柿做样品,而且把那个农民也带来了,他现在正在外面等回话呢。

此时老板转向了布鲁诺,说:"现在您肯定知道为什么阿诺德的薪水比您高了吧!"

Liǎng gè tónglíng de niánqīngrén tóngshí shòugù yú yī jiā diànpù, bìngqiě ná tóngyàng de xīn·shuǐ.

Kěshì yī duàn shíjiān hòu, jiào Ānuòdé de nàge xiǎohuǒzi qīngyún zhíshàng, ér nàgè jiào Bùlǔnuò de xiǎohuǒzi què réng zài yuándì tàbù. Bùlǔnuò hěn bù mǎnyì lǎobǎn de bù gōngzhèng dàiyù. Zhōngyú yǒu yī tiān tā dào lǎobǎn nàr fā láo·sāo le. Lǎobǎn yībiān nàixīn de tīngzhe tā de bào·yuàn, yībiān zài xīn·lǐ pánsuanzhe zěnyàng xiàng tā jiěshì qīngchu tā hé Ānuòdé zhījiān de chābié.

"Bùlǔnuò xiānsheng, "Lǎo bǎn kāikǒu shuōhuà le, "Nín xiànzài dào jíshì·shàng qù yīxià, kànkan jīntiān zǎoshang yǒu shénme mài de."

Bùlǔnuò cóng jíshì·shàng huí·lái xiàng lǎobǎn huìbào shuō, jīnzǎo jíshì·shàng zhīyǒu yī gè nóngmín lāle yī chē tǔdòu zài mài.

"Yǒu duō·shǎo?" Lǎobǎn wèn.

Bùlǔnuò gǎnkuài dài·shàng màozi yòu pǎodào jí·shàng, ránhòu huí·lái gàosu lǎobǎn yīgòng sìshí dài tǔdòu.

"Jiàgé shì duō·shǎo?"

Bùlǔnuò yòu dì-sān cì pǎodào jí·shàng wènláile jiàgé.

"Hǎo ba, " Lǎobǎn duì tā shuō, "Xiànzài qǐng nín zuòdào zhè bǎ yǐzi·shàng yī jù huà yě bùyào shuō, kànkan Ānuòdé zěnme shuō."

Ānuòdé hěn kuài jiù cóng jíshì·shàng huí·lái le. Xiàng lǎobǎn huìbào shuō dào xiànzài wéizhǐ zhǐyǒu yī gè nóngmín zài mài tǔdòu, yīgòng sìshí kǒudai, jià gé shì duō·shǎo duō·shǎo; tǔdòu zhìliàng hěn bùcuò, tā dài huí·lái yī gè ràng lǎobǎn kàn kan. Zhège nóngmín yī gè zhōngtóu yǐhòu hái huì nònglái jǐ xiāng xīhóngshì, jù tā kàn jiàgé fēicháng gōngdào. Zuótiān tāmen pùzi de xīhóngshì mài de hěn kuài, kùcún yǐ·jīng bù // duō le. Tā xiǎng zhème piányi de xīhóngshì, lǎobǎn kěndìng huì yào jìn yīxiē de, suǒyǐ tā bùjǐn dàihuíle yī gè xīhóngshì zuò yàngpǐn, érqiě bǎ nàge nóng mín yě dài·lái le, tā xiànzài zhèngzài wài·miàn děng huíhuà ne.

Cǐshí lǎobǎn zhuǎnxiàngle Bùlǔnuò, shuō: "Xiànzài nín kěndìng zhī·dào wèishénme Ānuòdé de xīn·shuǐ bǐ nín gāo le ba!"

作品 3 号

节选自贾平凹《丑石》

我常常遗憾我家门前那块丑石:它黑黝黝地卧在那里,牛似的模样;谁也不知道是什么时候留在这里的,谁也不去理会它。只是麦收时节,门前摊了麦子,奶奶总是说:这块丑石,多占地面啊,抽空把它搬走吧。

它不像汉白玉那样的细腻,可以刻字雕花,也不像大青石那样的光滑,可以供来浣纱捶布。它静静地卧在那里,院边的槐阴没有庇覆它,花儿也不再在它身边生长。荒草便繁衍出来,枝蔓上下,慢慢地,它竟锈上了绿苔、黑斑。我们这些做孩子的,也讨厌起它来,曾合伙要搬走它,但力气又不足;虽时时咒骂它,嫌弃它,也无可奈何,只好任它留在那里了。

终有一日,村子里来了一个天文学家。他在我家门前路过,突然发现了这块石头,眼光立即就拉直了。他再没有离开,就住了下来;以后又来了好些人,都说这是一块陨石,从天上落下来已经有二三百年了,是一件了不起的东西。不久便来了车,小心翼翼地将它运走了。

这使我们都很惊奇，这又怪又丑的石头，原来是天上的啊！它补过天，在天上发过热、闪过光，我们的先祖或许仰望过它，它给了他们光明、向往、憧憬；而它落下来了，在污土里，荒草里，一躺就//是几百年了！

我感到自己的无知，也感到了丑石的伟大，我甚至怨恨它这么多年竟会默默地忍受着这一切！而我又立即深深地感到它那种不屈于误解、寂寞的生存的伟大。

Wǒ chángcháng yíhàn wǒ jiā mén qián nà kuài chǒu shí: Tā hēiyǒuyǒu* de wò zài nà·lǐ, niú shìde múyàng; shéi yě bù zhī·dào shì shénme shíhou liú zài zhè·lǐ de, shéi yě bù qù lǐhuì tā. Zhǐshì màishōu shíjié, mén qián tānle màizi, nǎinai zǒngshì shuō: Zhè kuài chǒu shí, duō zhàn dìmiàn ya, chōukòng bǎ tā bānzǒu ba.

Tā bù xiàng hànbáiyù nàyàng de xìnì, kěyǐ kèzì diāohuā, yě bù xiàng dà qīngshí nàyàng de guānghuá, kěyǐ gōng lái huànshā chuíbù. Tā jìngjìng de wò zài nà·lǐ, yuàn biān de huáiyīn méi·yǒu bìfù tā, huā'ér yě bùzài zài tā shēnbiān shēngzhǎng. Huāngcǎo biàn fányǎn chū·lái, zhīwàn shàngxià, mànmàn de, tā jìng xiùshàngle lǜtái、hēibān. Wǒmen zhèxiē zuò háizi de, yě tǎoyàn·qǐ tā·lái, céng héhuǒ yào bānzǒu tā, dàn lìqì yòu bùzú; suī shíshí zhòumà tā, xiánqì tā, yě wúkě-nàihé, zhǐhǎo rèn tā liú zài nà·lǐ le.

Zhōng yǒu yī rì, cūnzi·lǐ láile yī gè tiānwénxuéjiā. Tā zài wǒ jiā mén qián lùguò, tūrán fāxiànle zhè kuài shítou, yǎnguāng lìjí jiù lāzhí le. Tā zài méi·yǒu líkāi, jiù zhùle xià·lái; yǐhòu yòu láile hǎoxiē rén, dōu shuō zhè shì yī kuài yǔnshí, cóng tiān·shàng luò xià·lái yǐ·jīng yǒu èr-sānbǎi nián le, shì yī jiàn liǎo·bùqǐ de dōngxi. Bùjiǔ biàn láile chē, xiǎoxīn-yìyì de jiāng tā yùnzǒu le.

Zhè shǐ wǒmen dōu hěn jīngqí, zhè yòu guài yòu chǒu de shítou, yuánlái shì tiān·shàng de a! Tā bǔguo tiān, zài tiān·shàng fāguo rè、shǎnguo guāng, wǒmen de xiānzǔ huòxǔ yǎngwàngguo tā, tā gěile tāmen guāngmíng、xiàngwǎng、chōngjǐng; ér tā luò xià·lái le, zài wūtǔ·lǐ, huāngcǎo·lǐ, yī tǎng jiù//shì jǐbǎi nián le!

Wǒ gǎndào zìjǐ de wúzhī, yě gǎndàole chǒu shí de wěidà, wǒ shènzhì yuànhèn tā zhème duō nián jìng huì mòmò de rěnshòuzhe zhè yīqiè! Èr wǒ yòu lìjí shēnshēn de gǎndào tā nà zhǒng bùqū yú wùjiě、jìmò de shēngcún de wěidà.

作品4号

节选自[德]博多·舍费尔《达瑞的故事》，刘志明译

在达瑞八岁的时候，有一天他想去看电影。因为没有钱，他想是向爸妈要钱呢，还是自己挣钱。最后他选择了后者。他自己调制了一种汽水，向过路的行人出售。可那时正

---

* 口语一般读 hēiyōuyōu。

137

是寒冷的冬天，没有人买，只有两个人例外——他的爸爸和妈妈。

他偶然有一个和非常成功的商人谈话的机会。当他对商人讲述了自己的"破产史"后，商人给了他两个重要的建议：一是尝试为别人解决一个难题；二是把精力集中在你知道的、你会的和你拥有的东西上。

这两个建议很关键。因为对于一个八岁的孩子而言，他不会做的事情很多。于是他穿过大街小巷，不停地思考：人们会有什么难题，他又如何利用这个机会？

一天，吃早饭时父亲让达瑞去取报纸。美国的送报员总是把报纸从花园篱笆的一个特制的管子里塞进来。假如你想穿着睡衣舒舒服服地吃早饭和看报纸，就必须离开温暖的房间，冒着寒风，到花园去取。虽然路短，但十分麻烦。

当达瑞为父亲取报纸的时候，一个主意诞生了。当天他就按响邻居的门铃，对他们说，每个月只需付给他一美元，他就每天早上把报纸塞到他们的房门底下。大多数人都同意了，很快他有//了七十多个顾客。一个月后，当他拿到自己赚的钱时，觉得自己简直是飞上了天。

很快他又有了新的机会，他让他的顾客每天把垃圾袋放在门前，然后由他早上运到垃圾桶里，每个月加一美元。之后他还想出了许多孩子赚钱的办法，并把它集结成书，书名为《儿童挣钱的二百五十个主意》。为此，达瑞十二岁时就成了畅销书作家，十五岁有了自己的谈话节目，十七岁就拥有了几百万美元。

Zài Dáruì bā suì de shíhou, yǒu yī tiān tā xiǎng qù kàn diànyǐng. Yīn·wèi méi·yǒu qián, tā xiǎng shì xiàng bà mā yào qiánne, háishì zìjǐ zhèngqián. Zuìhòu tā xuǎnzéle hòuzhě. Tā zìjǐ tiáozhìle yī zhǒng qìshuǐr, xiàng guòlù de xíngrén chūshòu. Kě nàshí zhèngshì hánlěng de dōngtiān, méi·yǒu rén mǎi, zhǐyǒu liǎng gè rén lìwài— tā de bàba hé māma.

Tā ǒurán yǒu yī gè hé fēicháng chénggōng de shāngrén tánhuà de jī·huì. Dāng tā duì shāngrén jiǎngshùle zìjǐ de "pòchǎnshǐ" hòu, shāngrén gěile tā liǎng gè zhòngyào de jiànyì: yī shì chángshì wèi bié·rén jiějué yī gè nántí; èr shì bǎ jīnglì jízhōng zài nǐ zhī·dào de, nǐ huì de hé nǐ yōngyǒu de dōngxī·shàng.

Zhè liǎng gè jiànyì hěn guānjiàn. Yīn·wèi duìyú yī gè bā suì de háizi ér yán, tā bù huì zuò de shìqing hěn duō. Yúshì tā chuānguo dàjiē xiǎoxiàng, bùtíng de sīkǎo: rénmen huì yǒu shénme nántí, tā yòu rúhé lìyòng zhège jī·huì?

Yī tiān, chī zǎofàn shí fù·qīn ràng Dáruì qù qǔ bàozhǐ. Měiguó de sòngbàoyuán zǒngshì bǎ bàozhǐ cóng huāyuán líba de yī gè tèzhì de guǎnzi·lǐ sāi jìn·lái. Jiǎrú nǐ xiǎng chuānzhe shuìyī shūshū-fúfú* de chī zǎofàn hé kàn bàozhǐ, jiù bìxū líkāi wēnnuǎn de fángjiān, màozhe hánfēng, dào huāyuán qù qǔ. Suīrán lù duǎn, dàn shífēn máfan.

Dāng Dáruì wèi fù·qīn qǔ bàozhǐ de shíhou, yī gè zhǔyi dànshēng le. Dàngtiān tā jiù ànxiǎng lín·jū de ménlíng, duì tāmen shuō, měi gè yuè zhǐ xū fùgěi tā yī měiyuán, tā jiù měitiān zǎoshang bǎ bàozhǐ sāidào tāmen de fángmén dǐ·xià. Dàduōshù rén dōu tóngyì le, hěn kuài tā yǒu//le qīshí duō gè gùkè. Yī gè yuè hòu, dāng tā nádào zìjǐ zhuàn de qián shí, jué·dé zìjǐ jiǎnzhí shì fēi·shàngle tiān.

Hěn kuài tā yòu yǒule xīn de jī·huì, tā ràng tā de gùkè měitiān bǎ lājīdài fàng zài mén qián, ránhòu yóu tā zǎoshang yùndào lājītǒng·lǐ, měi gè yuè jiā yī měiyuán. Zhīhòu tā hái xiǎngchūle xǔduō háizi zhuànqián de bànfǎ, bìng bǎ tā jíjié chéng shū, shūmíng wèi《Értóng Zhèngqián de Èrbǎi Wǔshí gè Zhǔyi》.Wèicǐ, Dáruì shí'èr suì shí jiù chéngle chàngxiāoshū zuòjiā, shíwǔ suì yǒule zìjǐ de tánhuà jiémù, shíqī suì jiù yōngyǒule jǐ bǎiwàn měiyuán.

作品 5 号

节选自峻青《第一场雪》

这是入冬以来，胶东半岛上第一场雪。

雪纷纷扬扬，下得很大。开始还伴着一阵儿小雨，不久就只见大片大片的雪花，从彤云密布的天空中飘落下来。地面上一会儿就白了。冬天的山村，到了夜里就万籁俱寂，只听得雪花簌簌地不断往下落，树木的枯枝被雪压断了，偶尔咯吱一声响。

大雪整整下了一夜。今天早晨，天放晴了，太阳出来了。推开门一看，嗬！好大的雪啊！山川、河流、树木、房屋，全都罩上了一层厚厚的雪，万里江山，变成了粉妆玉砌的世界。落光了叶子的柳树上挂满了毛茸茸亮晶晶的银条儿；而那些冬夏常青的松树和柏树上，则挂满了蓬松松沉甸甸的雪球儿。一阵风吹来，树枝轻轻地摇晃，美丽的银条儿和雪球儿簌簌地落下来，玉屑似的雪末儿随风飘扬，映着清晨的阳光，显出一道道五光十色的彩虹。

大街上的积雪足有一尺多深，人踩上去，脚底下发出咯吱咯吱的响声。一群群孩子在雪地里堆雪人，掷雪球儿。那欢乐的叫喊声，把树枝上的雪都震落下来了。

俗话说，"瑞雪兆丰年"。这个话有充分的科学根据，并不是一句迷信的成语。寒冬大雪，可以冻死一部分越冬的害虫；融化了的水渗进土层深处，又能供应//庄稼生长的需要。我相信这一场十分及时的大雪，一定会促进明年春季作物，尤其是小麦的丰收。有经验的老农把雪比做是"麦子的棉被"。冬天"棉被"盖得越厚，明春麦子就长得越好，所以又有这样一句谚语："冬天麦盖三层被，来年枕着馒头睡"。

我想，这就是人们为什么把及时的大雪称为"瑞雪"的道理吧。

Zhè shì rùdōng yǐlái, Jiāodōng Bàndǎo·shàng dì-yī cháng xuě.

Xuě fēnfēn-yángyáng, xià de hěn dà. Kāishǐ hái bànzhe yīzhènr xiǎoyǔ, bùjiǔ jiù zhǐ jiàn dàpiàn dàpiàn de xuěhuā, cóng tóngyún-mìbù de tiānkōng zhōng piāoluò xià·lái. Dìmiàn·shàng yīhuìr jiù bái le. Dōngtiān de shāncūn, dàole yè·lǐ jiù wànlài-jùjì, zhǐ tīng de xuěhuā sùsù de bùduàn wǎngxià luò, shùmù de kūzhī bèi xuě yāduàn le, ǒu'ěr gēzhī yī shēng xiǎng.

Dàxuě zhěngzhěng xiàle yīyè. Jīntiān zǎo·chén, tiān fàngqíng le, tài·yáng chū·lái le. Tuīkāi mén yī kàn, hè! Hǎo dà de xuě a! Shānchuān、héliú、shùmù、fángwū, quán dōu zhào·shàngle yī céng hòuhòu de xuě, wànlǐ jiāngshān, biànchéngle fěnzhuāng-yùqì de shìjiè. Luòguāngle yèzi de liǔshù·shàng guàmǎnle máorōngrōng liàngjīngjīng de yíntiáor；ér nàxiē dōng-xià chángqīng de sōngshù hé bǎishù·shàng, zé guàmǎnle péngsōngsōng chéndiàndiàn de xuěqiúr. Yī zhèn fēng chuīlái, shùzhī qīngqīng de yáo·huàng, měilì de yíntiáor hé xuěqiúr sùsù de luò xià·lái, yùxiè shìde xuěmòr suí fēng piāoyáng, yìngzhe qīngchén de yángguāng, xiǎnchū yī dàodào wǔguāng-shísè de cǎihóng.

Dàjiē·shàng de jīxuě zú yǒu yī chǐ duō shēn, rén cǎi shàng·qù, jiǎo dǐ·xià fāchū gēzhī gēzhī de xiǎngshēng. Yī qúnqún háizi zài xuědì·lǐ duī xuěrén, zhì xuěqiú. Nà huānlè de jiàohǎnshēng, bǎ shùzhī·shàng de xuě dōu zhènluò xià·lái le.

Súhuà shuō, "Ruìxuě zhào fēngnián". Zhège huà yǒu chōngfèn de kēxué gēnjù, bìng bù shì yī jù míxìn de chéngyǔ. Hándōng dàxuě, kěyǐ dòngsǐ yī bùfen yuèdōng de hàichóng；rónghuàle de shuǐ shènjìn tǔcéng shēnchù, yòu néng gōngyìng // zhuāngjia shēngzhǎng de xūyào. Wǒ xiāngxìn zhè yī cháng shífēn jíshí de dàxuě, yīdìng huì cùjìn míngnián chūnjì zuòwù, yóuqí shì xiǎomài de fēngshōu. Yǒu jīngyàn de lǎonóng bǎ xuě bǐzuò shì "màizi de miánbèi". Dōngtiān "miánbèi" gài de yuè hòu, míngchūn màizi jiù zhǎng de yuè hǎo, suǒyǐ yòu yǒu zhèyàng yī jù yànyǔ："Dōngtiān mài gài sān céng bèi, láinián zhěnzhe mántou shuì".

Wǒ xiǎng, zhè jiùshì rénmen wèishénme bǎ jíshí de dàxuě chēngwéi "ruìxuě" de dào·lǐ ba.

作品6号 节选自谢冕《读书人是幸福人》

我常想读书人是世间幸福人，因为他除了拥有现实的世界之外，还拥有另一个更为浩瀚也更为丰富的世界。现实的世界是人人都有的，而后一个世界却为读书人所独有。由此我想，那些失去或不能阅读的人是多么的不幸，他们的丧失是不可补偿的。世间有诸多的不平等，财富的不平等，权力的不平等，而阅读能力的拥有或丧失却体现为精神的不平等。

一个人的一生，只能经历自己拥有的那一份欣悦，那一份苦难，也许再加上他亲自闻知的那一些关于自身以外的经历和经验。然而，人们通过阅读，却能进入不同时空的诸多他人的世界。这样，具有阅读能力的人，无形间获得了超越有限生命的无限可能性。阅读不仅使他多识了草木虫鱼之名，而且可以上溯远古下及未来，饱览存在的与非存在的奇风异俗。

更为重要的是，读书加惠于人们的不仅是知识的增广，而且还在于精神的感化与陶冶。人们从读书学做人，从那些往哲先贤以及当代才俊的著述中学得他们的人格。人们从《论语》中学得智慧的思考，从《史记》中学得严肃的历史精神，从《正气歌》中学得人格的刚烈，从马克思学得人世//的激情，从鲁迅学得批判精神，从托尔斯泰学得道德的执着。歌德的诗句刻写着睿智的人生，拜伦的诗句呼唤着奋斗的热情。一个读书人，一个有机会拥有超乎个人生命体验的幸运人。

Wǒ cháng xiǎng dúshūrén shì shìjiān xìngfú rén, yīn·wèi tā chúle yōngyǒu xiànshí de shìjiè zhīwài, hái yōngyǒu lìng yī gè gèng wèi hàohàn yě gèng wèi fēngfù de shìjiè. Xiànshí de shìjiè shì rénrén dōu yǒu de, ér hòu yī gè shìjiè què wèi dúshūrén suǒ dúyǒu. Yóu cǐ wǒ xiǎng, nàxiē shīqù huò bùnéng yuèdú de rén shì duōme de bùxìng, tāmen de sàngshī shì bùkě bǔcháng de. Shìjiān yǒu zhūduō de bù píngděng, cáifù de bù píngděng, quánlì de bù píngděng, ér yuèdú nénglì de yōngyǒu huò sàngshī què tǐxiàn wéi jīngshén de bù píngděng.

Yī gè rén de yīshēng, zhǐnéng jīnglì zìjǐ yōngyǒu de nà yī fèn xīnyuè, nà yī fèn kǔnán, yěxǔ zài jiā·shàng tā qīnzì wén zhī de nà yīxiē guānyú zìshēn yǐwài de jīnglì hé jīngyàn. Rán'ér, rénmen tōngguò yuèdú, què néng jìnrù bùtóng shíkōng de zhūduō tārén de shìjiè. Zhèyàng, jùyǒu yuèdú nénglì de rén, wúxíng jiān huòdéle chāoyuè yǒuxiàn shēngmìng de wúxiàn kěnéngxìng. Yuèdú bùjǐn shǐ tā duō shíle cǎo-mù-chóng-yú zhī míng, érqiě kěyǐ shàngsù yuǎngǔ xià jí wèilái, bǎolǎn cúnzài de yǔ fēicúnzài de qífēng-yìsú.

Gèng wèi zhòngyào de shì, dúshū jiāhuì yú rénmen de bùjǐn shì zhīshi de zēngguǎng, érqiě hái zàiyú jīngshén de gǎnhuà yǔ táoyě. Rénmen cóng dúshū xué zuò rén, cóng nàxiē wǎngzhé xiānxián yǐjí dāngdài cáijùn de zhùshù zhōng xuédé tāmen de réngé. Rénmen cóng《lúnyǔ》zhōng xuédé zhìhuì de sīkǎo, cóng《shǐjì》zhōng xuédé yánsù de lìshǐ jīngshén, cóng《zhèngqìgē》zhōng xuédé réngé de gāngliè, cóng Mǎkèsī xuédé rénshì//de jīqíng, cóng Lǔ xùn xuédé pīpàn jīngshén, cóng Tuō'ěrsītài xuédé dàodé de zhízhuó. Gēdé de shījù kèxiězhe ruìzhì de rénshēng, Bàilún de shījù hūhuànzhe fèndòu de rèqíng. Yī gè dúshūrén, yī gè yǒu jī·huì yōngyǒu chāohū gèrén shēngmìng tǐyàn de xìngyùnrén.

作品 7 号

节选自唐继柳编译《二十美金的价值》

一天，爸爸下班回到家已经很晚了，他很累也有点儿烦，他发现五岁的儿子靠在门旁正等着他。

"爸，我可以问您一个问题吗？"

"什么问题？""爸，您一小时可以赚多少钱？""这与你无关，你为什么问这个问题？"父亲生气地说。

"我只是想知道，请告诉我，您一小时赚多少钱？"小孩儿哀求道。"假如你一定要知道的话，我一小时赚二十美金。"

"哦，"小孩儿低下了头，接着又说，"爸，可以借我十美金吗？"父亲发怒了："如果你只是要借钱去买毫无意义的玩具的话，给我回到你的房间睡觉去。好好想想为什么你会那么自私。我每天辛苦工作，没时间和你玩儿小孩子的游戏。"

小孩儿默默地回到自己的房间关上门。

父亲坐下来还在生气。后来，他平静下来了。心想他可能对孩子太凶了——或许孩子真的很想买什么东西，再说他平时很少要过钱。

父亲走进孩子的房间："你睡了吗？""爸，还没有，我还醒着。"孩子回答。

"我刚才可能对你太凶了，"父亲说，"我不应该发那么大的火儿——这是你要的十美金。""爸，谢谢您。"孩子高兴地从枕头下拿出一些被弄皱的钞票，慢慢地数着。

"为什么你已经有钱了还要？"父亲不解地问。

"因为原来不够，但现在凑够了。"孩子回答："爸，我现在有∥二十美金了，我可以向您买一个小时的时间吗？明天请早一点儿回家——我想和您一起吃晚餐。"

Yī tiān, bàba xiàbān huídào jiā yǐ·jīng hěn wǎn le, tā hěn lèi yě yǒu diǎnr fán, tā fāxiàn wǔ suì de érzi kào zài mén páng zhèng děngzhe tā.

"Bà, wǒ kěyǐ wèn nín yī gè wèntí ma?"

"Shénme wèntí?" "Bà, nín yī xiǎoshí kěyǐ zhuàn duō·shǎo qián?" "Zhè yǔ nǐ wúguān, nǐ wèishénme wèn zhège wèntí?" Fù·qīn shēngqì de shuō.

"Wǒ zhǐshì xiǎng zhī·dào, qǐng gàosu wǒ, nín yī xiǎoshí zhuàn duō·shǎo qián?" Xiǎoháir āiqiú dào. "Jiǎrú nǐ yīdìng yào zhī·dào de huà, wǒ yī xiǎoshí zhuàn èrshí měijīn."

"Ò," Xiǎoháir dīxiàle tóu, jiēzhe yòu shuō, "Bà, kěyǐ jiè wǒ shí měijīn ma?" Fù·qīn fānù le: "Rúguǒ nǐ zhǐshì yào jiè qián qù mǎi háowú yìyì de wánjù de huà, gěi wǒ huídào nǐ de fángjiān shuìjiào·qù. Hǎohǎo xiǎngxiang wèishénme nǐ huì nàme zìsī. Wǒ měitiān xīnkǔ gōngzuò, méi shíjiān hé nǐ wánr xiǎoháizi de yóuxì."

Xiǎoháir mòmò de huídào zìjǐ de fángjiān guān·shàng mén.

Fù·qīn zuò xià·lái hái zài shēngqì. Hòulái, tā píngjìng xià·lái le. Xīnxiǎng tā kěnéng duì háizi tài xiōng le——huòxǔ háizi zhēnde hěn xiǎng mǎi shénme dōngxi, zài shuō tā píngshí hěn shǎo yàoguò qián.

Fù·qīn zǒujìn háizi de fángjiān: "Nǐ shuìle ma?" "Bà, hái méi·yǒu, wǒ hái xǐngzhe." Háizi huídá.

"Wǒ gāngcái kěnéng duì nǐ tài xiōng le," Fù·qīn shuō, "Wǒ bù yīnggāi fā nàme dà de huǒr——zhè shì nǐ yào de shí měijīn." "Bà, xièxie nín." Háizi gāoxìng de cóng zhěntou·xià náchū yīxiē bèi nòngzhòu de chāopiào, mànmàn di shǔzhe.

"Wèishénme nǐ yǐ·jīng yǒu qián le hái yào?" Fù·qīn bùjiě de wèn.

"Yīn·wèi yuánlái bùgòu, dàn xiànzài còugòu le." Háizi huídá: "Bà, wǒ xiànzài yǒu

// èrshí měijīn le，wǒ kěyǐ xiàng nín mǎi yī gè xiǎoshí de shíjiān ma？Míngtiān qǐng zǎo yīdiǎnr huíjiā——wǒ xiǎng hé nín yīqǐ chī wǎncān."

作品 8 号

节选自巴金《繁星》

我爱月夜，但我也爱星天。从前在家乡七八月的夜晚在庭院里纳凉的时候，我最爱看天上密密麻麻的繁星。望着星天，我就会忘记一切，仿佛回到了母亲的怀里似的。

三年前在南京我住的地方有一道后门，每晚我打开后门，便看见一个静寂的夜。下面是一片菜园，上面是星群密布的蓝天。星光在我们的肉眼里虽然微小，然而它使我们觉得光明无处不在。那时候我正在读一些天文学的书，也认得一些星星，好像它们就是我的朋友，它们常常在和我谈话一样。

如今在海上，每晚和繁星相对，我把它们认得很熟了。我躺在舱面上，仰望天空。深蓝色的天空里悬着无数半明半昧的星。船在动，星也在动，它们是这样低，真是摇摇欲坠呢！渐渐地我的眼睛模糊了，我好像看见无数萤火虫在我的周围飞舞。海上的夜是柔和的，是静寂的，是梦幻的。我望着许多认识的星，我仿佛看见它们在对我眨眼，我仿佛听见它们在小声说话。这时我忘记了一切。在星的怀抱中我微笑着，我沉睡着。我觉得自己是一个小孩子，现在睡在母亲的怀里了。

有一夜，那个在哥伦波上船的英国人指给我看天上的巨人。他用手指着：// 那四颗明亮的星是头，下面的几颗是身子，这几颗是手，那几颗是腿和脚，还有三颗星算是腰带。经他这一番指点，我果然看清楚了那个天上的巨人。看，那个巨人还在跑呢！

Wǒ ài yuèyè，dàn wǒ yě ài xīngtiān.Cóngqián zài jiāxiāng qī-bāyuè de yèwǎn zài tíngyuàn·lǐ nàliáng de shíhou，wǒ zuì ài kàn tiān·shàng mìmì-mámá de fánxīng. Wàngzhe xīngtiān，wǒ jiù huì wàngjì yīqiè，fǎngfú huídàole mǔ·qīn de huái·lǐ shìde.

Sān nián qián zài Nánjīng wǒ zhù de dìfang yǒu yī dào hòumén，měi wǎn wǒ dǎkāi hòumén，biàn kàn·jiàn yī gè jìngjì de yè.Xià·miàn shì yī piàn càiyuán，shàng·miàn shì xīngqún mìbù de lántiān.Xīngguāng zài wǒmen de ròuyǎn·lǐ suīrán wēixiǎo，rán'ér tā shǐ wǒmen jué·dé guāngmíng wúchù-bùzài.Nà shíhou wǒ zhèngzài dú yīxiē tiānwénxué de shū，yě rènde yīxiē xīngxing，hǎoxiàng tāmen jiùshì wǒ de péngyou，tāmen chángcháng zài hé wǒ tánhuà yīyàng.

Rújīn zài hǎi·shàng，měi wǎn hé fánxīng xiāngduì，wǒ bǎ tāmen rènde hěn shú le.Wǒ tǎng zài cāngmiàn·shàng，yǎngwàng tiānkōng.Shēnlánsè de tiānkōng·lǐ xuánzhe wúshù bànmíng-bànmèi de xīng.Chuán zài dòng，xīng yě zài dòng，tāmen shì zhèyàng dī，zhēn shì yáoyáo-yùzhuì ne！Jiànjiàn de wǒ de yǎnjing móhu le，wǒ hǎoxiàng kàn·jiàn wúshù yínghuǒchóng zài wǒ de zhōuwéi fēiwǔ.Hǎi·shàng de yè shì róuhé de，shì jìngjì de，shì mènghuàn de.Wǒ wàngzhe xǔduō rènshi de xīng，wǒ fǎngfú kàn·jiàn tāmen zài duì wǒ zhǎyǎn，wǒ fǎngfú tīng·jiàn tāmen zài xiǎoshēng shuōhuà. Zhèshí wǒ wàngjìle yīqiè. Zài xīng de huáibào zhōng wǒ wēixiàozhe, wǒ chénshuìzhe. Wǒ jué·dé zìjǐ shì yī gè xiǎoháizi, xiànzài shuì zài mǔ·qīn de huái·lǐ le.

Yǒu yī yè, nàge zài Gēlúnbō shàng chuán de yīngguórén zhǐ gěi wǒ kàn tiān·shàng de jùrén. Tā yòng shǒu zhǐzhe：// Nà sì kē míngliàng de xīng shì tóu, xià·miàn de jǐ kē shì shēnzi, zhè jǐ kē shì shǒu, nà jǐ kē shì tuǐ hé jiǎo, háiyǒu sān kē xīng suàn shì yāodài. Jīng tā zhè yīfān zhǐdiǎn, wǒ guǒrán kàn qīngchule nàge tiān·shàng de jùrén. Kàn, nàge jùrén hái zài pǎo ne！

作品9号

节选自李恒瑞《风筝畅想曲》

假日到河滩上转转，看见许多孩子在放风筝。一根根长长的引线，一头系在天上，一头系在地上，孩子同风筝都在天与地之间悠荡，连心也被悠荡得恍恍惚惚了，好像又回到了童年。

儿时放的风筝，大多是自己的长辈或家人编扎的，几根削得很薄的篾，用细纱线扎成各种鸟兽的造型，糊上雪白的纸片，再用彩笔勾勒出面孔与翅膀的图案。通常扎得最多的是"老雕""美人儿""花蝴蝶"等。

我们家前院就有位叔叔，擅扎风筝，远近闻名。他扎得风筝不只体型好看，色彩艳丽，放飞得高远，还在风筝上绷一叶用蒲苇削成的膜片，经风一吹，发出"嗡嗡"的声响，仿佛是风筝的歌唱，在蓝天下播扬，给开阔的天地增添了无尽的韵味，给驰荡的童心带来几分疯狂。

我们那条胡同的左邻右舍的孩子们放的风筝几乎都是叔叔编扎的。他的风筝不卖钱，谁上门去要，就给谁，他乐意自己贴钱买材料。

后来，这位叔叔去了海外，放风筝也渐与孩子们远离了。不过年年叔叔给家乡写信，总不忘提起儿时的放风筝。香港回归之后，他在家信中说到，他这只被故乡放飞到海外的风筝，尽管飘荡游弋，经沐风雨，可那线头儿一直在故乡和 // 亲人手中牵着，如今飘得太累了，也该要回归到家乡和亲人身边来了。

是的。我想，不光是叔叔，我们每个人都是风筝，在妈妈手中牵着，从小放到大，再从家乡放到祖国最需要的地方去啊！

Jiàrì dào hétān·shàng zhuǎnzhuan, kàn·jiàn xǔduō háizi zài fàng fēngzheng. Yīgēngēn chángcháng de yǐnxiàn, yītóur jì zài tiān·shàng, yī tóur jì zài dì·shàng, háizi tóng fēngzheng dōu zài tiān yǔ dì zhījiān yōudàng, lián xīn yě bèi yōudàng de huǎnghuǎng-hūhū le, hǎoxiàng yòu huídàole tóngnián.

Érshí fàng de fēngzheng, dàduō shì zìjǐ de zhǎngbèi huò jiārén biānzā de, jǐ gēn xiāo de hěn báo de miè, yòng xì shāxiàn zāchéng gè zhǒng niǎo shòu de zàoxíng, hú·shàng xuěbái de zhǐpiàn, zài yòng cǎibǐ gōulè chū miànkǒng yǔ chìbǎng de tú'àn. Tōngcháng zā de zuì duō de shì"lǎodiāo""měirénr""huā húdié"děng.

Wǒmen jiā qiányuàn jiù yǒu wèi shūshu, shàn zā fēngzheng, yuǎn-jìn wénmíng. Tā zā de fēngzheng bùzhǐ tǐxíng hǎokàn, sècǎi yànlì, fàngfēi de gāo yuǎn, hái zài fēngzheng·shàng bēng yī yè yòng púwěi xiāochéng de mópiàn, jīng fēng yī chuī, fāchū "wēngwēng" de shēngxiǎng, fǎngfú shì fēngzheng de gēchàng, zài lántiān·xià bō yáng, gěi kāikuò de tiāndì zēngtiānle wújìn de yùnwèi, gěi chídàng de tóngxīn dàilái jǐ fēn fēngkuáng.

Wǒmen nà tiáo hútóngr de zuǒlín-yòushè de háizimen fàng de fēngzheng jīhū dōu shì shūshu biānzā de. Tā de fēngzheng bù mài qián, shéi shàngmén qù yào, jiù gěi shéi, tā lèyì zìjǐ tiē qián mǎi cáiliào.

Hòulái, zhèwèi shūshu qùle hǎiwài, fàng fēngzheng yě jiàn yǔ háizimen yuǎnlí le. Búguò niánnián shūshu gěi jiāxiāng xiěxìn, zǒng bù wàng tíqǐ érshí de fàng fēngzheng. Xiānggǎng huíguī zhīhòu, tā zài jiāxìn zhōng shuōdào, tā zhè zhī bèi gùxiāng fàngfēi dào hǎiwài de fēngzheng, jǐnguǎn piāodàng yóuyì, jīng mù fēngyǔ, kě nà xiàntóur yīzhí zài gùxiāng hé // qīnrén shǒu zhōng qiānzhe, rújīn piāo de tài lèi le, yě gāi yào huíguī dào jiāxiāng hé qīnrén shēnbiān lái le.

Shìde. Wǒ xiǎng, bùguāng shì shūshu, wǒmen měi gè rén dōu shì fēngzheng, zài māma shǒu zhōng qiānzhe, cóngxiǎo fàngdào dà, zài cóng jiāxiāng fàngdào zǔguó zuì xūyào de dìfang qù a!

作品 10 号

节选自[美]艾尔玛·邦贝克《父亲的爱》

　　爸不懂得怎样表达爱，使我们一家人融洽相处的是我妈。他只是每天上班下班，而妈则把我们做过的错事开列清单，然后由他来责骂我们。

　　有一次我偷了一块糖果，他要我把它送回去，告诉卖糖的说是我偷来的，说我愿意替他拆箱卸货作为赔偿。但妈妈却明白我只是个孩子。

　　我在运动场打秋千跌断了腿，在前往医院途中一直抱着我的，是我妈。爸把汽车停在急诊室门口，他们叫他驶开，说那空位是留给紧急车辆停放的。爸听了便叫嚷道："你以为这是什么车？旅游车？"

　　在我生日会上，爸总是显得有些不大相称。他只是忙于吹气球，布置餐桌，做杂务。把插着蜡烛的蛋糕推过来让我吹的，是我妈。

　　我翻阅照相册时，人们总是问："你爸爸是什么样子的？"天晓得！他老是忙着替别人拍照。妈和我笑容可掬地一起拍的照片，多得不可胜数。

　　我记得妈有一次叫他教我骑自行车。我叫他别放手，但他却说是应该放手的时候了。我摔倒之后，妈跑过来扶我，爸却挥手要她走开。我当时生气极了，决心要给他点儿颜色看。于是我马上爬上自行车，而且自己骑给他看。他只是微笑。

　　我念大学时，所有的家信都是妈写的。他 // 除了寄支票外，还寄过一封短柬给我，说因为我不在草坪上踢足球了，所以他的草坪长得很美。

　　每次我打电话回家，他似乎都想跟我说话，但结果总是说："我叫你妈来接。"

我结婚时,掉眼泪的是我妈。他只是大声擤了一下鼻子,便走出房间。

我从小到大都听他说:"你到哪里去? 什么时候回家? 汽车有没有汽油? 不,不准去。"爸完全不知道怎样表达爱。除非……

会不会是他已经表达了,而我却未能察觉?

Bà bù dǒng·dé zěnyàng biǎodá ài,shǐ wǒmen yī jiā rén róngqià xiāngchǔ de shì wǒ mā.Tā zhǐshì měi tiān shàngbān xiàbān,ér mā zé bǎ wǒmen zuòguo de cuòshì kāiliè qīngdān,ránhòu yóu tā lái zémà wǒmen.

Yǒu yī cì wǒ tōule yī kuài tángguǒ,tā yào wǒ bǎ tā sòng huí·qù,gàosu mài táng de shuō shì wǒ tōu·lái de,shuō wǒ yuàn·yì tì tā chāi xiāng xiè huò zuòwéi péicháng. Dàn māma què míngbai wǒ zhǐshì gè háizi.

Wǒ zài yùndòngchǎng dǎ qiūqiān diēduànle tuǐ,zài qiánwǎng yīyuàn túzhōng yīzhí bàozhe wǒ de,shì wǒ mā.Bà bǎ qìchē tíng zài jízhěnshì ménkǒu,tāmen jiào tā shǐkāi, shuō nà kōngwèi shì liúgěi jǐnjí chēliàng tíngfàng de.Bà tīngle biàn jiàorāng dào:"Nǐ yǐwéi zhè shì shénme chē? Lǔ yóuchē?"

Zài wǒ shēngrì huì·shàng,bà zǒngshì xiǎn·dé yǒuxiē bùdà xiāngchèn.Tā zhǐshì máng yú chuī qìqiú,bùzhì cānzhuō,zuò záwù.Bǎ chāzhe làzhú de dàngāo tuī guò·lái ràng wǒ chuī de,shì wǒ mā.

Wǒ fānyuè zhàoxiāngcè shí,rénmen zǒngshì wèn:"Nǐ bàba shì shénme yàngzi de?"Tiān xiǎo·dé! Tā lǎoshì mángzhe tì bié·rén pāizhào.Mā hé wǒ xiàoróng-kějū de yīqǐ pāi de zhàopiàn,duō de bùkě-shèngshù.

Wǒ jì·dé mā yǒu yī cì jiāo tā jiào wǒ qí zìxíngchē.Wǒ jiào tā bié fàngshǒu,dàn tā què shuō shì yīnggāi fàngshǒu de shíhou le.Wǒ shuāidǎo zhīhòu,mā pǎo guò·lái fú wǒ,bà què huīshǒu yào tā zǒukāi.Wǒ dāngshí shēngqì jí le,juéxīn yào gěi tā diǎnr yánsè kàn. Yúshì wǒ mǎshàng pá·shàng zìxíngchē,érqiě zìjǐ qí gěi tā kàn. Tā zhǐshì wēixiào.

Wǒ niàn dàxué shí,suǒyǒu de jiāxìn dōu shì mā xiě de.Tā//chúle jì zhīpiào wài, hái jìguo yī fēng duǎn jiǎn gěi wǒ,shuō yīn·wèi wǒ bù zài cǎopíng·shàng tī zúqiú le, suǒyǐ tā de cǎopíng chǎng de hěn měi.

Měi cì wǒ dǎ diànhuà huíjiā,tā sìhū dōu xiǎng gēn wǒ shuōhuà,dàn jiéguǒ zǒngshì shuō:"Wǒ jiào nǐ mā lái jiē."

Wǒ jiéhūn shí,diào yǎnlèi de shì wǒ mā.Tā zhǐshì dàshēng xǐngle yīxià bízi,biàn zǒuchū fángjiān.

Wǒ cóng xiǎo dào dà dōu tīng tā shuō:"Nǐ dào nǎ·lǐ qù? Shénme shíhou huíjiā? Qìchē yǒu méi·yǒu qìyóu? Bù,bù zhǔn qù."Bà wánquán bù zhī·dào zěnyàng biǎodá ài.Chúfēi……

Huì bù huì shì tā yǐ·jīng biǎodá le,ér wǒ què wèi néng chájué?

作品 11 号

节选自冯骥才《国家荣誉感》

一个大问题一直盘踞在我脑袋里：

世界杯怎么会有如此巨大的吸引力？除去足球本身的魅力之外，还有什么超乎其上而更伟大的东西？

近来观看世界杯，忽然从中得到了答案：是由于一种无上崇高的精神情感——国家荣誉感！

地球上的人都会有国家的概念，但未必时时都有国家的感情。往往人到异国，思念家乡，心怀故国，这国家概念就变得有血有肉，爱国之情来得非常具体。而现代社会，科技昌达，信息快捷，事事上网，世界真是太小太小，国家的界限似乎也不那么清晰了。再说足球正在快速世界化，平日里各国球员频繁转会，往来随意，致使越来越多的国家联赛都具有国际的因素。球员们不论国籍，只效力于自己的俱乐部，他们比赛时的激情中完全没有爱国主义的因子。

然而，到了世界杯大赛，天下大变。各国球员都回国效力，穿上与光荣的国旗同样色彩的服装。在每一场比赛前，还高唱国歌以宣誓对自己祖国的挚爱与忠诚。一种血缘情感开始在全身的血管里燃烧起来，而且立刻热血沸腾。

在历史时代，国家间经常发生对抗，好男儿戎装卫国。国家的荣誉往往需要以自己的生命去//换取。但在和平时代，唯有这种国家之间大规模对抗性的大赛，才可以唤起那种遥远而神圣的情感，那就是：为祖国而战！

Yī gè dà wèntí yīzhí pánjù zài wǒ nǎodai · lǐ:

Shìjièbēi zěnme huì yǒu rúcǐ jùdà de xīyǐnlì? Chúqù zúqiú běnshēn de mèilì zhīwài, hái yǒu shénme chāohūqíshàng ér gèng wěidà de dōngxi?

Jìnlái guānkàn shìjièbēi, hūrán cóngzhōng dédàole dá'àn: Shì yóuyú yī zhǒng wúshàng chónggāo de jīngshén qínggǎn——guójiā róngyùgǎn!

Dìqiú · shàng de rén dōu huì yǒu guójiā de gàiniàn, dàn wèibì shíshí dōu yǒu guójiā de gǎnqíng. Wǎngwǎng rén dào yìguó, sīniàn jiāxiāng, xīn huái gùguó, zhè guójiā gàiniàn jiù biànde yǒu xiě yǒu ròu, àiguó zhī qíng lái de fēicháng jùtǐ. Ér xiàndài shèhuì, kējì chāngdá, xìnxī kuàijié, shìshì shàngwǎng, shìjiè zhēn shì tài xiǎo tài xiǎo, guójiā de jièxiàn sìhū yě bù nàme qīngxī le. Zàishuō zúqiú zhèngzài kuàisù shìjièhuà, píngrì · lǐ gè guó qiúyuán pínfán zhuàn huì, wǎnglái suíyì, zhìshǐ yuèláiyuè duō de guójiā liánsài dōu jùyǒu guójì de yīnsù. Qiúyuánmen bùlùn guójí, zhī xiàolì yú zìjǐ de jùlèbù, tāmen bǐsài shí de jīqíng zhōng wánquán méi · yǒu àiguózhǔyì de yīnzǐ.

Rán'ér, dàole shìjièbēi dàsài, tiānxià dàbiàn. Gè guó qiúyuán dōu huíguó xiàolì, chuān · shàng yǔ guāngróng de guóqí tóngyàng sècǎi de fúzhuāng. Zài měi yī chǎng bǐsài qián, hái gāochàng guógē yǐ xuānshì duì zìjǐ zǔguó de zhì'ài yǔ zhōngchéng. Yī zhǒng xuèyuán qínggǎn kāishǐ zài quánshēn de xuèguǎn · lǐ ránshāo qǐ · lái, érqiě lìkè rèxuè fèiténg.

Zài lìshǐ shídài, guójiā jiān jīngcháng fāshēng duìkàng, hǎo nán' ér róngzhuāng wèiguó. Guójiā de róngyù wǎngwǎng xūyào yǐ zìjǐ de shēngmìng qù // huànqǔ. Dàn zài hépíng shídài, wéiyǒu zhè zhǒng guójiā zhījiān dàguīmó duìkàngxìng de dàsài, cái kěyǐ huànqǐ nà zhǒng yáoyuǎn ér shénshèng de qínggǎn, nà jiùshì: Wèi zǔguó ér zhàn!

作品 12 号

节选自峻青《海滨仲夏夜》

夕阳落山不久,西方的天空,还燃烧着一片橘红色的晚霞。大海,也被这霞光染成了红色,而且比天空的景色更要壮观。因为它是活动的,每当一排排波浪涌起的时候,那映照在浪峰上的霞光,又红又亮,简直就像一片片霍霍燃烧着的火焰,闪烁着,消失了。而后面的一排,又闪烁着,滚动着,涌了过来。

天空的霞光渐渐地淡下去了,深红的颜色变成了绯红,绯红又变为浅红。最后,当这一切红光都消失了的时候,那突然显得高而远了的天空,则呈现出一片肃穆的神色。最早出现的启明星,在这蓝色的天幕上闪烁起来了。它是那么大,那么亮,整个广漠的天幕上只有它在那里放射着令人注目的光辉,活像一盏悬挂在高空的明灯。

夜色加浓,苍空中的"明灯"越来越多了。而城市各处的真的灯火也次第亮了起来,尤其是围绕在海港周围山坡上的那一片灯光,从半空倒映在乌蓝的海面上,随着波浪,晃动着,闪烁着,像一串流动着的珍珠,和那一片片密布在苍穹里的星斗互相辉映,煞是好看。

在这幽美的夜色中,我踏着软绵绵的沙滩,沿着海边,慢慢地向前走去。海水,轻轻地抚摸着细软的沙滩,发出温柔的 // 刷刷声。晚来的海风,清新而又凉爽。我的心里,有着说不出的兴奋和愉快。

夜风轻飘飘地吹拂着,空气中飘荡着一种大海和田禾相混合的香味儿,柔软的沙滩上还残留着白天太阳炙晒的余温。那些在各个工作岗位上劳动了一天的人们,三三两两地来到这软绵绵的沙滩上,他们浴着凉爽的海风,望着那缀满了星星的夜空,尽情地说笑,尽情地休憩。

Xīyáng luòshān bùjiǔ, xīfāng de tiānkōng, hái ránshāozhe yī piàn júhóngsè de wǎnxiá. Dàhǎi, yě bèi zhè xiáguāng rǎnchéngle hóngsè, érqiě bǐ tiānkōng de jǐngsè gèng yào zhuàngguān. Yīn · wèi tā shì huó · dòng de, měidāng yīpáipái bōlàng yǒngqǐ de shíhou, nà yìngzhào zài làngfēng · shàng de xiáguāng, yòu hóng yòu liàng, jiǎnzhí jiù xiàng yīpiànpiàn huòhuò ránshāozhe de huǒyàn, shǎnshuò zhe, xiāoshī le. Ér hòu · miàn de yī pái, yòu shǎnshuòzhe, gǔndòngzhe, yǒngle guò · lái.

Tiānkōng de xiáguāng jiànjiàn de dàn xià · qù le, shēnhóng de yánsè biànchéngle fēihóng, fēihóng yòu biànwèi qiǎnhóng. Zuìhòu, dāng zhè yīqiè hóngguāng dōu xiāoshīle de shíhou, nà tūrán xiǎn·dé gāo ér yuǎn le de tiānkōng, zé chéngxiàn chū yī piàn sùmù de shénsè. Zuì zǎo chūxiàn de qǐmíngxīng, zài zhè lánsè de tiānmù·shàng shǎnshuò qǐ·lái le. Tā shì nàme dà, nàme liàng, zhěnggè guǎngmò de tiānmù shàng zhǐyǒu tā zài nà·lǐ fàngshèzhe lìng rén zhùmù de guānghuī, huóxiàng yī zhǎn xuánguà zài gāokōng de míngdēng.

Yèsè jiā nóng, cāngkōng zhōng de "míngdēng" yuèláiyuè duō le. Ér chéngshì gè chù de zhēn de dēnghuǒ yě cìdì liàngle qǐ·lái, yóuqí shì wéirào zài hǎigǎng zhōuwéi shānpō·shàng de nà yī piàn dēngguāng, cóng bànkōng dǎoyìng zài wūlán de hǎimiànshàng, suízhe bōlàng, huàngdòngzhe, shǎnshuòzhe, xiàng yī chuàn liúdòngzhe de zhēnzhū, hé nà yīpiànpiàn mìbù zài cāngqióng·lǐ de xīngdǒu hùxiāng huīyìng, shà shì hǎokàn.

Zài zhè yōuměi de yèsè zhōng, wǒ tàzhe ruǎnmiánmián de shātān, yánzhe hǎibiān, mànmàn dì xiàngqián zǒu·qù. Hǎishuǐ, qīngqīng de fǔmōzhe xìruǎn de shātān, fāchū wēnróu de // shuāshuā shēng. Wǎnlái de hǎifēng, qīngxīn ér yòu liángshuǎng. Wǒ de xīn·lǐ, yǒuzhe shuō·bùchū de xìngfèn hé yúkuài.

Yèfēng qīngpiāopiāo dì chuīfúzhe, kōngqì zhōng piāodàngzhe yī zhǒng dàhǎi hé tiánhé xiāng hùnhé de xiāngwèir, róuruǎn de shātān·shàng hái cánliúzhe bái·tiān tài·yáng zhìshài de yúwēn. Nàxiē zài gè gè gōngzuò gǎngwèi·shàng láodòngle yī tiān de rénmen, sānsān-liǎngliǎng de láidào zhè ruǎnmiánmián de shātān·shàng, tāmen yùzhe liángshuǎng de hǎifēng, wàngzhe nà zhuìmǎnle xīngxing de yèkōng, jìnqíng de shuōxiào, jìnqíng de xiūqì.

作品 13 号

节选自童裳亮《海洋与生命》

　　生命在海洋里诞生绝不是偶然的,海洋的物理和化学性质,使它成为孕育原始生命的摇篮。

　　我们知道,水是生物的重要组成部分,许多动物组织的含水量在百分之八十以上,而一些海洋生物的含水量高达百分之九十五。水是新陈代谢的重要媒介,没有它,体内的一系列生理和生物化学反应就无法进行,生命也就停止。因此,在短时期内动物缺水要比缺少食物更加危险。水对今天的生命是如此重要,它对脆弱的原始生命,更是举足轻重了。生命在海洋里诞生,就不会有缺水之忧。

　　水是一种良好的溶剂。海洋中含有许多生命所必需的无机盐,如氯化钠、氯化钾、碳酸盐、磷酸盐,还有溶解氧,原始生命可以毫不费力地从中吸取它所需要的元素。

　　水具有很高的热容量,加之海洋浩大,任凭夏季烈日曝晒,冬季寒风扫荡,它的温度变化却比较小。因此,巨大的海洋就像是天然的"温箱",是孕育原始生命的温床。

　　阳光虽然为生命所必需,但是阳光中的紫外线却有扼杀原始生命的危险。水能有效地吸收紫外线,因而又为原始生命提供了天然的"屏障"。

这一切都是原始生命得以产生和发展的必要条件。//

Shēngmìng zài hǎiyáng·lǐ dànshēng jué bù shì ǒurán de, hǎiyáng de wùlǐ hé huàxué xìngzhì, shǐ tā chéngwéi yùnyù yuánshǐ shēngmìng de yáolán.

Wǒmen zhī·dào, shuǐ shì shēngwù de zhòngyào zǔchéng bùfen, xǔduō dòngwù zǔzhī de hánshuǐliàng zài bǎi fēn zhī bāshí yǐshàng, ér yīxiē hǎiyáng shēngwù de hánshuǐliàng gāodá bǎi fēn zhī jiǔshíwǔ. Shuǐ shì xīnchén-dàixiè de zhòngyào méijiè, méi·yǒu tā, tǐnèi de yīxìliè shēnglǐ hé shēngwù huàxué fǎnyìng jiù wúfǎ jìnxíng, shēngmìng yě jiù tíngzhǐ. Yīncǐ, zài duǎn shíqī nèi dòngwù quē shuǐ yào bǐ quēshǎo shíwù gèngjiā wēixiǎn. Shuǐ duì jīntiān de shēngmìng shì rúcǐ zhòngyào, tā duì cuìruò de yuánshǐ shēngmìng, gèng shì jǔzú-qīngzhòng le. Shēngmìng zài hǎiyáng·lǐ dànshēng, jiù bù huì yǒu quē shuǐ zhī yōu.

Shuǐ shì yī zhǒng liánghǎo de róngjì. Hǎiyáng zhōng hányǒu xǔduō shēngmìng suǒ bìxū de wújīyán, rú lǜhuànà、lǜhuàjiǎ、tànsuānyán、línsuānyán, háiyǒu róngjiěyǎng, yuánshǐ shēngmìng kěyǐ háobù fèilì de cóngzhōng xīqǔ tā suǒ xūyào de yuánsù.

Shuǐ jùyǒu hěn gāo de rè róngliàng, jiāzhī hǎiyáng hàodà, rènpíng xiàjì lièrì pùshài, dōngjì hánfēng sǎodàng, tā de wēndù biànhuà què bǐjao xiǎo. Yīncǐ, jùdà de hǎiyáng jiù xiàng shì tiānrán de "wēnxiāng", shì yùnyù yuánshǐ shēngmìng de wēnchuáng.

Yángguāng suīrán wéi shēngmìng suǒ bìxū, dànshì yángguāng zhōng de zǐwàixiàn què yǒu èshā yuánshǐ shēngmìng de wēixiǎn. Shuǐ néng yǒuxiào de xīshōu zǐwàixiàn, yīn'ér yòu wèi yuánshǐ shēngmìng tígōngle tiānrán de "píngzhàng".

Zhè yīqiè dōu shì yuánshǐ shēngmìng déyǐ chǎnshēng hé fāzhǎn de bìyào tiáojiàn. //

作品14号 节选自（中国台湾）林清玄《和时间赛跑》

读小学的时候，我的外祖母去世了。外祖母生前最疼爱我，我无法排除自己的忧伤，每天在学校的操场上一圈儿又一圈儿地跑着，跑得累倒在地上，扑在草坪上痛哭。

那哀痛的日子，断断续续地持续了很久，爸爸妈妈也不知道如何安慰我。他们知道与其骗我说外祖母睡着了，还不如对我说实话：外祖母永远不会回来了。

"什么是永远不会回来呢？"我问着。

"所有时间里的事物，都永远不会回来。你的昨天过去，它就永远变成昨天，你不能再回到昨天。爸爸以前也和你一样小，现在也不能回到你这么小的童年了；有一天你会长大，你会像外祖母一样老；有一天你度过了你的时间，就永远不会回来了。"爸爸说。

爸爸等于给我一个谜语，这谜语比课本上的"日历挂在墙壁，一天撕去一页，使我心里着急"和"一寸光阴一寸金，寸金难买寸光阴"还让我感到可怕；也比作文本上的"光阴似箭，日月如梭"更让我觉得有一种说不出的滋味。

时间过得那么飞快,使我的小心眼儿里不只是着急,还有悲伤。有一天我放学回家,看到太阳快落山了,就下决心说:"我要比太阳更快地回家。"我狂奔回去,站在庭院前喘气的时候,看到太阳//还露着半边脸,我高兴地跳跃起来,那一天我跑赢了太阳。以后我就时常做那样的游戏,有时和太阳赛跑,有时和西北风比快,有时一个暑假才能做完的作业,我十天就做完了;那时我三年级,常常把哥哥五年级的作业拿来做。每一次比赛胜过时间,我就快乐得不知道怎么形容。

如果将来我有什么要教给我的孩子,我会告诉他:假若你一直和时间比赛,你就可以成功!

Dú xiǎoxué de shíhou, wǒ de wàizǔmǔ qùshì le. Wàizǔmǔ shēngqián zuì téng'ài wǒ, wǒ wúfǎ páichú zìjǐ de yōushāng, měi tiān zài xuéxiào de cāochǎng·shàng yī quānr yòu yī quānr de pǎozhe, pǎo de lèidǎo zài dì·shàng, pū zài cǎopíng·shàng tòngkū.

Nà āitòng de rìzi, duànduàn-xùxù de chíxùle hěn jiǔ, bàba māma yě bù zhī·dào rúhé ānwèi wǒ. Tāmen zhī·dào yǔqí piàn wǒ shuō wàizǔmǔ shuìzháole, hái bùrú duì wǒ shuō shíhuà: Wàizǔmǔ yǒngyuǎn bù huì huí·lái le.

"Shénme shì yǒngyuǎn bù huì huí·lái ne?" Wǒ wènzhe.

"Suǒyǒu shíjiān·lǐ de shìwù, dōu yǒngyuǎn bù huì huí·lái. Nǐ de zuótiān g uò·qù, tā jiù yǒngyuǎn biànchéng zuótiān, nǐ bùnéng zài huídào zuótiān. Bàba yǐqián yě hé nǐ yīyàng xiǎo, xiànzài yě bùnéng huídào nǐ zhème xiǎo de tóngnián le; yǒu yī tiān nǐ huì zhǎngdà, nǐ huì xiàng wàizǔmǔ yīyàng lǎo; yǒu yī tiān nǐ dùguole nǐ de shíjiān, jiù yǒngyuǎn bù huì huí·lái le." Bàba shuō.

Bàba děngyú gěi wǒ yī gè míyǔ, zhè míyǔ bǐ kèběn·shàng de "Rìlì guà zài qiángbì, yī tiān sī·qù yī yè, shǐ wǒ xīn·lǐ zháojí" hé "Yī cùn guāngyīn yī cùn jīn, cùn jīn nán mǎi cùn guāngyīn" hái ràng wǒ gǎndào kěpà; yě bǐ zuòwénběn·shàng de "Guāngyīn sì jiàn, rìyuè rú suō" gèng ràng wǒ jué·dé yǒu yī zhǒng shuō·bùchū de zīwèi.

Shíjiān guò de nàme fēikuài, shǐ wǒ de xiǎo xīnyǎnr·lǐ bù zhǐshì zháojí, háiyǒu bēishāng. Yǒu yī tiān wǒ fàngxué huíjiā, kàndào tài·yáng kuài luòshān le, jiù xià juéxīn shuō: "Wǒ yào bǐ tài·yáng gèng kuài de huíjiā." Wǒ kuángbēn huí·qù, zhàn zài tíngyuàn qián chuǎnqì de shíhou, kàndào tài·yáng // hái lòuzhe bànbiān liǎn, wǒ gāoxìng de tiàoyuè qǐ·lái, nà yī tiān wǒ pǎoyíngle tài·yáng. Yǐhòu wǒ jiù shícháng zuò nàyàng de yóuxì, yǒushí hé tài·yáng sàipǎo, yǒushí hé xīběifēng bǐ kuài, yǒushí yī gè shǔjià cái néng zuòwán de zuòyè, wǒ shí tiān jiù zuòwán le; nà shí wǒ sān niánjí, chángcháng bǎ gēge wǔ niánjí de zuòyè ná·lái zuò. Měi yī cì bǐsài shèngguo shíjiān, wǒ jiù kuàilè de bù zhī·dào zěnme xíngróng.

Rúguǒ jiānglái wǒ yǒu shénme yào jiāogěi wǒ de háizi, wǒ huì gàosu tā: Jiǎruò nǐ yīzhí hé shíjiān bǐsài, nǐ jiù kěyǐ chénggōng!

作品 15 号

节选自《胡适的白话电报》

三十年代初，胡适在北京大学任教授。讲课时他常常对白话文大加称赞，引起一些只喜欢文言文而不喜欢白话文的学生的不满。

一次，胡适正讲得得意的时候，一位姓魏的学生突然站了起来，生气地问："胡先生，难道说白话文就毫无缺点吗？"胡适微笑着回答说："没有。"那位学生更加激动了："肯定有！白话文废话太多，打电报用字多，花钱多。"胡适的目光顿时变亮了。轻声地解释说："不一定吧！前几天有位朋友给我打来电报，请我去政府部门工作，我决定不去，就回电拒绝了。复电是用白话写的，看来也很省字。请同学们根据我这个意思，用文言文写一个回电，看看究竟是白话文省字，还是文言文省字？"胡教授刚说完，同学们立刻认真地写了起来。

十五分钟过去，胡适让同学举手，报告用字的数目，然后挑了一份用字最少的文言电报稿，电文是这样写的：

"才疏学浅，恐难胜任，不堪从命。"白话文的意思是：学问不深，恐怕很难担任这个工作，不能服从安排。

胡适说，这份写得确实不错，仅用了十二个字。但我的白话电报却只用了五个字：

"干不了，谢谢！"

胡适又解释说："干不了"就有才疏学浅、恐难胜任的意思；"谢谢"既∥对朋友的介绍表示感谢，又有拒绝的意思。所以，废话多不多，并不看它是文言文还是白话文，只要注意选用字词，白话文是可以比文言文更省字的。

Sānshí niándài chū, Hú Shì zài Běijīng Dàxué rèn jiàoshòu. Jiǎngkè shí tā chángcháng duì báihuàwén dàjiā chēngzàn, yǐnqǐ yīxiē zhī xǐhuan wényánwén ér bù xǐhuan báihuàwén de xuésheng de bùmǎn.

Yī cì, Hú Shì zhèng jiǎng de déyì de shíhou, yī wèi xìng Wèi de xuésheng tūrán zhànle qǐ·lái, shēngqì de wèn："Hú xiānsheng, nándào shuō báihuàwén jiù háowú quēdiǎn ma?" Hú Shì wēixiàozhe huídá shuō："Méi·yǒu." Nà wèi xuésheng gèngjiā jīdòng le："Kěndìng yǒu! Báihuàwén fèihuà tài duō, dǎ diànbào yòng zì duō, huāqián duō." Hú Shì de mùguāng dùnshí biànliàng le. Qīngshēng de jiěshì shuō："Bù yīdìng ba! Qián jǐ tiān yǒu wèi péngyou gěi wǒ dǎ·lái diànbào, qǐng wǒ qù zhèngfǔ bùmén gōngzuò, wǒ juédìng bù qù, jiù huídiàn jùjué le. Fùdiàn shì yòng báihuà xiě de, kànlái yě hěn shěng zì. Qǐng tóngxuémen gēnjù wǒ zhège yìsi, yòng wényánwén xiě yī gè huídiàn, kànkan jiūjìng shì báihuàwén shěng zì, háishì wényánwén shěng zì?" Hú jiàoshòu gāng shuōwán, tóngxuémen lìkè rènzhēn de xiěle qǐ·lái.

Shíwǔ fēnzhōng guò·qù, Hú Shì ràng tóngxué jǔshǒu, bàogào yòng zì de shùmù, ránhòu tiāole yī fèn yòng zì zuì shǎo de wényán diànbàogǎo, diànwén shì zhèyàng xiě de：

"Cáishū-xuéqiǎn, kǒng nán shèngrèn, bùkān cóngmìng." Báihuàwén de yìsi shì：Xuéwen bù shēn, kǒngpà hěn nán dānrèn zhège gōngzuò, bùnéng fúcóng ānpái.

Hú Shì shuō, zhè fèn xiě de quèshí bùcuò, jǐn yòngle shí'èr gè zì. Dàn wǒ de báihuà diànbào què zhǐ yòngle wǔ gè zì：

"Gàn·bùliǎo, xièxie！"

Hú Shì yòu jiěshì shuō："Gàn·bùliǎo" jiù yǒu cáishū-xuéqiǎn、kǒng nán shèngrèn de yìsi；"Xièxie" jì // duì péngyou de jièshào biǎoshì gǎnxiè, yòu yǒu jùjué de yìsi. Suǒyǐ, fèihuà duō·bù duō, bìng bù kàn tā shì wényánwén háishì báihuàwén zhǐyào zhùyì xuǎnyòng zìcí, báihuàwén shì kěyǐ bǐ wényánwén gèng shěng zì de.

作品 16 号

节选自［俄］柯罗连科《火光》，张铁夫译

很久以前，在一个漆黑的秋天的夜晚，我泛舟在西伯利亚一条阴森森的河上。船到一个转弯处，只见前面黑黢黢的山峰下面一星火光蓦地一闪。

火光又明又亮，好像就在眼前……

"好啦，谢天谢地！"我高兴地说，"马上就到过夜的地方啦！"

船夫扭头朝身后的火光望了一眼，又不以为然地划起桨来。

"远着呢！"

我不相信他的话，因为火光冲破朦胧的夜色，明明在那儿闪烁。不过船夫是对的，事实上，火光的确还远着呢。

这些黑夜的火光的特点是：驱散黑暗，闪闪发亮，近在眼前，令人神往。乍一看，再划几下就到了……其实却还远着呢！……

我们在漆黑如墨的河上又划了很久。一个个峡谷和悬崖，迎面驶来，又向后移去，仿佛消失在茫茫的远方，而火光却依然停在前头，闪闪发亮，令人神往——依然是这么近，又依然是那么远……

现在，无论是这条被悬崖峭壁的阴影笼罩的漆黑的河流，还是那一星明亮的火光，都经常浮现在我的脑际，在这以前和在这以后，曾有许多火光，似乎近在咫尺，不止使我一人心驰神往。可是生活之河却仍然在那阴森森的两岸之间流着，而火光也依旧非常遥远。因此，必须加劲划桨……

然而，火光啊……毕竟……毕竟就 // 在前头！……

Hěn jiǔ yǐqián, zài yī gè qīhēi de qiūtiān de yèwǎn, wǒ fàn zhōu zài Xībólìyà yī tiáo yīnsēnsēn de hé·shàng. Chuán dào yī gè zhuǎnwān chù, zhǐ jiàn qián·miàn hēiqūqū de shānfēng xià·miàn yī xīng huǒguāng mòdì yī shǎn.

Huǒguāng yòu míng yòu liàng, hǎoxiàng jiù zài yǎnqián……

"Hǎo la, xiètiān-xièdì!" Wǒ gāoxìng de shuō, "Mǎshàng jiù dào guòyè de dìfang la!"

Chuánfū niǔtóu cháo shēnhòu de huǒguāng wàng le yī yǎn, yòu bùyǐwéirán de huá·qǐ jiǎng·lái.

"Yuǎnzhe ne!"

Wǒ bù xiāngxìn tā de huà, yīn·wèi huǒguāng chōngpò ménglóng de yèsè, míngmíng zài nàr shǎnshuò. Bùguò chuánfū shì duì de, shìshí·shàng, huǒguāng díquè hái yuǎnzhe ne.

Zhèxiē hēiyè de huǒguāng de tèdiǎn shì: Qūsàn hēi'àn, shǎnshǎn fāliàng, jìn zài yǎnqián, lìngrén shénwǎng. Zhà yī kàn, zài huá jǐ xià jiù dào le …… Qíshí què hái yuǎnzhe ne! ……

Wǒmen zài qīhēi rú mò de hé·shàng yòu huále hěn jiǔ. Yīgègè xiágǔ hé xuányá, yíngmiàn shǐ·lái, yòu xiàng hòu yí·qù, fǎngfú xiāoshī zài mángmáng de yuǎnfāng, ér huǒguāng què yīrán tíng zài qiántou, shǎnshǎn fāliàng, lìngrénshénwǎng——yīrán shì zhème jìn, yòu yīrán shì nàme yuǎn ……

Xiànzài, wúlùn shì zhè tiáo bèi xuányá qiàobì de yīnyǐng lǒngzhào de qīhēi de héliú, háishì nà yī xīng míngliàng de huǒguāng, dōu jīngcháng fúxiàn zài wǒ de nǎojì, zài zhè yǐqián hé zài zhè yǐhòu, céng yǒu xǔduō huǒguāng, sìhū jìn zài zhǐchǐ, bùzhǐ shǐ wǒ yī rén xīnchí-shénwǎng. Kěshì shēnghuó zhī hé què réngrán zài nà yīnsēnsēn de liǎng'àn zhījiān liúzhe, ér huǒguāng yě yījiù fēicháng yáoyuǎn. Yīncǐ, bìxū jiājìn huá jiǎng ……

Rán'ér, huǒguāng a …… bìjìng …… bìjìng jiù//zài qiántou! ……

作品 17 号

节选自老舍《济南的冬天》

对于一个在北平住惯的人，像我，冬天要是不刮风，便觉得是奇迹；济南的冬天是没有风声的。对于一个刚由伦敦回来的人，像我，冬天要能看得见日光，便觉得是怪事；济南的冬天是响晴的。自然，在热带的地方，日光永远是那么毒，响亮的天气，反有点儿叫人害怕。可是，在北方的冬天，而能有温晴的天气，济南真得算个宝地。

设若单单是有阳光，那也算不了出奇。请闭上眼睛想：一个老城，有山有水，全在天底下晒着阳光，暖和安适地睡着，只等春风来把它们唤醒，这是不是理想的境界？小山把济南围了个圈儿，只有北边缺着点口儿。这一圈小山在冬天特别可爱，好像是把济南放在一个小摇篮里，它们安静不动地低声地说："你们放心吧，这儿准保暖和。"真的，济南的人们在冬天是面上含笑的。他们一看那些小山，心中便觉得有了着落，有了依靠。他们由天上看到山上，便不知不觉地想起：明天也许就是春天了吧？这样的温暖，今天夜里山草也许就绿起来了吧？就是这点儿幻想不能一时实现，他们也并不着急，因为这样慈善的冬天，干什么还希望别的呢！

最妙的是下点儿小雪呀。看吧，山上的矮松越发的青黑，树尖儿上顶//着一髻儿白花，好像日本看护妇。山尖儿全白了，给蓝天镶上一道银边。山坡上，有的地方雪厚点儿，有的地方草色还露着；这样，一道儿白，一道儿暗黄，给山们穿上一件带水纹儿的花衣；看着看着，这件花衣好像被风儿吹动，叫你希望看见一点儿更美的山的肌肤。等到快日落的时候，微黄的阳光斜射在山腰上，那点儿薄雪好像忽然害羞，微微露出点儿粉色。就是下小雪吧，济南是受不住大雪的，那些小山太秀气。

Duìyú yī gè zài Běipíng zhùguàn de rén, xiàng wǒ, dōngtiān yàoshì bù guāfēng, biàn jué·dé shì qíjì; Jǐnán de dōngtiān shì méi·yǒu fēngshēng de. Duìyú yī gè gāng yóu Lúndūn huí·lái de rén, xiàng wǒ, dōngtiān yào néng kàn de jiàn rìguāng, biàn jué·dé shì guàishì; Jǐnán de dōngtiān shì xiǎngqíng de. Zìrán, zài rèdài de dìfang, rìguāng yǒngyuǎn shì nàme dú, xiǎngliàng de tiānqì, fǎn yǒudiǎnr jiào rén hàipà. Kěshì, zài běifāng de dōngtiān, ér néng yǒu wēnqíng de tiānqì, Jǐnán zhēn děi suàn gè bǎodì.

Shèruò dāndān shì yǒu yángguāng, nà yě suàn·bùliǎo chūqí. Qǐng bì·shàng yǎnjing xiǎng: Yī gè lǎochéng, yǒu shān yǒu shuǐ, quán zài tiān dǐ·xià shàizhe yángguāng, nuǎnhuo ānshì de shui zhe, zhǐ děng chūnfēng lái bǎ tāmen huànxǐng, zhè shì·bùshì lǐxiǎng de jìngjiè? Xiǎoshān bǎ Jǐnán wéile gè quānr, zhǐyǒu běi·biān quēzhe diǎnr kǒur. Zhè yī quān xiǎoshān zài dōngtiān tèbié kě'ài, hǎoxiàng shì bǎ Jǐnán fàng zài yī gè xiǎo yáolán·lǐ, tāmen ānjìng bù dòng de dīshēng de shuō: "Nǐmen fàngxīn ba, zhèr zhǔnbǎo nuǎnhuo." Zhēn de, Jǐnán de rénmen zài dōngtiān shì miàn·shàng hánxiào de. Tāmen yī kàn nàxiē xiǎoshān, xīnzhōng biàn jué·dé yǒule zhuóluò, yǒule yīkào. Tāmen yóu tiān·shàng kàndào shān·shàng, biàn bùzhī-bùjué de xiǎngqǐ: Míngtiān yěxǔ jiùshì chūntiān le ba? Zhèyàng de wēnnuǎn, jīntiān yè·lǐ shāncǎo yěxǔ jiù lǜqǐ·lái le ba? Jiùshì zhè diǎnr huànxiǎng bùnéng yīshí shíxiàn, tāmen yě bìng bù zháojí, yīn·wèi zhèyàng císhàn de dōngtiān, gànshénme hái xīwàng biéde ne!

Zuì miào de shì xià diǎnr xiǎoxuě ya. Kàn ba, shān·shàng de ǎisōng yuèfā de qīnghēi, shùjiānr·shàng dǐng//zhe yī jìr báihuā, hǎoxiàng Rìběn kànhùfù. Shānjiānr quán bái le, gěi lántiān xiāng·shàng yī dào yínbiānr. Shānpō·shàng, yǒude dìfang xuě hòu diǎnr, yǒude dìfang cǎosè hái lòuzhe; zhèyàng, yī dàor bái, yī dàor ànhuáng, gěi shānmen chuān·shàng yī jiàn dài shuǐwénr de huāyī; kànzhe kànzhe, zhè jiàn huāyī hǎoxiàng bèi fēng'ér chuīdòng, jiào nǐ xīwàng kàn·jiàn yīdiǎnr gèng měi de shān de jīfū. Děngdào kuài rìluò de shíhou, wēihuáng de yángguāng xié shè zài shānyāo·shàng, nà diǎnr báo xuě hǎoxiàng hūrán hàixiū, wēiwēi lòuchū diǎnr fěnsè. Jiùshì xià xiǎoxuě ba, Jǐnán shì shòu·bùzhù dàxuě de, nàxiē xiǎoshān tài xiùqi.

作品18号

节选自郑莹《家乡的桥》

纯朴的家乡村边有一条河,曲曲弯弯,河中架一弯石桥,弓样的小桥横跨两岸。

每天,不管是鸡鸣晓月,日丽中天,还是月华泻地,小桥都印下串串足迹,洒落串串汗珠。那是乡亲为了追求多棱的希望,兑现美好的遐想。弯弯小桥,不时荡过轻吟低唱,不时露出舒心的笑容。

因而,我稚小的心灵,曾将心声献给小桥:你是一弯银色的新月,给人间普照光辉;你是一把闪亮的镰刀,割刈着欢笑的花果;你是一根晃悠悠的扁担,挑起了彩色的明天!哦,小桥走进我的梦中。

我在飘泊他乡的岁月,心中总涌动着故乡的河水,梦中总看到弓样的小桥。当我访南疆探北国,眼帘闯进座座雄伟的长桥时,我的梦变得丰满了,增添了赤橙黄绿青蓝紫。

三十多年过去,我带着满头霜花回到故乡,第一紧要的便是去看望小桥。

啊!小桥呢?它躲起来了?河中一道长虹,浴着朝霞熠熠闪光。哦,雄浑的大桥敞开胸怀,汽车的呼啸、摩托的笛音、自行车的叮铃,合奏着进行交响乐;南来的钢筋、花布,北往的柑橙、家禽,绘出交流欢悦图……

啊!蜕变的桥,传递了家乡进步的消息,透露了家乡富裕的声音。时代的春风,美好的追求,我蓦地记起儿时唱∥给小桥的歌,哦,明艳艳的太阳照耀了,芳香甜蜜的花果捧来了,五彩斑斓的岁月拉开了!

我心中涌动的河水,激荡起甜美的浪花。我仰望一碧蓝天,心底轻声呼喊:家乡的桥啊,我梦中的桥!

Chúnpǔ de jiāxiāng cūnbiān yǒu yī tiáo hé, qūqū-wānwān, hé zhōng jià yī wān shíqiáo, gōng yàng de xiǎoqiáo héngkuà liǎng'àn.

Měi tiān, bùguǎn shì jī míng xiǎo yuè, rì lì zhōng tiān, háishì yuè huá xiè dì, xiǎoqiáo dōu yìnxià chuànchuán zújì, sǎluò chuànchuán hànzhū. Nà shì xiāngqīn wèile zhuīqiú duōléng de xīwàng, duìxiàn měihǎo de xiáxiǎng. Wānwān xiǎoqiáo, bùshí dàngguo qīngyín-dīchàng, bùshí lùchū shūxīn de xiàoróng.

Yīn'ér, wǒ zhìxiǎo de xīnlíng, céng jiāng xīnshēng xiàngěi xiǎoqiáo; Nǐ shì yī wān yínsè de xīnyuè, gěi rénjiān pǔzhào guānghuī; nǐ shì yī bǎ shǎnliàng de liándāo, gěyìzhe huānxiào de huāguǒ; nǐ shì yī gēn huàngyōuyōu de biǎndan, tiāoqǐle cǎisè de míngtiān! Ò, xiǎoqiáo zǒujìn wǒ de mèng zhōng.

Wǒ zài piāobó tāxiāng de suìyuè, xīnzhōng zǒng yǒngdòngzhe gùxiāng de héshuǐ, mèng zhōng zǒng kàndào gōng yàng de xiǎoqiáo. Dāng wǒ fǎng nánjiāng tàn běiguó, yǎnlián chuǎngjìn zuòzuò xióngwěi de chángqiáo shí, wǒ de mèng biàn de fēngmǎn le, zēngtiānle chì-chéng-huáng-lǜ-qīng-lán-zǐ.

Sānshí duō nián guò·qù, wǒ dàizhe mǎntóu shuānghuā huídào gùxiāng, dì-yī jǐnyào de biànshì qù kànwàng xiǎoqiáo.

À! Xiǎoqiáo ne? Tā duǒ qǐ·lái le? Hé zhōng yī dào chánghóng, yùzhe zhāoxiá yìyì shǎnguāng. Ò, xiónghún de dàqiáo chǎngkāi xiōnghuái, qìchē de hūxiào、mótuō de díyīn、zìxíngchē de dīnglíng, hézòuzhe jìnxíng jiāoxiǎngyuè; nán lái de gāngjīn、huābù、běi wǎng de gān chéng、jiāqín, huìchū jiāoliú huānyuètú……

À! Tuìbiàn de qiáo, chuándìle jiāxiāng jìnbù de xiāoxi, tòulùle jiāxiāng fùyù de shēngyīn. Shídài de chūnfēng, měihǎo de zhuīqiú, wǒ mòdì jìqǐ érshí chàng // gěi xiǎoqiáo de gē, Ò, míngyànyàn de tài·yáng zhàoyào le, fāngxiāng tiánmì de huāguǒ pěnglái le, wǔcǎi bānlán de suì yuè lākāi le!

Wǒ xīnzhōng yǒngdòng de héshuǐ, jīdàng qǐ tiánměi de lànghuā. Wǒ yǎngwàng yī bì lántiān, xīndǐ qīngshēng hūhǎn: Jiāxiāng de qiáo a, wǒ mèng zhōng de qiáo!

作品 19 号

节选自游宇明《坚守你的高贵》

　　三百多年前,建筑设计师莱伊恩受命设计了英国温泽市政府大厅。他运用工程力学的知识,依据自己多年的实践,巧妙地设计了只用一根柱子支撑的大厅天花板。一年以后,市政府权威人士进行工程验收时,却说只用一根柱子支撑天花板太危险,要求莱伊恩再多加几根柱子。

　　莱伊恩自信只要一根坚固的柱子足以保证大厅安全,他的"固执"惹恼了市政官员,险些被送上法庭。他非常苦恼,坚持自己原先的主张吧,市政官员肯定会另找人修改设计;不坚持吧,又有悖自己为人的准则。矛盾了很长一段时间,莱伊恩终于想出了一条妙计,他在大厅里增加了四根柱子,不过这些柱子并未与天花板接触,只不过是装装样子。

　　三百多年过去了,这个秘密始终没有被人发现。直到前两年,市政府准备修缮大厅的天花板,才发现莱伊恩当年的"弄虚作假"。消息传出后,世界各国的建筑专家和游客云集,当地政府对此也不加掩饰,在新世纪到来之际,特意将大厅作为一个旅游景点对外开放,旨在引导人们崇尚和相信科学。

　　作为一名建筑师,莱伊恩并不是最出色的。但作为一个人,他无疑非常伟大,这种 // 伟大表现在他始终恪守着自己的原则,给高贵的心灵一个美丽的住所:哪怕是遭遇到最大的阻力,也要想办法抵达胜利。

Sānbǎi duō nián qián, jiànzhù shèjìshī Láiyī'ēn shòumìng shèjìle Yīngguó Wēnzé shìzhèngfǔ dàtīng. Tā yùnyòng gōngchéng lìxué de zhīshi, yījù zìjǐ duōnián de shíjiàn, qiǎomiào de shèjìle zhǐ yòng yī gēn zhùzi zhīchēng de dàtīng tiānhuābǎn. Yī nián yǐhòu, shìzhèngfǔ quánwēi rénshì jìnxíng gōngchéng yànshōu shí, què shuō zhǐ yòng yī gēn zhùzi zhīchēng tiānhuābǎn tài wēixiǎn, yāoqiú Láiyī'ēn zài duō jiājǐ gēn zhùzi.

Láiyī'ēn zìxìn zhǐyào yī gēn jiāngù de zhùzi zúyǐ bǎozhèng dàtīng ānquán, tā de "gùzhì" rěnǎole shìzhèng guānyuán, xiǎnxiē bèi sòng·shàng fǎtíng. Tā fēicháng kǔnǎo, jiānchí zìjǐ yuánxiān de zhǔzhāng ba, shìzhèng guānyuán kěndìng huì lìng zhǎo rén xiūgǎi shèjì; bù jiānchí ba, yòu yǒu bèi zìjǐ wéirén de zhǔnzé. Máodùnle hěn cháng yīduàn shíjiān, Láiyī'ēn zhōngyú xiǎngchūle yī tiáo miàojì, tā zài dàtīng·lǐ zēngjiāle sì gēn zhùzi, bùguò zhèxiē zhùzi bìng wèi yǔ tiānhuābǎn jiēchù, zhǐ·bùguò shì zhuāngzhuang yàngzi.

Sānbǎi duō nián guò·qù le, zhège mìmì shǐzhōng méi·yǒu bèi rén fāxiàn. Zhídào qián liǎng nián, shìzhèngfǔ zhǔnbèi xiūshàn dàtīng de tiānhuābǎn, cái fāxiàn Láiyī'ēn dāngnián de "nòngxū-zuòjiǎ". Xiāoxi chuánchū hòu, shìjiè gè guó de jiànzhù zhuānjiā hé yóukè yúnjí, dāngdì zhèngfǔ duìcǐ yě bù jiā yǎnshì, zài xīn shìjì dàolái zhī jì, tèyì jiāng dàtīng zuòwéi yī gè lǚyóu jǐngdiǎn duìwài kāifàng, zhǐ zài yǐndǎo rénmen chóngshàng hé xiāngxìn kēxué.

Zuòwéi yī míng jiànzhùshī, Láiyī'ēn bìng bù shì zuì chūsè de. Dàn zuòwéi yī gè rén, tā wúyí fēicháng wěidà, zhè zhǒng//wěidà biǎoxiàn zài tā shǐzhōng kèshǒuzhe zìjǐ de yuánzé, gěi gāoguì de xīnlíng yī gè měilì de zhùsuǒ, nǎpà shì zāoyù dào zuì dà de zǔlì, yě yào xiǎng bànfǎ dǐdá shènglì.

作品20号

节选自陶猛译《金子》

自从传言有人在萨文河畔散步时无意发现了金子后,这里便常有来自四面八方的淘金者。他们都想成为富翁,于是寻遍了整个河床,还在河床上挖出很多大坑,希望借助它们找到更多的金子。的确,有一些人找到了,但另外一些人因为一无所得而只好扫兴归去。

也有不甘心落空的,便驻扎在这里,继续寻找。彼得·弗雷特就是其中一员。他在河床附近买了一块没人要的土地,一个人默默地工作。他为了找金子,已把所有的钱都押在这块土地上。他埋头苦干了几个月,直到土地全变成了坑坑洼洼,他失望了——他翻遍了整块土地,但连一丁点儿金子都没看见。

六个月后,他连买面包的钱都没有了。于是他准备离开这儿到别处去谋生。

就在他即将离去的前一个晚上,天下起了倾盆大雨,并且一下就是三天三夜。雨终于停了,彼得走出小木屋,发现眼前的土地看上去好像和以前不一样:坑坑洼洼已被大水冲刷平整,松软的土地上长出一层绿茸茸的小草。

"这里没找到金子,"彼得忽有所悟地说,"但这土地很肥沃,我可以用来种花,并且拿到镇上去卖给那些富人,他们一定会买些花装扮他们华丽的客厅。//如果真是这样的话,那么我一定会赚许多钱,有朝一日我也会成为富人……"

于是他留了下来。彼得花了不少精力培育花苗,不久田地里长满了美丽娇艳的各色鲜花。

五年以后,彼得终于实现了他的梦想——成了一个富翁。"我是惟一的一个找到真金的人！"他时常不无骄傲地告诉别人，"别人在这儿找不到金子后便远远地离开，而我的'金子'是在这块土地里，只有诚实的人用勤劳才能采集到。"

Zìcóng chuányán yǒu rén zài Sàwén hépàn sànbù shí wúyì fāxiànle jīnzi hòu, zhè·lǐ biàn cháng yǒu láizì sìmiàn-bāfāng de táojīnzhě. Tāmen dōu xiǎng chéngwéi fùwēng, yúshì xúnbiànle zhěnggè héchuáng, hái zài héchuáng·shàng wāchū hěn duō dàkēng, xīwàng jièzhù tāmen zhǎodào gèng duō de jīnzi. Díquè, yǒu yīxiē rén zhǎodào le, dàn lìngwài yīxiē rén yīn·wèi yīwú-suǒdé ér zhǐhǎo sǎoxìng guīqù.

Yě yǒu bù gānxīn luòkōng de, biàn zhùzhā zài zhè·lǐ, jìxù xúnzhǎo. Bǐdé Fúléitè jiùshì qízhōng yī yuán. Tā zài héchuáng fùjìn mǎile yī kuài méi rén yào de tǔdì, yī gè rén mòmò dì gōngzuò. Tā wèile zhǎo jīnzi, yǐ bǎ suǒyǒu de qián dōu yā zài zhè kuài tǔdì·shàng. Tā máitóu-kǔgānle jǐ gè yuè, zhídào tǔdì quán biànchéngle kēngkeng-wāwā, tā shīwàng le——tā fānbiànle zhěng kuài tǔdì, dàn lián yīdīngdiǎnr jīnzi dōu méi kàn·jiàn.

Liù gè yuè hòu, tā lián mǎi miànbāo de qián dōu méi·yǒu le. Yúshì tā zhǔnbèi líkāi zhèr dào biéchù qù móushēng.

Jiù zài tā jíjiāng líqù de qián yī gè wǎnshang, tiān xiàqǐle qīngpén-dàyǔ, bìngqiě yīxià jiùshì sān tiān sān yè. Yǔ zhōngyú tíng le, Bǐdé zǒuchū xiǎo mùwū, fāxiàn yǎnqián de tǔdì kàn shàng·qù hǎoxiàng hé yǐqián bù yīyàng: Kēngkeng-wāwā yǐ bèi dàshuǐ chōngshuā píngzhěng, sōngruǎn de tǔdì·shàng zhǎngchū yī céng lǜróngróng de xiǎocǎo.

"Zhè·lǐ méi zhǎodào jīnzi," Bǐdé hū yǒu suǒ wù de shuō, "Dàn zhè tǔdì hěn féiwò, wǒ kěyǐ yònglái zhòng huā, bìngqiě nádào zhèn·shàng qù màigěi nàxiē fùrén, tāmen yīdìng huì mǎi xiē huā zhuāngbàn tāmen huálì de kètīng.//Rúguǒ zhēn shì zhèyàng de huà, nàme wǒ yīdìng huì zhuàn xǔduō qián, yǒuzhāo-yīrì wǒ yě huì chéngwéi fùrén……"

Yúshì tā liúle xià·lái. Bǐdé huāle bù shǎo jīnglì péiyù huāmiáo, bùjiǔ tiándì·lǐ zhǎngmǎnle měilì jiāoyàn de gè sè xiānhuā.

Wǔ nián yǐhòu, Bǐdé zhōngyú shíxiànle tā de mèngxiǎng——chéngle yī gè fùwēng. "Wǒ shì wéiyī de yī gè zhǎodào zhēnjīn de rén!" Tā shícháng bùwú jiāo'ào de gàosu bié·rén, "Bié·rén zài zhèr zhǎo·bùdào jīnzi hòu biàn yuǎnyuǎn de líkāi, ér wǒ de'jīnzi' shì zài zhè kuài tǔdì·lǐ, zhǐyǒu chéng·shí de rén yòng qínláo cáinéng cǎijí dào."

作品 21 号

节选自青白《捐诚》

　　我在加拿大学习期间遇到过两次募捐，那情景至今使我难以忘怀。

　　一天，我在渥太华的街上被两个男孩子拦住去路。他们十来岁，穿得整整齐齐，每人头上戴着个做工精巧、色彩鲜艳的纸帽，上面写着"为帮助患小儿麻痹的伙伴募捐。"其中的一个，不由分说就坐在小凳上给我擦起皮鞋来，另一个则彬彬有礼地发问："小姐，您是哪国人？喜欢渥太华吗？""小姐，在你们国家有没有小孩儿患小儿麻痹？谁给他们医疗费？"一连串的问题，使我这个有生以来头一次在众目睽睽之下让别人擦鞋的异乡人，从近乎狼狈的窘态中解脱出来。我们像朋友一样聊起天儿来……

　　几个月之后，也是在街上。一些十字路口处或车站坐着几位老人。他们满头银发，身穿各种老式军装，上面布满了大大小小形形色色的徽章、奖章，每人手捧一大束鲜花，有水仙、石竹、玫瑰及叫不出名字的，一色雪白。匆匆过往的行人纷纷止步，把钱投进这些老人身旁的白色木箱内，然后向他们微微鞠躬，从他们手中接过一朵花。我看了一会儿，有人投一两元，有人投几百元，还有人掏出支票填好后投进木箱。那些老军人毫不注意人们捐多少钱，一直不//停地向人们低声道谢。同行的朋友告诉我，这是为纪念二次大战中参战的勇士，募捐救济残废军人和烈士遗霜，每年一次；认捐的人可谓踊跃，而且秩序井然，气氛庄严。有些地方，人们还耐心地排着队。我想，这是因为他们都知道：正是这些老人们的流血牺牲换来了包括他们信仰自由在内的许许多多。

　　我两次把那微不足道的一点儿钱捧给他们，只想对他们说声"谢谢"。

　　Wǒ zài Jiānádà xuéxí qījiān yùdàoguo liǎng cì mùjuān, nà qíngjǐng zhìjīn shǐ wǒ nányǐ-wànghuái.

　　Yī tiān, wǒ zài Wòtàihuá de jiē·shàng bèi liǎng gè nánháizi lánzhù qùlù. Tāmen shí lái suì, chuān de zhěngzhěng-qíqí, měi rén tóu·shàng dàizhe gè zuògōng jīngqiǎo、sècǎi xiānyàn de zhǐ mào, shàng·miàn xiězhe "Wèi bāngzhù huàn xiǎo'ér mábì de huǒbàn mùjuān." Qízhōng de yī gè, bùyóu-fēnshuō jiù zuò zài xiǎodèng·shàng gěi wǒ cā·qǐ píxié·lái, lìng yī gè zé bīnbīn-yǒulǐ dì fāwèn: "Xiǎo·jiě, nín shì nǎ guó rén? Xǐhuan Wòtàihuá ma?" "Xiǎo·jiě, zài nǐmen guójiā yǒu méi·yǒu xiǎoháir huàn xiǎo'ér mábì? Shéi gěi tāmen yīliáofèi?" Yīliánchuàn de wèntí, shǐ wǒ zhège yǒushēng-yǐlái tóu yī cì zài zhòngmù-kuíkuí zhīxià ràng bié·rén cā xié de yìxiāng rén, cóng jìnhū lángbèi de jiǒngtài zhōng jiětuō chū·lái. Wǒmen xiàng péngyou yīyàng liáo·qǐ tiānrlái……

　　Jǐ gè yuè zhīhòu, yě shì zài jiē·shàng. Yīxiē shízì lùkǒuchù huò chēzhàn zuòzhe jǐ wèi lǎorén. Tāmen mǎntóu yínfā, shēn chuān gè zhǒng lǎoshì jūnzhuāng, shàng miàn bùmǎnle dàdà-xiǎoxiǎo xíngxíng-sèsè de huīzhāng、jiǎngzhāng, měi rén shǒu pěng yī dà shù xiānhuā, yǒu shuǐxiān、shízhú、méi·guī jí jiào·bùchū míngzi de, yīsè xuěbái. Cōngcōng guòwǎng de xíngrén fēnfēn zhǐbù, bǎ qián tóujìn zhèxiē lǎorén shēnpáng de báisè mùxiāng nèi,ránhòu xiàng tāmen wēiwēi jūgōng,cóng tāmen shǒuzhōng jiēguo yī duǒ huā.Wǒ kànle yīhuìr,yǒu rén tóu yī-liǎng yuán,yǒu rén tóu jǐbǎi yuán,hái yǒu rén tāochū zhīpiào tiánhǎo hòu tóujìn mùxiāng.Nàxiē lǎojūnrén háobù zhùyì rénmen juān duō·shǎo qián,yīzhí bù // tíng de xiàng rénmen dīshēng dàoxiè.Tóngxíng de péngyou gàosu wǒ,zhè shì wèi jìniàn Èr Cì Dàzhàn zhōng cānzhàn de yǒngshì,mùjuān jiùjì cánfèi jūnrén hé lièshì yíshuāng,měinián yī cì;rèn juān de rén kěwèi yǒngyuè,érqiě zhìxù jǐngrán,qì·fēn zhuāngyán.Yǒuxiē dìfang,rénmen hái nàixīn de páizhe duì.Wǒ xiǎng,zhè shì yīn·wèi tāmen dōu zhī·dào:Zhèng shì zhèxiē lǎorénmen de liúxuè xīshēng huànláile bāokuò tāmen xìnyǎng zìyóu zàinèi de xǔxǔ-duōduō.

Wǒ liǎng cì bǎ nà wēibùzúdào de yīdiǎnr qián pěnggěi tāmen,zhǐ xiǎng duì tāmen shuō shēng"xièxie".

作品 22 号 节选自王文杰《可爱的小鸟》

没有一片绿叶,没有一缕炊烟,没有一粒泥土,没有一丝花香,只有水的世界,云的海洋。

一阵台风袭过,一只孤单的小鸟无家可归,落到被卷到洋里的木板上,乘流而下,姗姗而来,近了,近了!……

忽然,小鸟张开翅膀,在人们头顶盘旋了几圈儿,"噗啦"一声落到了船上。许是累了?还是发现了"新大陆"？水手撵它它不走,抓它,它乖乖地落在掌心。可爱的小鸟和善良的水手结成了朋友。

瞧,它多美丽,娇巧的小嘴,啄理着绿色的羽毛,鸭子样的扁脚,呈现出春草的鹅黄。水手们把它带到舱里,给它"搭铺",让它在船上安家落户,每天,把分到的一塑料筒淡水匀给它喝,把从祖国带来的鲜美的鱼肉分给它吃,天长日久,小鸟和水手的感情日趋笃厚。清晨,当第一束阳光射进舷窗时,它便敞开美丽的歌喉,唱啊唱,嘤嘤有韵,宛如春水淙淙。人类给它以生命,它毫不悭吝地把自己的艺术青春奉献给了哺育它的人。可能都是这样？艺术家们的青春只会献给尊敬他们的人。

小鸟给远航生活蒙上了一层浪漫色调。返航时,人们爱不释手,恋恋不舍地想把它带到异乡。可小鸟憔悴了,给水,不喝！喂肉,不吃！油亮的羽毛失去了光泽。是啊,我//们有自己的祖国,小鸟也有它的归宿,人和动物都是一样啊,哪儿也不如故乡好！

慈爱的水手们决定放开它,让它回到大海的摇篮去,回到蓝色的故乡去。离别前,这个大自然的朋友与水手们留影纪念。它站在许多人的头上,肩上,掌上,胳膊上,与喂养过它的人们,一起融进那蓝色的画面……

Méi·yǒu yī piàn lǜyè,méi·yǒu yī lǚ chuīyān,méi·yǒu yī lì nítǔ,méi·yǒu yī sī huāxiāng,zhǐyǒu shuǐ de shìjiè,yún de hǎiyáng.

Yī zhèn táifēng xíguò, yī zhī gūdān de xiǎoniǎo wújiā-kěguī, luòdào bèi juǎndào yáng·lǐ de mùbǎn·shàng, chéng liú ér xià, shānshān ér lái, jìn le, jìn le! ……

Hūrán, xiǎoniǎo zhāngkāi chìbǎng, zài rénmen tóudǐng pánxuánle jǐ quānr, "pūlā" yī shēng luòdàole chuán·shàng. Xǔ shì lèi le? Háishì fāxiànle "xīn dàlù"? Shuǐshǒu niǎn tā tā bù zǒu, zhuā tā, tā guāiguāi de luò zài zhǎngxīn. Kě'ài de xiǎoniǎo hé shànliáng de shuǐshǒu jiéchéngle péngyou.

Qiáo, tā duō měilì, jiāoqiǎo de xiǎozuǐ, zhuólǐzhe lǜsè de yǔmáo, yāzi yàng de biǎnjiǎo, chéngxiàn chū chūncǎo de éhuáng. Shuǐshǒumen bǎ tā dài dào cāng·lǐ, gěi tā "dā pù", ràng tā zài chuán·shàng ānjiā-luòhù, měi tiān, bǎ fēndào de yī sùliàotǒng dànshuǐ yúngěi tā hē, bǎ cóng zǔguó dài·lái de xiānměi de yúròu fēngěi tāchī, tiāncháng-rìjiǔ, xiǎoniǎo hé shuǐshǒu de gǎnqíng rìqū dǔhòu. Qīngchén, dāng dì-yī shù yángguāng shèjìn xiánchuāng shí, tā biàn chǎngkāi měilì de gēhóu, chàng a chàng, yīngyīng-yǒuyùn, wǎnrú chūnshuǐ cóngcóng. Rénlèi gěi tā yǐ shēngmìng, tā háobù qiānlìn de bǎ zìjǐ de yìshù qīngchūn fèngxiàn gěile bǔyù tā de rén. Kěnéng dōu shì zhèyàng? Yìshùjiāmen de qīngchūn zhǐ huì xiànggěi zūnjìng tāmen de rén.

Xiǎoniǎo gěi yuǎnháng shēnghuó méng·shàngle yī céng làngmàn sèdiào. Fǎnháng shí, rénmen àibùshìshǒu, liànliàn-bùshě de xiǎng bǎ tā dàidào yìxiāng. Kě xiǎoniǎo qiáocuì le, gěi shuǐ, bù hē! Wèi ròu, bù chī! Yóuliàng de yǔmáo shīqùle guāngzé. Shì a, wǒ // men yǒu zìjǐ de zǔguó, xiǎoniǎo yě yǒu tā de guīsù, rén hé dòngwù dōu shì yīyàng a, nǎr yě bùrú gùxiāng hǎo!

Cí'ài de shuǐshǒumen juédìng fàngkāi tā, ràng tā huídào dàhǎi de yáolán·qù, huídào lánsè de gùxiāng·qù. Líbié qián, zhège dàzìrán de péngyou yǔ shuǐshǒumen liúyǐng jìniàn. Tā zhàn zài xǔduō rén de tóu·shàng, jiān·shàng, zhǎng·shàng, gēboshàng, yǔ wèiyǎngguo tā de rénmen, yīqǐ róngjìn nà lánsè de huàmiàn……

作品 23 号

节选自（中国台湾）刘墉《课不能停》

纽约的冬天常有大风雪，扑面的雪花不但令人难以睁开眼睛，甚至呼吸都会吸入冰冷的雪花。有时前一天晚上还是一片晴朗，第二天拉开窗帘，却已经积雪盈尺，连门都推不开了。

遇到这样的情况，公司、商店常会停止上班，学校也通过广播，宣布停课。但令人不解的是，唯有公立小学，仍然开放。只见黄色的校车，艰难地在路边接孩子，老师则一大早就口中喷着热气，铲去车子前后的积雪，小心翼翼地开车去学校。

据统计，十年来纽约的公立小学只因为超级暴风雪停过七次课。这是多么令人惊讶的事。犯得着在大人都无须上班的时候让孩子去学校吗？小学的老师也太倒霉了吧？

于是，每逢大雪而小学不停课时，都有家长打电话去骂。妙的是，每个打电话的人，反应全一样——先是怒气冲冲地责问，然后满口道歉，最后笑容满面地挂上电话。原因

是,学校告诉家长:

在纽约有许多百万富翁,但也有不少贫困的家庭。后者白天开不起暖气,供不起午餐,孩子的营养全靠学校免费的中饭,甚至可以多拿些回家当晚餐。学校停课一天,穷孩子就受一天冻,挨一天饿,所以老师们宁愿自己苦一点儿,也不能停课。//

或许有家长会说:何不让富裕的孩子在家里,让贫穷的孩子去学校享受暖气和营养午餐呢?

学校的答复是:我们不愿让那些穷苦的孩子感到他们是在接受救济,因为施舍的最高原则是保持受施者的尊严。

Niǔyuē de dōngtiān cháng yǒu dà fēngxuě, pūmiàn de xuěhuā bùdàn lìng rén nányǐ zhēngkāi yǎnjing, shènzhì hūxī dōu huì xīrù bīnglěng de xuěhuā. Yǒushí qián yī tiān wǎnshang háishì yī piàn qínglǎng, dì-èr tiān lākāi chuānglián, què yǐ·jīng jīxuě yíng chǐ, lián mén dōu tuī·bùkāi le.

Yùdào zhèyàng de qíngkuàng, gōngsī、shāngdiàn cháng huì tíngzhǐ shàngbān, xuéxiào yě tōngguò guǎngbō, xuānbù tíngkè. Dàn lìng rén bùjiě de shì, wéiyǒu gōnglì xiǎoxué, réngrán kāifàng. Zhǐ jiàn huángsè de xiàochē, jiānnán de zài lùbiān jiē háizi, lǎoshī zé yīdàzǎo jiù kǒuzhōng pēnzhe rèqì, chǎnqù chēzi qiánhòu de jīxuě, xiǎoxīn-yìyì de kāichē qù xuéxiào.

Jù tǒngjì, shí nián lái Niǔyuē de gōnglì xiǎoxué zhǐ yīn·wèi chāojí bàofēngxuě tíngguo qī cì kè. Zhè shì duōme lìng rén jīngyà de shì. Fàndezháo zài dàrén dōu wúxū shàngbān de shíhou ràng háizi qù xuéxiào ma? Xiǎoxué de lǎoshī yě tài dǎoméile ba?

Yúshì, měiféng dàxuě ér xiǎoxué bù tíngkè shí, dōu yǒu jiāzhǎng dǎ diànhuà qù mà. Miào de shì, měi gè dǎ diànhuà de rén, fǎnyīng quán yīyàng——xiān shì nùqì-chōngchōng dì zéwèn, ránhòu mǎnkǒu dàoqiàn, zuìhòu xiàoróng mǎnmiàn de guà·shàng diànhuà. Yuányīn shì, xuéxiào gàosu jiāzhǎng:

Zài Niǔyuē yǒu xǔduō bǎiwàn fùwēng, dàn yě yǒu bùshǎo pínkùn de jiātíng. Hòuzhě bái·tiān kāi·bùqǐ nuǎnqì, gōng·bùqǐ wǔcān, háizi de yíngyǎng quán kào xuéxiào miǎnfèi de zhōngfàn, shènzhì kěyǐ duō ná xiē huíjiā dàng wǎncān. Xuéxiào tíngkè yī tiān, qióng háizi jiù shòu yī tiān dòng, ái yī tiān è, suǒyǐ lǎoshīmen nìngyuàn zìjǐ kǔ yīdiǎnr, yě bù néng tíngkè. //

Huòxǔ yǒu jiāzhǎng huì shuō: Hé bù ràng fùyù de háizi zài jiā·lǐ, ràng pínqióng de háizi qù xuéxiào xiǎngshòu nuǎnqì hé yíngyǎng wǔcān ne?

Xuéxiào de dá·fù shì: Wǒmen bùyuàn ràng nàxiē qióngkǔ de háizi gǎndào tāmen shì zài jiēshòu jiùjì, yīn·wèi shīshě de zuìgāo yuánzé shì bǎochí shòushīzhě de zūnyán.

作品 24 号

节选自严文井《莲花和樱花》

十年，在历史上不过是一瞬间。只要稍加注意，人们就会发现：在这一瞬间里，各种事物都悄悄经历了自己的千变万化。

这次重新访日，我处处感到亲切和熟悉，也在许多方面发觉了日本的变化。就拿奈良的一个角落来说吧，我重游了为之感受很深的唐招提寺，在寺内各处匆匆走了一遍，庭院依旧，但意想不到还看到了一些新的东西。其中之一，就是近几年从中国移植来的"友谊之莲"。

在存放鉴真遗像的那个院子里，几株中国莲昂然挺立，翠绿的宽大荷叶正迎风而舞，显得十分愉快。开花的季节已过，荷花朵朵已变为莲蓬累累。莲子的颜色正在由青转紫，看来已经成熟了。

我禁不住想："因"已转化为"果"。

中国的莲花开在日本，日本的樱花开在中国，这不是偶然。我希望这样一种盛况延续不衰。可能有人不欣赏花，但绝不会有人欣赏落在自己面前的炮弹。

在这些日子里，我看到了不少多年不见的老朋友，又结识了一些新朋友。大家喜欢涉及的话题之一，就是古长安和古奈良。那还用得着问吗，朋友们缅怀过去，正是瞩望未来。瞩目于未来的人们必将获得未来。

我不例外，也希望一个美好的未来。

为 // 了中日人民之间的友谊，我将不浪费今后生命的每一瞬间。

Shí nián, zài lìshǐ·shàng bùguò shì yī shùnjiān. Zhǐyào shāo jiā zhùyì, rénmen jiù huì fāxiàn：Zài zhè yī shùnjiān·lǐ, gè zhǒng shìwù dōu qiāoqiāo jīnglìle zìjǐ de qiānbiànwànhuà.

Zhè cì chóngxīn fǎng Rì, wǒ chùchù gǎndào qīnqiè hé shú·xī, yě zài xǔduō fāngmiàn fājuéle Rìběn de biànhuà. Jiù ná Nàiliáng de yī gè jiǎoluò lái shuō ba, wǒ chóngyóule wèi zhī gǎnshòu hěn shēn de Táng Zhāotísì, zài sìnèi gè chù cōngcōng zǒule yī biàn, tíngyuàn yījiù, dàn yìxiǎngbùdào hái kàndàole yīxiē xīn de dōngxi. Qízhōng zhīyī, jiùshì jìn jǐ nián cóng Zhōngguó yízhí lái de "yǒuyì zhī lián".

Zài cúnfàng Jiànzhēn yíxiàng de nàge yuànzi·lǐ, jǐ zhū Zhōngguó lián ángrán tǐnglì, cuìlǜ de kuāndà héyè zhèng yíngfēng ér wǔ, xiǎn·dé shífēn yúkuài. Kāihuā de jìjié yǐ guò, héhuā duǒduǒ yǐ biànwéi liánpéng léiléi. Liánzǐ de yánsè zhèngzài yóu qīng zhuǎn zǐ, kàn·lái yǐ·jīng chéngshú le.

Wǒ jīn·bùzhù xiǎng："yīn" yǐ zhuǎnhuà wèi "guǒ".

Zhōngguó de liánhuā kāi zài Rìběn, Rìběn de yīnghuā kāi zài Zhōngguó, zhè bù shì ǒurán. Wǒ xīwàng zhèyàng yī zhǒng shèngkuàng yánxù bù shuāi. Kěnéng yǒu rén bù xīnshǎng huā, dàn jué bùhuì yǒu rén xīnshǎng luò zài zìjǐ miànqián de pàodàn.

Zài zhèxiē rìzi·lǐ, wǒ kàndàole bùshǎo duō nián bù jiàn de lǎopéngyou, yòu jiéshíle yīxiē xīn péngyou.Dàjiā xǐhuan shèjí de huàtí zhīyī,jiùshì gǔ Cháng'ān hé gǔ Nàiliáng. Nà hái yòngdezháo wèn ma,péngyoumen miǎnhuái guòqù,zhèngshì zhǔwàng wèilái.Zhǔmù yú wèilái de rénmen bìjiāng huòdé wèilái.

Wǒ bù lìwài,yě xīwàng yī gè měihǎo de wèilái.

Wèi // le Zhōng-Rì rénmín zhījiān de yǒuyì,wǒ jiāng bù làngfèi jīnhòu shēngmìng de měi yī shùnjiān.

作品 25 号   节选自朱自清《绿》

梅雨潭闪闪的绿色招引着我们,我们开始追捉她那离合的神光了。揪着草,攀着乱石,小心探身下去,又鞠躬过了一个石穹门,便到了汪汪一碧的潭边了。

瀑布在襟袖之间,但是我的心中已没有瀑布了。我的心随潭水的绿而摇荡。那醉人的绿呀! 仿佛一张极大极大的荷叶铺着,满是奇异的绿呀。我想张开两臂抱住她,但这是怎样一个妄想啊。

站在水边,望到那面,居然觉着有些远呢! 这平铺着、厚积着的绿,着实可爱。她松松地皱缬着,像少妇拖着的裙幅;她滑滑的明亮着,像涂了"明油"一般,有鸡蛋清那样软,那样嫩;她又不杂些尘滓,宛然一块温润的碧玉,只清清的一色——但你却看不透她!

我曾见过北京什刹海拂地的绿杨,脱不了鹅黄的底子,似乎太淡了。我又曾见过杭州虎跑寺近旁高峻而深密的"绿壁",丛叠着无穷的碧草与绿叶的,那又似乎太浓了。其余呢,西湖的波太明了,秦淮河的也太暗了。可爱的,我将什么来比拟你呢? 我怎么比拟得出呢? 大约潭是很深的,故能蕴蓄着这样奇异的绿;仿佛蔚蓝的天融了一块在里面似的,这才这般的鲜润啊。

那醉人的绿呀! 我若能裁你以为带,我将赠给那轻盈的 // 舞女,她必能临风飘举了。

Méiyǔtán shǎnshǎn de lǜsè zhāoyǐnzhe wǒmen,wǒmen kāishǐ zhuīzhuō tā nà líhé de shénguāng le.Jiūzhe cǎo,pānzhe luànshí,xiǎo·xīn tànshēn xià·qù,yòu jūgōng guòle yī gè shíqióngmén,biàn dàole wāngwāng yī bì de tán biān le.

Pùbù zài jīnxiù zhījiān,dànshì wǒ de xīnzhōng yǐ méi·yǒu pùbù le.Wǒ de xīn suí tánshuǐ de lǜ ér yáodàng.Nà zuìrén de lǜ ya! Fǎngfú yī zhāng jí dà jí dà de héyè pū-zhe,mǎnshì qíyì de lǜ ya.Wǒ xiǎng zhāngkāi liǎngbì bàozhù tā,dàn zhè shì zěnyàng yī gè wàngxiǎng a.

Zhàn zài shuǐbiān,wàngdào nà·miàn,jūrán juézhe yǒu xiē yuǎn ne! Zhè píngpūzhe、hòujīzhe de lǜ,zhuóshí kě'ài. Tā sōngsōng de zhòuxiézhe,xiàng shǎofù tuōzhe de qúnfú;tā huáhuá de míngliàngzhe,xiàng túle"míngyóu"yìbān,yǒu jīdànqīng nàyàng ruǎn,nàyàng nèn;tā yòu bù zá xiē chénzǐ,wǎnrán yī kuài wēnrùn de bìyù,zhǐ qīngqīng de yī sè——dàn nǐ què kàn·bùtòu tā!

Wǒ céng jiànguo Běijīng Shénchàhǎi fúdì de lǜyáng,tuō·bùliǎo éhuáng de dǐzi, sìhū tài dàn le.Wǒ yòu céng jiànguo Hángzhōu Hǔpáosì jìnpáng gāojùn ér shēnmì de "lùbì",cóngdiézhe wúqióng de bìcǎo yǔ lǜyè de,nà yòu sìhū tài nóng le.Qíyú ne,Xīhú de bō tài míng le,Qínhuái Hé de yě tài àn le.Kě'ài de,wǒ jiāng shénme lái bǐnǐ nǐ ne? Wǒ zěnme bǐnǐ dé chū ne? Dàyuē tán shì hěn shēn de,gù néng yùnxùzhe zhèyàng qíyì de lǜ;fǎngfú wèilán de tiān róngle yī kuài zài lǐ·miàn shìde,zhè cái zhèbān de xiānrùn a.

Nà zuìrén de lǜ ya! Wǒ ruò néng cái nǐ yǐ wéi dài,wǒ jiāng zènggěi nà qīngyíng de // wǔnǚ,tā bìnéng línfēng piāojǔ le.

作品 26 号

节选自许地山《落花生》

我们家的后园有半亩空地,母亲说:"让它荒着怪可惜的,你们那么爱吃花生,就开辟出来种花生吧。"我们姐弟几个都很高兴,买种,翻地,播种,浇水,没过几个月,居然收获了。

母亲说:"今晚我们过一个收获节,请你们父亲也来尝尝我们的新花生,好不好?"我们都说好。母亲把花生做成了好几样食品,还吩咐就在后园的茅亭里过这个节。

晚上天色不太好,可是父亲也来了,实在很难得。

父亲说:"你们爱吃花生吗?"

我们争着答应:"爱!"

"谁能把花生的好处说出来?"

姐姐说:"花生的味美。"

哥哥说:"花生可以榨油。"

我说:"花生的价钱便宜,谁都可以买来吃,都喜欢吃。这就是它的好处。"

父亲说:"花生的好处很多,有一样最可贵:它的果实埋在地里,不像桃子、石榴、苹果那样,把鲜红嫩绿的果实高高地挂在枝头上,使人一见就生爱慕之心。你们看它矮矮地长在地上,等到成熟了,也不能立刻分辨出来它有没有果实,必须挖出来才知道。"

我们都说是,母亲也点点头。

父亲接下去说:"所以你们要像花生,它虽然不好看,可是很有用,不是外表好看而没有实用的东西。"

我说:"那么,人要做有用的人,不要做只讲体面,而对别人没有好处的人了。"//

父亲说:"对。这是我对你们的希望。"

我们谈到夜深才散。花生做的食品都吃完了,父亲的话却深深地印在我的心上。

Wǒmen jiā de hòuyuán yǒu bàn mǔ kōngdì,mǔ·qīn shuō:"Ràng tā huāngzhe guài kěxī de,nǐmen nàme ài chī huāshēng,jiù kāipì chū·lái zhòng huāshēng ba." Wǒmen jiě-dì jǐ gè dōu hěn gāoxìng,mǎizhǒng,fāndì,bōzhǒng,jiāoshuǐ,méi guò jǐ gè yuè,jūrán shōuhuò le.

Mǔ·qīn shuō："Jīnwǎn wǒmen guò yī gè shōuhuòjié，qǐng nǐmen fù·qīn yě lái chángchang wǒmen de xīn huāshēng，hǎo·bù hǎo？" Wǒmen dōu shuō hǎo. Mǔ·qīn bǎ huāshēng zuòchéngle hǎo jǐ yàng shípǐn，hái fēnfù jiù zài hòuyuán de máotíng·lǐ guò zhège jié.

Wǎnshang tiānsè bù tài hǎo，kěshì fù·qīn yě lái le，shí zài hěn nándé.

Fù·qīn shuō："Nǐmen ài chī huāshēng ma？"

Wǒmen zhēngzhe dáyìng："Ai！"

"Shéi néng bǎ huāshēng de hǎo·chù shuō chū·lái？"

Jiějie shuō："Huāshēng de wèir měi."

Gēge shuō："Huāshēng kěyǐ zhàyóu."

Wǒ shuō："Huāshēng de jià·qián piányi，shéi dōu kěyǐ mǎi·lái chī，dōu xǐhuan chī. Zhè jiùshì tā de hǎo·chù."

Fù·qīn shuō："Huāshēng de hǎo·chù hěn duō，yǒu yī yàng zuì kěguì：Tā de guǒshí mái zài dì·lǐ，bù xiàng táozi、shíliu、píngguǒ nàyàng，bǎ xiānhóng nènlǜ de guǒshí gāogāo de guà zài zhītóu·shàng，shǐ rén yī jiàn jiù shēng àimù zhī xīn. Nǐmen kàn tā ǎi'ǎi de zhǎng zài dì·shàng，děngdào chéngshú le，yě bùnéng lìkè fēnbiàn chū·lái tā yǒu méi·yǒu guǒshí，bìxū wā chū·lái cái zhī·dào."

Wǒmen dōu shuō shì，mǔ·qīn yě diǎndiǎn tóu.

Fù·qīn jiē xià·qù shuō："Suǒyǐ nǐmen yào xiàng huāshēng，tā suīrán bù hǎokàn，kěshì hěn yǒuyòng，bù shì wàibiǎo hǎokàn ér méi·yǒu shíyòng de dōngxi."

Wǒ shuō："Nàme，rén yào zuò yǒuyòng de rén，bùyào zuò zhǐ jiǎng tǐ·miàn，ér duì bié·rén méi·yǒu hǎo·chù de rén le." //

Fù·qīn shuō："Duì. Zhè shì wǒ duì nǐmen de xīwàng."

Wǒmen tándào yè shēn cái sàn. Huāshēng zuò de shípǐn dōu chīwán le，fù·qīn de huà què shēnshēn dì yìn zài wǒ de xīn·shàng.

作品 27 号

节选自［俄］屠格涅夫《麻雀》，巴金译

我打猎归来，沿着花园的林阴路走着。狗跑在我前边。

突然，狗放慢脚步，蹑足潜行，好像嗅到了前边有什么野物。

我顺着林阴路望去，看见了一只嘴边还带黄色、头上生着柔毛的小麻雀。风猛烈地吹打着林阴路上的白桦树，麻雀从巢里跌落下来，呆呆地伏在地上，孤立无援地张开两只羽毛还未丰满的小翅膀。

我的狗慢慢向它靠近。忽然，从附近一棵树上飞下一只黑胸脯的老麻雀，像一颗石子似的落到狗的跟前。老麻雀全身倒竖着羽毛，惊恐万状，发出绝望、凄惨的叫声，接着向露出牙齿、大张着的狗嘴扑去。

老麻雀是猛扑下来救护幼雀的。它用身体掩护着自己的幼儿……但它整个小小的身体因恐怖而战栗着,它小小的声音也变得粗暴嘶哑,它在牺牲自己!

在它看来,狗该是多么庞大的怪物啊!然而,它还是不能站在自己高高的、安全的树枝上……一种比它的理智更强烈的力量,使它从那儿扑下身来。

我的狗站住了,向后退了退……看来,它也感到了这种力量。

我赶紧唤住惊慌失措的狗,然后我怀着崇敬的心情,走开了。

是啊,请不要见笑。我崇敬那只小小的、英勇的鸟儿,我崇敬它那种爱的冲动和力量。

爱,我想,比//死和死的恐惧更强大。只有依靠它,依靠这种爱,生命才能维持下去,发展下去。

Wǒ dǎliè guīlái, yánzhe huāyuán de línyīnlù zǒuzhe. Gǒu pǎo zài wǒ qián·biān.

Tūrán, gǒu fàngmàn jiǎobù, nièzú-qiánxíng, hǎoxiàng xiùdàole qián·biān yǒu shénme yěwù.

Wǒ shùnzhe línyīnlù wàng·qù, kàn·jiànle yī zhī zuǐ biān hái dài huángsè、tóu·shàng shēngzhe róumáo de xiǎo máquè. Fēng měngliè de chuīdǎzhe línyīnlù·shàng de báihuàshù, máquè cóng cháo·lǐ diēluò xià·lái, dāidāi de fú zài dì·shàng, gūlì wúyuán de zhāngkāi liǎng zhī yǔmáo hái wèi fēngmǎn de xiǎo chìbǎng.

Wǒ de gǒu mànmàn xiàng tā kàojìn. Hūrán, cóng fùjìn yī kē shù·shàng fēi·xià yī zhī hēi xiōngpú de lǎo máquè, xiàng yī kē shízǐ shìde luòdào gǒu de gēn·qián. Lǎo máquè quánshēn dǎoshùzhe yǔmáo, jīngkǒng-wànzhuàng, fāchū juéwàng、qīcǎn de jiàoshēng, jiēzhe xiàng lòuchū yáchǐ、dà zhāngzhe de gǒuzuǐ pū·qù.

Lǎo máquè shì měng pū xià·lái jiùhù yòuquè de. Tā yòng shēntǐ yǎnhùzhe zìjǐ de yòu'ér…… Dàn tā zhěnggè xiǎoxiǎo de shēntǐ yīn kǒngbù ér zhànlìzhe, tā xiǎoxiǎo de shēngyīn yě biànde cūbào sīyǎ, tā zài xīshēng zìjǐ!

Zài tā kànlái, gǒu gāi shì duōme pángdà de guàiwu a! Rán'ér, tā háishì bùnéng zhàn zài zìjǐ gāogāo de、ānquán de shùzhī·shàng…… Yī zhǒng bǐ tā de lǐzhì gèng qiángliè de lì·liàng, shǐ tā cóng nàr pū·xià shēn·lái.

Wǒ de gǒu zhànzhù le, xiàng hòu tuìle tuì…… Kànlái, tā yě gǎndàole zhè zhǒng lì·liàng.

Wǒ gǎnjǐn huànzhù jīnghuāng-shīcuò de gǒu, ránhòu wǒ huáizhe chóngjìng de xīnqíng, zǒukāi le.

Shì a, qǐng bùyào jiànxiào. Wǒ chóngjìng nà zhī xiǎoxiǎo de、yīngyǒng de niǎor, wǒ chóng jìng tā nà zhǒng ài de chōngdòng hé lì·liàng.

Ài, wǒ xiǎng, bǐ // sǐ hé sǐ de kǒngjù gèng qiángdà. Zhǐyǒu yīkào tā, yīkào zhè zhǒng ài, shēngmìng cái néng wéichí xià·qù, fāzhǎn xià·qù.

作品 28 号

节选自唐若水译《迷途笛音》

那年我六岁。离我家仅一箭之遥的小山坡旁,有一个早已被废弃的采石场,双亲从来不准我去那儿,其实那儿风景十分迷人。

一个夏季的下午,我随着一群小伙伴偷偷上那儿去了。就在我们穿越了一条孤寂的小路后,他们却把我一个人留在原地,然后奔向"更危险的地带"了。

等他们走后,我惊慌失措地发现,再也找不到要回家的那条孤寂的小道了。像只无头的苍蝇,我到处乱钻,衣裤上挂满了芒刺。太阳已经落山,而此时此刻,家里一定开始吃晚餐了,双亲正盼着我回家……想着想着,我不由得背靠着一棵树,伤心地呜呜大哭起来……

突然,不远处传来了声声柳笛。我像找到了救星,急忙循声走去。一条小道边的树桩上坐着一位吹笛人,手里还正削着什么。走近细看,他不就是被大家称为"乡巴佬儿"的卡廷吗?

"你好,小家伙儿,"卡廷说,"看天气多美,你是出来散步的吧?"

我怯生生地点点头,答道:"我要回家了。"

"请耐心等上几分钟,"卡廷说,"瞧,我正在削一支柳笛,差不多就要做好了,完工后就送给你吧!"

卡廷边削边不时把尚未成形的柳笛放在嘴里试吹一下。没过多久,一支柳笛便递到我手中。我俩在一阵阵清脆悦耳的笛音//中,踏上了归途……

当时,我心中只充满感激,而今天,当我自己也成了祖父时,却突然领悟到他用心之良苦!那天当他听到我的哭声时,便判定我一定迷了路,但他并不想在孩子面前扮演"救星"的角色,于是吹响柳笛以便让我能发现他,并跟着他走出困境!就这样,卡廷先生以乡下人的纯朴,保护了一个水男孩儿强烈的自尊。

Nà nián wǒ liù suì. Lí wǒ jiā jǐn yī jiàn zhī yáo de xiǎo shānpō páng yǒu yī gè zǎo yǐ bèi fèiqì de cǎishíchǎng, shuāngqīn cónglái bùzhǔn wǒ qù nàr , qíshí nàr fēngjǐng shífēn mírén.

Yī gè xiàjì de xiàwǔ, wǒ suízhe yī qún xiǎohuǒbànr tōutōu shàng nàr qù le .Jiù zài wǒmen chuānyuèle yī tiáo gūjì de xiǎolù hòu, tāmen què bǎ wǒ yī gè rén liú zài yuán dì, ránhòu bēnxiàng" gèng wēixiǎn de dìdài" le.

Děng tāmen zǒuhòu, wǒ jīnghuāng-shīcuò de fāxiàn, zài yě zhǎo ·bùdào yào huíjiā de nà tiáo gūjì de xiǎodào le . Xiàng zhī wú tóu de cāngying, wǒ dàochù luàn zuān, yīkù ·shàng guàmǎnle mángcì. Tài ·yáng yǐ ·jīng luòshān, ér cǐshí cǐkè jiā ·lǐ yīdìng kāishǐ chī wǎncān le, shuāngqīn zhèng pànzhe wǒ huíjiā …… xiǎngzhe xiǎngzhe wǒ bùyóude bēi kàozhe yī kē shù, shāngxīn de wūwū dàkū qǐ ·lái……

Tūrán, bù yuǎnchù chuán ·láile shēngshēng liǔdí. wǒ xiàng zhǎodàole jiùxīng jímáng xúnshēng zǒuqù Yī tiáo xiǎodào biān de shùzhuāng ·shàng zuòzhe yī wèi chuīdí rén, shǒu · lǐ hái zhèng xiāozhuó shénme. Zǒujìn xì kàn, tā bù jiùshì bèi dàjiā chēngwéi "xiāngbalǎor" de kǎtíng ma?

"Nǐ hǎo, xiǎogjiāhuor," Kǎtíng shuō, "kàn tiānqì duō měi, nǐ shì chū · lái sàn- bù de ba?"

wǒ qièshēngshēng de diǎndiǎn tóu, dádào: " wǒ yào huíjiā le."

"Qǐng nàixīn děng · shàng jǐ fēnzhōng," kǎtíng shuō, "Qiáo, wǒ zhèngzài xiāo yī zhī liǔdí, chā · bùduō jiù yào zuòhǎo le, wángōng hòu jiù sònggěi nǐ ba!"

Kǎtíng biān xiāo biān bùshí bǎ shàng wèi chéngxíng de liǔdí fàng zài zuǐ · lǐ shìchuī yīxià. Méi guò duōjiǔ, yī zhī liǔdí biàn dìdào wǒ shǒu zhōng. wǒ liǎ zài yī zhènzhèn qīngcuì yuè'ěr de díyīn// zhōng, tā · shàngle guītú……

Dāngshí, wǒ xīnzhōng zhǐ chōngmǎn gǎn · jī, ér jīntiān, dāng wǒ zìjǐ yě chéngle zǔfù shí, què tūrán lǐngwù dào tā yòngxīn zhī liángkǔ! Nà tiān dāng tā tīngdào wǒ de kūshēng shí, biàn pàndìng wǒ yīdìng míle lù, dàn tā bìng bù xiǎng zài háizi miànqián bànyǎn "jiùxīng" de juésè, yúshì chuīxiǎng liǔdí yǐbiàn ràng wǒ néng fāxiàn tā, bìng gēnzhe tā zǒuchū kùnjìng! Jiù zhèyàng kǎtíng xiānshēng yǐ xiāngxiàrén de chúnpǔ, bǎohùle yī gè xiǎonánháir qiángliè de zìzūn.

作品 29 号

节选自小学《语文》第六册中《莫高窟》

在浩瀚无垠的沙漠里,有一片美丽的绿洲,绿洲里藏着一颗闪光的珍珠。这颗珍珠就是敦煌莫高窟。它坐落在我国甘肃省敦煌市三危山和鸣沙山的怀抱中。

鸣沙山东麓是平均高度为十七米的崖壁。在一千六百多米长的崖壁上,凿有大小洞窟七百余个,形成了规模宏伟的石窟群。其中四百九十二个洞窟中,共有彩色塑像两千一百余尊,各种壁画共四万五千多平方米。莫高窟是我国古代无数艺术匠师留给人类的珍贵文化遗产。

莫高窟的彩塑,每一尊都是一件精美的艺术品。最大的有九层楼那么高,最小的还不如一个手掌大。这些彩塑个性鲜明,神态各异。有慈眉善目的菩萨,有威风凛凛的天王,还有强壮勇猛的力士……

莫高窟壁画的内容丰富多彩,有的是描绘古代劳动人民打猎、捕鱼、耕田、收割的情景,有的是描绘人们奏乐、舞蹈、演杂技的场面,还有的是描绘大自然的美丽风光。其中最引人注目的是飞天。壁画上的飞天,有的臂挎花篮,采摘鲜花;有的反弹琵琶,轻拨银弦;有的倒悬身子,自天而降;有的彩带飘拂,漫天遨游;有的舒展着双臂,翩翩起舞。看着这些精美动人的壁画,就像走进了//灿烂辉煌的艺术殿堂。

莫高窟里还有一个面积不大的洞窟——藏经洞。洞里曾藏有我国古代的各种经卷、文书、帛画、刺绣、铜像等共六万多件。由于清朝政府腐败无能,大量珍贵的文物被外国强盗掠走。仅存的部分经卷,现在陈列于北京故宫等处。

莫高窟是举世闻名的艺术宝库。这里的每一尊彩塑、每一幅壁画、每一件文物,都是中国古代人民智慧的结晶。

zài hàohàn wúyín de shāmò · lǐ, yǒu yī piàn měilì de lǜzhōu, lǜzhōu · lǐ cángzhe yī kē shǎnguāng de zhēnzhū. Zhè kē zhēnzhū jiùshì Dūnhuáng Mògāokū. Tā zuòluò zài wǒguó Gānsù Shěng Dūnhuáng Shì Sānwēi Shān hé Míngshā Shān de huáibào zhōng.

Míngshā Shān dōnglù shì píngjūn gāodù wéi shíqī mǐ de yábì. Zài yīqiān liùbǎi duō mǐ cháng de yábì · shàng, záo yǒu dàxiǎo dòngkū qībǎi yú gè, xíngchéngle guīmó hóngwěi de shíkūqún. Qízhōng sìbǎi jiǔshí'èr gè dòngkū zhōng, gòng yǒu cǎisè sùxiàng liǎngqiān yībǎi yú zūn, gè zhǒng bìhuà gòng sìwàn wǔqiān duō píngfāngmǐ. Mògāokū shì wǒguó gǔdài wúshù yìshù jiàngshī liúgěi rénlèi de zhēnguì wénhuà yíchǎn.

Mògāokū de cǎisù, měi yī zūn dōu shì yī jiàn jīngměi de yìshùpǐn. Zuì dà de yǒu jiǔ céng lóu nàme gāo, zuì xiǎo de hái bùrú yī gè shǒuzhǎng dà. zhèxiē cǎisù gèxìng xiānmíng, shéntài-gèyì. Yǒu címéi-shànmù de pú · sà, yǒu wēifēng-lǐnlǐn de tiān-wáng, háiyǒu qiángzhuàng yǒngměng de lìshì……

Mògāokū bìhuà de nèiróng fēngfù-duōcǎi, yǒude shì miáohuì gǔdài láodòng rén-mín dǎliè、bǔyú、gēngtián、shōugē de qíngjǐng, yǒude shì miáohuì rénmen zòuyuè、wǔdǎo、yǎn zájì de chǎngmiàn, háiyǒude shì miáohuì dàzìrán de měilì fēngguāng. Qízhōng zuì yǐnrén-zhùmù de shì fēitiān. Bìhuà · shàng de fēitiān, yǒu de bì kuà huālán, cǎizhāi xiānhuā; yǒude fǎn tàn pí · pá, qīng bō yínxián; yǒude dǎo xuán shēnzi, zì tiān ér jiàng; yǒude cǎidài piāofú, màntiān áoyóu; yǒude shūzhǎnzhe shuāngbì, piānpiān-qǐwǔ. Kànzhe zhèxiē jīngměi dòngrén de bìhuà, jiù xiàng zǒujìn-le//cànlàn huīhuáng de yìshù diàntáng

Mògāokū · lǐ háiyǒu yī gè miànjī bù dà de dòngkū——cángjīngdòng. Dòng lǐ céng cángyǒu wǒguó gǔdài de gè zhǒng jīngjuǎn、wénshū、bóhuà、cìxiù、tóngxiàng děng gòng liùwàn duō jiàn. Yóuyú Qīngcháo zhèngfǔ fǔbài wúnéng, dàliàng zhēnguì de wénwù bèi wàiguó qiángdào lüèzǒu. Jǐncún de bùfēn jīngjuǎn, xiànzài chénliè yú Běijīng Gùgōng děng chù.

Mògāokū shì jǔshì-wénmíng de yìshù bǎokù. Zhè · lǐ de měi yī zūn cǎisù、měi yī fú bìhuà、měi yī jiàn wénwù, dū shì zhōngguó gǔdài rénmín zhìhuì de jiéjīng.

作品 30 号

节选自张抗抗《牡丹的拒绝》

其实你在很久以前并不喜欢牡丹,因为它总被人作为富贵膜拜。后来你目睹了一次牡丹的落花,你相信所有的人都会为之感动:一阵清风徐来,娇艳鲜嫩的盛期牡丹忽然整朵整朵地坠落,铺撒一地绚丽的花瓣。那花瓣落地时依然鲜艳夺目,如同一只奉上祭坛的大鸟脱落的羽毛,低吟着壮烈的悲歌离去。

牡丹没有花谢花败之时,要么烁于枝头,要么归于泥土,它跨越萎顿和衰老,由青春而死亡,由美丽而消遁。它虽美却不吝惜生命,即使告别也要展示给人最后一次的惊心动魄。

所以在这阴冷的四月里,奇迹不会发生。任凭游人扫兴和诅咒,牡丹依然安之若素。它不苟且、不俯就、不妥协、不媚俗,甘愿自己冷落自己。它遵循自己的花期自己的规律,它有权利为自己选择每年一度的盛大节日。它为什么不拒绝寒冷?

天南海北的看花人,依然络绎不绝地涌入洛阳城。人们不会因牡丹的拒绝而拒绝它的美。如果它再被贬谪十次,也许它就会繁衍出十个洛阳牡丹城。

于是你在无言的遗憾中感悟到,富贵与高贵只是一字之差。同人一样,花儿也是有灵性的,更有品位之高低。品位这东西为气为魂为//筋骨为神韵,只可意会。……

Qíshí nǐ zài hěn jiǔ yǐqián bìng bù xǐhuan mǔ·dān, yīn·wèi tā zǒng bèi rén zuòwèi fùguì móbài. Hòulái nǐ mùdǔle yī cì mǔ·dān de luòhuā, nǐ xiāngxìn suǒyǒu de rén dōu huì wèi zhī gǎndòng: Yī zhèn qīngfēng xúlái, jiāoyàn xiānnèn de shèngqī mǔ·dān hūrán zhěng duǒ zhěng duǒ de zhuìluò, pūsǎ yīdì xuànlì de huābàn. Nà huābàn luòdì shí yīrán xiānyàn duómù, rútóng yī zhī fèng·shàng jìtán de dàniǎo tuō-luò de yǔmáo, dīyínzhe zhuàngliè de bēigē líqù.

Mǔ·dān méi·yǒu huāxiè-huābài zhī shí, yàome shuòyú zhītóu, yàome guīyú nítǔ, tā kuàyuè wěidùn hé shuāilǎo, yóu qīngchūn ér sǐwáng, yóu měilì ér xiāodùn. Tā suī měi què bù lìnxī shēngmìng, jíshǐ gàobié yě yào zhǎnshì gěi rén zuìhòu yī cì de jīngxīn-dòngpò.

Suǒyǐ zài zhè yīnlěng de sìyuè·lǐ qíjì bù huì fāshēng. Rènpíng yóurén sǎoxìng hé zǔzhòu, mǔ·dān yīrán ānzhī-ruòsù. Tā bù gǒuqiě、bù fǔjiù、bù tuǒxié、bù mèisú, gānyuàn zìjǐ lěngluò zìjǐ. Tā zūnxún zìjǐ de huāqī zìjǐ de guīlǜ, tā yǒu quánlì wèi zìjǐ xuǎnzé měinián yī dù de shèngdà jiérì. Tā wèishénme bù jùjué hánlěng?

Tiānnán-hǎiběi de kàn huā rén, yīrán luòyì-bùjué de yǒngrù Luòyáng Chéng. Rénmen bù huì yīn mǔ·dān de jùjué ér jùjué tā de měi. Rúguǒ tā zài bèi biǎnzhé shí cì, yěxǔ tā jiùhuì fányǎn chū shí gè Luòyáng mǔ·dān chéng.

Yúshì nǐ zài wúyán de yíhàn zhōng gǎnwù dào, fùguì yǔ gāoguì zhīshì yī zì zhī chā. Tóng rén yīyàng, huā'ér yě shì yǒu língxìng de, gèng yǒu pǐnwèi zhī gāodī. pǐnwèi zhè dōngxi wèi qì wèi hún wèi// jīngǔ wèi shényùn, zhǐ kě yìhuì.……

作品 31 号 　节选自《中考语文课外阅读试题精选》中《"能吞能吐"的森林》

森林涵养水源,保持水土,防止水旱灾害的作用非常大。据专家测算,一片十万亩面积的森林,相当于一个两百万立方米的水库,这正如农谚所说的:"山上多栽树,等于修水库。雨多它能吞,雨少它能吐。"

　　说起森林的功劳,那还多得很。它除了为人类提供木材及许多种生产、生活的原料之外,在维护生态环境方面也是功劳卓著,它用另一种"能吞能吐"的特殊功能孕育了人类。因为地球在形成之初,大气中的二氧化碳含量很高,氧气很少,气温也高,生物是难以生存的。大约在四亿年之前,陆地才产生了森林。森林慢慢将大气中的二氧化碳吸收,同时吐出新鲜氧气,调节气温:这才具备了人类生存的条件,地球上才最终有了人类。

　　森林,是地球生态系统的主体,是大自然的总调度室,是地球的绿色之肺。森林维护地球生态环境的这种"能吞能吐"的特殊功能是其他任何物体都不能取代的。然而,由于地球上的燃烧物增多,二氧化碳的排放量急剧增加,使得地球生态环境急剧恶化,主要表现为全球气候变暖,水分蒸发加快,改变了气流的循环,使气候变化加剧,从而引发热浪、飓风、暴雨、洪涝及干旱。

　　为了 // 使地球的这个"能吞能吐"的绿色之肺恢复健壮,以改善生态环境,抑制全球变暖,减少水旱等自然灾害,我们应该大力造林、护林,使每一座荒山都绿起来。

Sēnlín hányǎng shuǐyuán, bǎochí shuǐtǔ, fángzhǐ shuǐhàn zāihài de zuòyòng fēicháng dà. Jù zhuānjiā cèsuàn, yī piàn shíwàn mǔ miànjī de sēnlín, xiāngdāngyú yī gè liǎngbǎi wàn lìfāngmǐ de shuǐkù, zhè zhèng rú nóngyàn suǒ shuō de:" shān·shàng duō zāi shù, děngyú xiū shuǐkù. Yǔ duō tā néng tūn, yǔ shǎo tā néng tǔ."

Shuōqǐ sēnlín de gōng·láo, nà hái duō de hěn. Tā chúle wèi rénlèi tígōng mùcái jí xǔduō zhǒng shēngchǎn、shēnghuó de yuánliào zhīwài, zài wéihù shēngtài huánjìng fāngmiàn yě shì gōng·láo zhuōzhù, tā yòng lìng yī zhǒng "néngtūn-néngtǔ" de tèshū gōngnéng yùnyùle rénlèi. Yīn·wèi dìqiú zài xíngchéng zhīchū, dàqì zhōng de èryǎnghuàtàn hánliàng hěn gāo, yǎngqì hěn shǎo, qìwēn yě gāo, shēngwù shì nányǐ shēngcún de. Dàyuē zài sìyì nián zhīqián, lùdì cái chǎnshēngle sēnlín. Sēnlín mànmàn jiāng dàqì zhōng de èryǎnghuàtàn xīshōu, tóngshí tǔ·chū xīn·xiān yǎngqì, tiáojié qìwēn: zhè cái jùbèi le rénlèi shēngcún de tiáojiàn, dìqiú·shàng cái zuìzhōng yǒule rénlèi.

Sēnlín, shì dìqiú shēngtài xìtǒng de zhǔtǐ, shì dàzìrán de zǒng diàodùshì, shì dìqiú de lùsè zhī fèi. Sēnlín wéihù dìqiú shēngtài huánjìng de zhè zhǒng "néngtūn néngtǔ" de tèshū gōngnéng shì qítā rènhé wùtǐ dōu bùnéng qǔdài de. Rán'ér, yóuyú dìqiú·shàng de ránshāowù zēngduō, èryǎnghuàtàn de páifàngliàng jíjù zēngjiā, shǐ·dé dìqiú shēngtài huánjìng jíjù èhuà, zhǔyào biǎoxiàn wèi quánqiú qìhòu biàn nuǎn, shuǐfàn zhēngfā jiākuài, gǎibiànle qìliú de xúnhuán, shǐ qìhòu biànhuà jiājù, cóng'ér yǐnfā rèlàng、jùfēng、bàoyǔ、hónglào jí gānhàn.

wèile//Shǐ dìqiú de zhège "néngtūn-néngtǔ" de lùsè zhī fèi huīfù jiànzhuàng, yǐ gǎishàn shēngtài huánjìng, yìzhì quánqiú biàn nuǎn, jiǎnshǎo shuǐhàn děng zìrán zāihài, wǒmen yīnggāi dàlì zàolín、hùlín shǐ měi yī zuò huāngshān dōu lǜ qǐ·lái .

作品 32 号

节选自（中国台湾）杏林子《朋友和其他》

朋友即将远行。

暮春时节，又邀了几位朋友在家小聚。虽然都是极熟的朋友，却是终年难得一见，偶尔电话里相遇，也无非是几句寻常话。一锅小米稀饭，一碟大头菜，一盘自家酿制的泡幕，一只巷口买回的烤鸭，简简单单，不像请客，倒像家人团聚。

其实，友情也好，爱情也好，久而久之都会转化为亲情。

说也奇怪，和新朋友会谈文学、谈哲学、谈人生道理等等，和老朋友却只话家常，柴米油盐，细细碎碎，种种琐事。很多时候，心灵的契合已经不需要太多的言语来表达。

朋友新烫了个头，不敢回家见母亲，恐怕惊骇了老人家，却欢天喜地来见我们，老朋友颇能以一种趣味性的眼光欣赏这个改变。

年少的时候，我们差不多都在为别人而活，为苦口婆心的父母活，为循循善诱的师长活，为许多观念、许多传统的约束力而活。年岁逐增，渐渐挣脱外在的限制与束缚，开始懂得为自己活，照自己的方式做一些自己喜欢的事，不在乎别人的批评意见，不在乎别人的诋毁流言，只在乎那一份随心所欲的舒坦自然。偶尔，也能够纵容自己放浪一下，并且有一种恶作剧的窃喜。

就让生命顺其自然，水到渠成吧，犹如窗前的 // 乌桕，自生自落之间，自有一份圆融丰满的喜悦。春雨轻轻落着，没有诗，没有酒，有的只是一份相知相属的自在自得。

夜色在笑语中渐渐沉落，朋友起身告辞，没有挽留，没有送别，甚至也没有问归期。

已经过了大喜大悲的岁月，已经过了伤感流泪的年华，知道了聚散原来是这样的自然和顺理成章，懂得这点，便懂得珍惜每一次相聚的温馨，离别便也欢喜。

Péngyou jíjiāng yuǎnxíng.

Mùchūn shíjié, yòu yāole jǐ wèi péngyou zài jiā xiǎojù. Suīrán dōu shì jí shú de péngyou, què shì zhōngnián nándé yī jiàn, ǒu'ěr diànhuà lǐ xiāngyù, yě wúfēi shì jǐ jù xúnchánghuà. Yī guō xiǎomǐ xīfàn, yī dié dàtóucài, yī pán zìjiā niàngzhì de pàocài, yī zhī xiàngkǒu mǎihuí de kǎoyā, jiǎnjiǎn-dāndān, bù xiàng qǐngkè, dào xiàng jiārén tuánjù.

Qíshí, yǒuqíng yě hǎo, àiqíng yě hǎo, jiǔ'érjiǔzhī dōu huì zhuǎnhuà wèi qīnqíng.

Shuō yě qíguài, hé xīn péngyou huì tán wénxué, tán zhéxué, tán rénshēng dàolǐ děngděng, hé lǎo péngyou què zhǐ huà jiācháng, chái-mǐ-yóu-yán, xìxì-suìsuì, zhǒngzhǒng suǒshì. Hěn duō shíhou, xīnlíng de qìhé yǐjing bù xūyào tài duō de yányǔ lái biǎodá.

Péngyou xīn tàngle gè tóu, bùgǎn huíjiā jiàn mǔqīn, kǒngpà jīnghàile lǎorenjiā, què huāntiān-xǐdì lái jiàn wǒmen, lǎo péngyou pō néng yǐ yī zhǒng qùwèixìng de yǎn guāng xīnshǎng zhège gǎibiàn.

Niánshào de shíhou，wǒmen chà·bùduō dōu zài wèi bié·rén ér huó，wèi kǔkǒu-póxīn de fùmǔ huó，wèi xúnxún-shànyòu de shīzhǎng huó，wèi xǔduō guānniàn、xǔduō chuántǒng de yuēshùlì ér huó。Niánsuì zhú zēng，jiànjiàn zhèngtuō wàizài de xiànzhì yǔ shùfù，kāishǐ dǒng·dé wèi zìjǐ huó，zhào zìjǐ de fāngshì zuò yīxiē zìjǐ xǐhuan de shì，bù zàihu bié·rén de pīpíng yì·jiàn，bù zàihu bié·rén de dǐhuǐ liúyán，zhǐ zàihu nà yī fènr suíxīn-suǒyù de shūtan zìrán。ǒu'ěr，yě nénggòu zòngróng zìjǐ fànglàng yīxià，bìngqiě yǒu yī zhǒng èzuòjù de qièxǐ。

Jiù ràng shēngmìng shùn qí zìrán，shuǐdào-qúchéng ba，yóurú chuāng qián de//wūjiù，zìshēng-zìluò zhījiān，zì yǒu yī fèn yuánróng fēngmǎn de xǐyuè。Chūnyǔ qīngqīng luòzhe，méi·yǒu shī，méi·yǒu jiǔ，yǒude zhǐshì yī fèn xiāng zhī xiāng zhǔ de zìzài zìdé。

Yèsè zài xiǎoyǔ zhōng jiànjiàn chénluò，péngyou qǐshēn gàocí，méi·yǒu wǎnliú，méi·yǒu sòngbié，shènzhì yě méi·yǒu wèn guīqī。

Yǐ·jīng guòle dàxǐ-dàbēi de suìyuè，yǐ·jīng guòle shānggǎn liúlèi de niánhuá，zhī·dàole jù-sàn yuánlái shì zhèyàng de zìrán hé shùnlǐ-chéngzhāng，dǒng·dé zhè diǎn，biàn dǒng·dé zhēnxī měi yī cì xiāngjù de wēnxīn，líbié biàn yě huānxǐ。

作品 33 号

节选自莫怀戚《散步》

我们在田野散步：我，我的母亲，我的妻子和儿子。

母亲本不愿出来的。她老了，身体不好，走远一点儿就觉得很累。我说，正因为如此，才应该多走走。母亲信服地点点头，便去拿外套。她现在很听我的话，就像我小时候很听她的话一样。

这南方初春的田野，大块小块的新绿随意地铺着，有的浓，有的淡，树上的嫩芽也密了，田里的冬水也咕咕地起着水泡。这一切都使人想着一样东西——生命。

我和母亲走在前面，我的妻子和儿子走在后面。小家伙突然叫起来："前面是妈妈和儿子，后面也是妈妈和儿子。"我们都笑了。

后来发生了分歧：母亲要走大路，大路平顺；我的儿子要走小路，小路有意思。不过，一切都取决于我。我的母亲老了，她早已习惯听从她强壮的儿子；我的儿子还小，他还习惯听从他高大的父亲；妻子呢，在外面，她总是听我的。一霎时我感到了责任的重大。我想找一个两全的办法，找不出；我想拆散一家人，分成两路，各得其所，终不愿意。我决定委屈儿子，因为我伴同他的时日还长。我说："走大路。"

但是母亲摸摸孙儿的小脑瓜，变了主意："还是走小路吧。"她的眼随小路望去：那里有金色的菜花，两行整齐的桑树，//尽头一口水波粼粼的鱼塘。"我走不过去的地方，你就背着我。"母亲对我说。

这样，我们在阳光下，向着那菜花、桑树和鱼塘走去。到了一处，我蹲下来，背起了母亲；妻子也蹲下来，背起了儿子。我和妻子都是慢慢地，稳稳地，走得很仔细，好像我背上的同她背上的加起来，就是整个世界。

Wǒmen zài tiányě sànbù：wǒ，wǒ de mǔ·qīn，wǒ de qī·zǐ hé érzi.

Mǔ·qīn běn bùyuàn chū·lái de.Tā lǎo le，shēntǐ bù hǎo，zǒu yuǎn yīdiǎnr jiùjué·dé hěn lèi. Wǒ shuō，zhèng yīn·wèi rúcǐ，cái yīnggāi duō zǒuzou. Mǔ·qīn xìnfú de diǎndiǎn tóu，biàn qù ná wàitào.Tā xiànzài hěn tīng wǒ de huà，jiù xiàng wǒ xiǎoshíhou hěn tīng tā de huà yīyàng.

Zhè nánfāng chūchūn de tiányě，dàkuài xiǎokuài de xīnlǜ suíyì de pūzhe，yǒude nóng，yǒude dàn，shù·shàng de nènyá yě mì le，tián·lǐ de dōngshuǐ yě gūgū de qǐzhe shuǐpào. Zhè yīqie dōu shǐ rén xiǎngzhe yī yàng dōngxi——shēngmìng.

Wǒ hé mǔ·qīn zǒu zài qián·miàn，wǒ de qī·zi hé érzǐ zǒu zài hòu·miàn. xiǎojiāhuo tūrán jiào qǐ·lái：“Qián·miàn shì māma hé érzi，hòu·miàn yě shì māma hé érzi.”Wǒmen dōu xiào le.

Hòulái fāshēngle fēnqí：Mǔ·qīn yào zǒu dàlù，dàlù píngshùn；wǒ de érzi yào zǒu xiǎolù，xiǎolù yǒu yìsi.Bùguò，yīqiè dōu qǔjuéyú wǒ. Wǒ de mǔ·qīn lǎo le，tā zǎoyǐ xíguàn tīngcóng tā qiángzhuàng de érzi；wǒ de érzi hái xiǎo，tā hái xíguàn tīng cóng tā gāodà de fù·qīn；qī·zǐ ne，zài wài·miàn，tā zǒngshì tīng wǒ de.Yīshàshí wǒ gǎndàole zérèn de zhòngdà.Wǒ xiǎng zhǎo yī gè liǎngquán de bànfǎ，zhǎo bù chū；wǒ xiǎng chāisàn yī jiā rén，fēnchéng liǎng lù，gèdé-qísuǒ，zhōng bù yuàn·yì.Wǒ juédìng wěiqu érzi，yīn·wèi wǒ bàntóng tā de shírì hái cháng.Wǒ shuō：“Zǒu dàlù.”

Dànshì mǔ·qīn mōmo sūn’ér de xiǎo nǎoguā，biànle zhǔyì：“Háishì zǒu xiǎolù ba.”Tā de yǎn suí xiǎolù wàng·qù：Nà·lǐ yǒu jīnsè de càihuā，liǎng háng zhěngqí de sāngshù，//jìntóu yī kǒu shuǐbō línlín de yútáng.“Wǒ zǒu bù guò·qù de dìfang，nǐ jiù bēizhe wǒ.”Mǔ·qīn duì wǒ shuō.

Zhèyàng，wǒmen zài yángguāng·xià，xiàngzhe nà càihuā、sāngshù hé yútáng zǒu·qù.Dàole yī chù，wǒ dūn xià·lái，bēiqǐle mǔ·qīn；qī·zǐ yě dūn xià·lái，bēiqǐle érzi.Wǒ hé qī·zǐ dōu shì mànmàn de，wěnwěn de，zǒu de hěn zǐxì，hǎoxiàng wǒ bèi·shàng de tóng tā bèi·shàng de jiā qǐ·lái，jiùshì zhěnggè shìjiè.

作品 34 号

节选自罗伯特·罗威尔《神秘的“无底洞”》

地球上是否真的存在“无底洞”？按说地球是圆的，由地壳、地幔和地核三层组成，真正的“无底洞”是不应存在的，我们所看到的各种山洞、裂口、裂缝，甚至火山口也都只是地壳浅部的一种现象。然而中国一些古籍却多次提到海外有个深奥莫测的无底洞。事实上地球上确实有这样一个“无底洞”。

它位于希腊亚各斯古城的海滨。由于濒临大海，大涨潮时，汹涌的海水便会排山倒海般地涌入洞中，形成一股湍湍的急流。据测，每天流入洞内的海水量达三万多吨。奇怪的是，如此大量的海水灌入洞中，却从来没有把洞灌满。曾有人怀疑，这个“无底洞”，会不会就像石灰岩地区的漏斗、竖井、落水洞一类的地形。然而从二十世纪三十年代以来，人们就做了多种努力企图寻找它的出口，却都是枉费心机。

为了揭开这个秘密，一九五八年美国地理学会派出一支考察队，他们把一种经久不变的带色染料溶解在海水中，观察染料是如何随着海水一起沉下去。接着又察看了附近海面以及岛上的各条河、湖，满怀希望地寻找这种带颜色的水，结果令人失望。难道是海水量太大把有色水稀释得太淡，以致无法发现？//

至今谁也不知道为什么这里的海水会没完没了地"漏"下去，这个"无底洞"的出口又在哪里，每天大量的海水究竟都流到哪里去了？

Dìqiú·shàng shìfǒu zhēn de cúnzài "wúdǐdòng"？Ànshuō dìqiú shì yuán de, yóu dìqiào、dìmàn hé dìhé sān céng zǔchéng, zhēnzhèng de "wúdǐdòng" shì bù yīng cúnzài de, wǒmen suǒ kàndào de gè zhǒng shāndòng、lièkǒu、lièfèng, shènzhì huǒshānkǒu yě dōu zhǐshì dìqiào qiǎnbù de yī zhǒng xiànxiàng. Rán'ér zhōngguó yīxiē gǔjí què duō cì tídào hǎiwài yǒu gè shēn'ào-mòcè de wúdǐdòng. Shìshí·shàng dìqiú·shàng quèshí yǒu zhèyàng yī gè "wúdǐdòng".

Tā wèiyú Xīlà Yàgèsī gǔchéng de hǎibīn. Yóuyú bīnlín dàhǎi, dà zhǎngcháo shí, xiōngyǒng de hǎishuǐ biàn huì páishān-dǎohǎi bān de yǒngrù dòng zhōng, xíngchéng yī gǔ tuāntuān de jíliú. Jù cè, měi tiān liúrù dòng nèi de hǎishuǐliàng dá sānwàn duō dūn. Qíguài de shì, rúcǐ dàliàng de hǎishuǐ guànrù dòng zhōng, què cónglái méi·yǒu bǎ dòng guànmǎn. Céng yǒu rén huáiyí, zhège "wúdǐdòng", huì·bù huì jiù xiàng shíhuīyán dìqū de lòudǒu、shùjǐng、luòshuǐdòng yīlèi de dìxíng. Rán'ér cóng èrshí shìjì sānshí niándài yǐlái, rénmen jiù zuòle duō zhǒng nǔlì qǐtú xúnzhǎo tā de chūkǒu, què dōu shì wǎngfèi-xīnjī.

wèile jiēkāi zhège mìmì, yī jiǔ wǔ bā nián Měiguó Dìlǐ xuéhuì pàichū yī zhī kǎocháduì, tāmen bǎ yī zhǒng jīngjiǔ-bùbiàn de dài sè rǎnliào róngjiě zài hǎishuǐ zhōng, guānchá rǎnliào shì rúhé suízhe hǎishuǐ yīqǐ chén xià·qù. Jiēzhe yòu chákànle fùjìn hǎimiàn yǐjí dǎo·shàng de gè tiáo hé、hú, mǎnhuái xīwàng de xúnzhǎo zhè zhǒng dài yánsè de shuǐ, jiéguǒ lìng rén shīwàng. Nándào shì hǎishuǐliàng tài dà bǎ yǒusèshuǐ xīshì de tài dàn, yǐzhì wúfǎ fāxiàn？//

zhìjīn shéi yě bù zhī·dào wèishénme zhè·lǐ de hǎishuǐ huì méiwán-méiliǎo de "lòu" xià·qù, zhège "wúdǐdòng" de chūkǒu yòu zài nǎ·lǐ, měi tiān dàliàng de hǎishuǐ jiūjìng dōu liúdào nǎ·lǐ qù le？

作品 35 号

节选自［奥］茨威格《世间最美的坟墓》，张厚仁译

我在俄国见到的景物再没有比托尔斯泰墓更宏伟、更感人的。

完全按照托尔斯泰的愿望，他的坟墓成了世间最美的，给人印象最深刻的坟墓。它

只是树林中的一个小小的长方形土丘,上面开满鲜花——没有十字架,没有墓碑,没有墓志铭,连托尔斯泰这个名字也没有。

这位比谁都感到受自己的声名所累的伟人,却像偶尔被发现的流浪汉,不为人知的士兵,不留名姓地被人埋葬了。谁都可以踏进他最后的安息地,围在四周稀疏的木栅栏是不关闭的——保护列夫·托尔斯泰得以安息的没有任何别的东西,惟有人们的敬意;而通常,人们却总是怀着好奇,去破坏伟人墓地的宁静。

这里,逼人的朴素禁锢住任何一种观赏的闲情,并且不容许你大声说话。风儿俯临,在这座无名者之墓的树木之间飒飒响着,和暖的阳光在坟头嬉戏;冬天,白雪温柔地覆盖这片幽暗的圭土地。无论你在夏天或冬天经过这儿,你都想像不到,这个小小的、隆起的长方体里安放着一位当代最伟大的人物。

然而,恰恰是这座不留姓名的坟墓,比所有挖空心思用大理石和奢华装饰建造的坟墓更扣人心弦。在今天这个特殊的日子//里,到他的安息地来的成百上千人中间,没有一个有勇气,哪怕仅仅从这幽暗的土丘上摘下一朵花留作纪念。人们重新感到,世界上再没有比托尔斯泰最后留下的、这座纪念碑式的朴素坟墓,更打动人心的了。

wǒ zài Éguó jiàndào de jǐngwù zài méi·yǒu bǐ Tuō'ěrsītài mù gèng hóngwěi、gèng gǎnrén de.

wánquán ànzhào Tuō'ěrsītài de yuànwàng, tā de fénmù chéngle shìjiān zuì měi de, gěi rén yìnxiàng zuì shēnkè de fénmù. Tā zhǐshì shùlín zhōng de yī gè xiǎoxiǎo de chángfāngxíng tǔqiū, shàng·miàn kāimǎn xiānhuā——méi·yǒu shízìjià, méi·yǒu mùbēi, méi·yǒu mùzhìmíng, lián Tuō'ěrsītài zhège míngzi yě méi·yǒu.

zhè wèi bǐ shéi dōu gǎndào shòu zìjǐ de shēngmíng suǒ lěi de wěirén, què xiàng ǒu'ěr bèi fāxiàn de liúlànghàn, bù wéi rén zhī de shìbīng, bù liú míngxìng de bèi rén máizàng le. shéi dōu kěyǐ tàjìn tā zuìhòu de ānxīdì, wéi zài sìzhōu xīshū de mù zhàlan shì bù guānbì de——bǎohù Lièfū Tuō'ěrsītài déyǐ ānxī de méi·yǒu rènhé biéde dōngxi, wéiyǒu rénmen de jìngyì; ér tōngcháng, rénmen què zǒngshì huáizhe hàoqí, qù pòhuài wěirén mùdì de níngjìng.

zhè·lǐ, bīrén de pǔsù jìngù zhù rènhé yī zhǒng guānshǎng de xiánqíng, bìngqiě bù róngxǔ nǐ dàshēng shuōhuà. Fēng'ér fǔ lín, zài zhè zuò wúmíngzhě zhī mù de shùmù zhījiān sàsà xiǎngzhe, hénuǎn de yángguāng zài féntóur xīxì; dōngtiān, báixuě wēnróu de fùgài zhè piàn yōu'àn de guītǔdì. Wúlùn nǐ zài xiàtiān huò dōngtiān jīngguò zhèr, nǐ dōu xiǎngxiàng bù dào, zhège xiǎoxiǎo de、lóngqǐ de chángfāngtǐ·lǐ ānfàngzhe yī wèi dāngdài zuì wěidà de rénwù.

Rán'ér, qiàqià shì zhè zuò bù liú xìngmíng de fénmù, bǐ suǒyǒu wākōng xīnsi yòng dàlǐshí hé shēhuá zhuāngshì jiànzào de fénmù gèng kòurénxīnxián. Zài jīntiān zhège tèshū de rìzi//·lǐ, dào tā de ānxīdì lái de chéng bǎi shàng qiān rén zhōngjiān, méi·yǒu yī gè yǒu yǒngqì, nǎpà jǐnjǐn cóng zhè yōu'àn de tǔqiū·shàng zhāixià yī duǒ huā liúzuò jìniàn.Rénmen chóngxīn gǎndào，shìjiè·shàng zài méi·yǒu bǐ Tuō'ěrsītài zuìhòu liúxià de、zhè zuò jìniànbēi shì de pǔsù fénmù，gèng dǎdòng rénxīn de le.

作品 36 号

节选自叶圣陶《苏州园林》

我国的建筑，从古代的宫殿到近代的一般住房，绝大部分是对称的，左边怎么样，右边怎么样。苏州园林可绝不讲究对称，好像故意避免似的。东边有了一个亭子或者一道回廊，西边决不会来一个同样的亭子或者一道同样的回廊。这是为什么？我想，用图画来比方，对称的建筑是图案画，不是美术画，而园林是美术画，美术画要求自然之趣，是不讲究对称的。

苏州园林里都有假山和池沼。

假山的堆叠，可以说是一项艺术而不仅是技术。或者是重峦叠嶂，或者是几座小山配合着竹子花木，全在乎设计者和匠师们生平多阅历，胸中有丘壑，才能使游览者攀登的时候忘却苏州城市，只觉得身在山间。

至于池沼，大多引用活水。有些园林池沼宽敞，就把池沼作为全园的中心，其他景物配合着布置。水面假如成河道模样，往往安排桥梁。假如安排两座以上的桥梁，那就一座一个样，决不雷同。

池沼或河道的边沿很少砌齐整的石岸，总是高低屈曲任其自然。还在那儿布置几块玲珑的石头，或者种些花草。这也是为了取得从各个角度看都成一幅画的效果。池沼里养着金鱼或各色鲤鱼，夏秋季节荷花或睡莲开//放，游览者看"鱼戏莲叶间"，又是入画的一景。

wǒguó de jiànzhù，cóng gǔdài de gōngdiàn dào jìndài de yībān zhùfáng，jué dà bùfen shì duìchèn de，zuǒ·biān zěnmeyàng，yòu·biān zěnmeyàng.Sūzhōu yuánlín kě juébù jiǎng·jiū duìchèn，hǎoxiàng gùyì bìmiǎn shìde.Dōng·biān yǒule yi gè tíngzi huòzhě yī dào huíláng.xī·biān juébù huì lái yī gè tóngyàng de tíngzi huòzhě yī dào tóngyàng de huíláng.Zhè shì wèishénme？ Wǒ xiǎng，yòng túhuà lái bǐfang，duìchèn de jiànzhù shì tú'ànhuà，bù shì měishùhuà，ér yuánlín shì měishùhuà，měishùhuà yāoqiú zìrán zhī qù，shì bù jiǎng·jiū duìchèn de.

Sūzhōu yuánlín·lǐ dōu yǒu jiǎshān hé chízhǎo.

Jiǎshān de duīdié，kěyǐ shuō shì yī xiàng yìshù ér bùjǐn shì jìshù. Huòzhě shì chóngluán-diézhàng，huòzhě shì jǐ zuò xiǎoshān pèihézhe zhúzi huāmù，quán zàihu shèjìzhě hé jiàngshīmen shēngpíng duō yuèlì，xiōng zhōng yǒu qiūhè，cái néng shǐ yóulǎnzhě pāndēng de shíhou wàngquè Sūzhōu chéngshì，zhǐ juéde shēn zài shān jiān.

zhìyú chízhǎo，dàduō yǐnyòng huóshuǐ.Yǒuxiē yuánlín chízhǎo kuān·chǎng，jiù bǎ chízhǎo zuòwéi quán yuán de zhōngxīn，qítā jǐngwù pèihézhe bùzhì. Shuǐmiàn jiǎrú chéng hédào múyàng，wǎngwǎng ānpái qiáoliáng。Jiǎrú ānpái liǎng zuò yǐshàng de qiáoliáng，nà jiù yī zuò yī gè yàng，jué bù léitóng。

Chízhǎo huò hédào de biānyán hěn shǎo qì qízhěng de shí'àn，zǒngshì gāodī qūqū rèn qí zìrán。Hái zài nàr bùzhì jǐ kuài línglóng de shítou，huòzhě zhòng xiē huācǎo。Zhè yě shì wèile qǔdé cóng gègè jiǎodù kàn dōu chéng yī fú huà de xiàoguǒ。Chízhǎo·lǐ yǎngzhe jīnyú huò gè sè lǐyú，xià-qiū jìjié héhuā huò shuǐlián kāi // fàng，yóulǎnzhě kàn "yú xì liányè jiān"，yòu shì rù huà de yī jǐng。

作品 37 号

节选自《态度创造快乐》

一位访美中国女作家，在纽约遇到一位卖花的老太太。老太太穿着破旧，身体虚弱，但脸上的神情却是那样祥和兴奋。女作家挑了一朵花说："看起来，你很高兴。"老太太面带微笑地说："是的，一切都这么美好，我为什么不高兴呢？""对烦恼，你倒真能看得开。"女作家又说了一句。没料到，老太太的回答更令女作家大吃一惊："耶酥在星期五被钉上十字架时，是全世界最糟糕的一天，可三天后就是复活节。所以，当我遇到不幸时，就会等待三天，这样一切就恢复正常了。"

"等待三天"，多么富于哲理的话语，多么乐观的生活方式。它把烦恼和痛苦抛下，全力去收获快乐。

沈从文在"文革"期间，陷入了非人的境地。可他毫不在意，他在咸宁时给他的表侄、画家黄永玉写信说："这里的荷花真好，你若来……"身陷苦难却仍为荷花的盛开欣喜赞叹不已，这是一种趋于澄明的境界，一种旷达洒脱的胸襟，一种面临磨难坦荡从容的气度，一种对生活童子般的热爱和对美好事物无限向往的生命情感。

由此可见，影响一个人快乐的，有时并不是困境及磨难，而是一个人的心态。如果把自己浸泡在积极、乐观、向上的心态中，快乐必然会 // 占据你的每一天。

yī wèi fǎng Měi zhōngguó nǚzuòjiā，zài Niǔyuē yùdào yī wèi mài huā de lǎotàitai。Lǎotàitai chuānzhuó pòjiù，shēntǐ xūruò，dàn liǎn·shàng de shénqíng què shì nàyàng xiánghé xīngfèn。Nǚzuòjiā tiāole yī duǒ huā shuō："kàn qǐ·lái，nǐ hěn gāoxìng。"Lǎotàitai miàn dài wēixiào de shuō："Shìde，yīqiè dōu zhème měihǎo，wǒ wèishénme bù gāoxìng ne？""Duì fánnǎo，nǐ dào zhēn néng kàndekāi。"Nǚzuòjiā yòu shuōle yī jù。Méi liàodào，lǎotàitài de huídá gèng lìng nǚzuòjiā dàchī-yījīng："Yēsū zài xīngqīwǔ bèi dìng·shàng shízìjià shí，shì quán shìjiè zuì zāogāo de yī tiān，kě sān tiān hòu jiùshì Fùhuójié。Suǒyǐ，dāng wǒ yùdào bùxìng shí，jiù huì děngdài sān tiān，zhèyàng yīqiè jiù huīfù zhèngcháng le。"

"Děngdài sān tiān"，duōme fùyú zhélǐ de huàyǔ，duōme lèguān de shēnghuó fāngshì。Tā bǎ fánnǎo hé tòngkǔ pāo·xià，quánlì qù shōuhuò kuàilè。

Shěn Cóngwén zài "wén-gé" qījiān, xiànrùle fēirén de jìngdì. Kě tā háobù zàiyì, tā zài Xiánníng shí gěi tā de biǎozhí、huàjiā Huáng Yǒngyù xiěxìn shuō: "Zhè·lǐ de héhuā zhēn hǎo, nǐ ruò lái……" Shěn xiàn kǔnán què réng wèi héhuā de shèngkāi xīnxǐ zàntàn bùyǐ, zhè shì yī zhǒng qūyú chéngmíng de jìngjiè, yī zhǒng kuàngdá sǎ·tuō de xiōngjīn, yī zhǒng miànlín mónàn tǎndàng cóngróng de qìdù, yī zhǒng duì shēnghuó tóngzǐ bān de rè'ài hé duì měihǎo shìwù wúxiàn xiàngwǎng de shēngmìng qínggǎn.

Yóucǐ·kějiàn, yǐngxiǎng yī gè rén kuàilè de, yǒushí bìng bù shì kùnjìng jí mónàn, ér shì yī gè rén de xīntài. Rúguǒ bǎ zìjǐ jìnpào zài jījí、lèguān、xiàngshàng de xīntài zhōng, kuàilè bìrán huì // zhànjù nǐ de měi yī tiān.

作品38号

节选自杨朔《泰山极顶》

泰山极顶看日出,历来被描绘成十分壮观的奇景。有人说:登泰山而看不到日出,就像一出大戏没有戏眼,味儿终究有点寡淡。

我去爬山那天,正赶上个难得的好天,万里长空,云彩丝儿都不见。素常,烟雾腾腾的山头,显得眉目分明。同伴们都欣喜地说:"明天早晨准可以看见日出了。"我也是抱着这种想头,爬上山去。

一路从山脚往上爬,细看山景,我觉得挂在眼前的不是五岳独尊的泰山,却像一幅规模惊人的青绿山水画,从下面倒展开来。在画卷中最先露出的是山根底那座明朝建筑岱宗坊,慢慢地便现出王母池、斗母宫、经石峪。山是一层比一层深,一叠比一叠奇,层层叠叠,不知还会有多深多奇。万山丛中,时而点染着极其工细的人物。王母池旁的吕祖殿里有不少尊明塑,塑着吕洞宾等一些人,姿态神情是那样有生气,你看了,不禁会脱口赞叹说:"活啦。"

画卷继续展开,绿阴森森的柏洞露面不太久,便来到对松山。两面奇峰对峙着,满山峰都是奇形怪状的老松,年纪怕都有上千岁了,颜色竟那么浓,浓得好像要流下来似的。来到这儿,你不妨权当一次画里的写意人物,坐在路旁的对松亭里,看看山色,听听流 // 水和松涛。

一时间,我又觉得自己不仅是在看画卷,却又像是在零零乱乱翻着一卷历史稿本。

Tài Shān jí dǐng kàn rìchū, lìlái bèi miáohuì chéng shífēn zhuàngguān de qíjǐng. Yǒu rén shuō: Dēng Tài Shān ér kàn·bùdào rìchū, jiù xiàng yī chū dàxì méi·yǒu xìyǎn, wèir zhōngjiū yǒu diǎnr guǎdàn.

wǒ qù páshān nà tiān, zhèng gǎn·shàng gè nándé de hǎotiān, wànlǐ chángkōng, yúncaisīr dōu bù jiàn. Sùcháng, yānwù téngténg de shāntóu, xiǎn·dé méi·mù fēnmíng. Tóngbànmen dōu xīnxǐ de shuō: "Míngtiān zǎo·chén zhǔn kěyǐ kàn·jiàn rìchūle." Wǒ yě shì bàozhe zhè zhǒng xiǎngtou, pá·shàng shān·qù.

Yīlù cóng shānjiǎo wǎngshàng pá, xì kàn shānjǐng, wǒ jué·dé guà zài yǎnqián de bù shì Wǔ Yuè dú zūn de Tài Shān, què xiàng yī fú guīmó jīngrén de qīnglǜ shānshuǐhuà, cóng xià·miàn dào zhǎn kāi·lái. Zài huàjuàn zhōng zuì xiān lòuchū de shì shāngēnr dǐ nà zuò Míngcháo jiànzhù Dàizōngfāng, mànmàn de biàn xiànchū Wángmǔchí、Dǒumǔgōng、Jīngshíyù. Shān shì yī céng bǐ yī céng shēn, yī dié bǐ yī dié qí, céngcéng-diédié, bù zhī hái huì yǒu duō shēn duō qí. Wàn shān cóng zhōng, shí'ér diǎnrǎnzhe jíqí gōngxì de rénwù. Wángmǔchí páng de Lǚzǔdiàn·lǐ yǒu bùshǎo zūn míngsù, sùzhe Lǚ Dòngbīn děng yīxiē rén, zītài shénqíng shì nàyàng yǒu shēngqì, nǐ kàn le, bùjīn huì tuōkǒu zàntàn shuō: "Huó la."

Huàjuàn jìxù zhǎnkāi, lǜyīn sēnsēn de Bǎidòng lòumiàn bù tài jiǔ, biàn láidào Duìsōngshān. Liǎngmiàn qífēng duìzhìzhe, mǎn shānfēng dōu shì qíxíng-guàizhuàng de lǎosōng, niánjì pà dōu yǒu shàng qiān suì le, yánsè jìng nàme nóng, nóng de hǎoxiàng yào liú xià·lái shìde. Láidào zhèr, nǐ bùfáng quándāng yī cì huà·lǐ de xiěyì rénwù, zuò zài lùpáng de Duìsōngtíng·lǐ, kànkan shānsè, tīngting liú // shuǐ hé sōngtāo.

Yī shíjiān, wǒ yòu jué·dé zìjǐ bùjǐn shì zài kàn huàjuàn, què yòu xiàng shì zài línglíng-luànluàn fānzhe yī juàn lìshǐ gǎoběn.

作品 39 号

节选自《教师博览·百期精华》中《陶行知的"四块糖果"》

育才小学校长陶行知在校园看到学生王友用泥块砸自己班上的同学,陶行知当即喝止了他,并令他放学后到校长室去。无疑,陶行知是要好好教育这个"顽皮"的学生。那么他是如何教育的呢?

放学后,陶行知来到校长室,王友已经等在门口准备挨训了。可一见面,陶行知却掏出一块糖果送给王友,并说:"这是奖给你的,因为你按时来到这里,而我却迟到了。"王友惊疑地接过糖果。

随后,陶行知又掏出一块糖果放到他手里,说:"这第二块糖果也是奖给你的,因为当我不让你再打人时,你立即就住手了,这说明你很尊重我,我应该奖你。"王友更惊疑了,他眼睛睁得大大的。

陶行知又掏出第三块糖果塞到王友手里,说:"我调查过了,你用泥块砸那些男生,是因为他们不守游戏规则,欺负女生;你砸他们,说明你很正直善良,且有批评不良行为的勇气,应该奖励你啊!"王友感动极了,他流着眼泪后悔地喊道:"陶……陶校长你打我两下吧!我砸的不是坏人,而是自己的同学啊……"

陶行知满意地笑了,他随即掏出第四块糖果递给王友,说:"为你正确地认识错误,我再奖给你一块糖果,只可惜我只有这一块糖果了。我的糖果 // 没有了,我看我们的谈话也该结束了吧!"说完,就走出了校长室。

Yùcái Xiǎoxué xiàozhǎng Táo Xíngzhī zài xiàoyuán kàndào xuésheng Wáng Yǒu yòng níkuài zá zìjǐ bān·shàng de tóngxué, Táo Xíngzhī dāngjí hèzhǐle tā, bìng lìng tā fàngxué hòu dào xiàozhǎngshì qù.Wúyí, Táo Xíngzhī shì yào hǎohǎo jiàoyù zhège "wánpí" de xuésheng.Nàme tā shì rúhé jiàoyù de ne?

Fàngxué hòu, Táo Xíngzhī láidào xiàozhǎngshì, Wáng Yǒu yǐ·jīng děng zài ménkǒu zhǔnbèi ái xùn le.Kě yī jiànmiàn, Táo Xíngzhī què tāochū yī kuài tángguǒ sònggěi Wáng Yǒu,bìng shuō:"Zhè shì jiǎnggěi nǐ de,yīn·wèi nǐ ànshí láidào zhè·lǐ, ér wǒ què chídào le." Wáng Yǒu jīngyí de jiēguo tángguǒ.

Suíhòu, Táo Xíngzhī yòu tāochū yī kuài tángguǒ fàngdào tā shǒu·lǐ shuō:"Zhè dì-èr kuài tángguǒ yě shì jiǎnggěi nǐ de,yīn·wèi dāng wǒ bùràng nǐ zài dǎrén shí,nǐ lìjí jiù zhùshǒu le,zhè shuōmíng nǐ hěn zūnzhòng wǒ, wǒ yīnggāi jiǎng nǐ." Wáng Yǒu gèng jīngyí le,tā yǎnjing zhēng de dàdà de.

Táo Xíngzhī yòu tāochū dì-sān kuài tángguǒ sāidào Wáng Yǒu shǒu·lǐ, shuō: "Wǒ diàocháguo le,nǐ yòng níkuài zá nàxiē nánshēng, shì yīn·wèi tāmen bù shǒu yóuxì guīzé,qīfu nǚshēng;nǐ zá tāmen,shuōmíng nǐ hěn zhèngzhí shànliáng,qiě yǒu pīpíng bùliáng xíngwéi de yǒngqì, yīnggāi jiǎnglì nǐ a!" Wáng Yǒu gǎndòng jí le,tā liúzhe yǎnlèi hòuhuǐ de hǎndào:"Táo …… Táo xiàozhǎng nǐ dǎ wǒ liǎng xià ba! Wǒ zá de bù shì huàirén,ér shì zìjǐ de tóngxué a ……"

Táo Xíngzhī mǎnyì de xiào le,tā suíjí tāochū dì-sì kuài tángguǒ dìgěi Wáng Yǒu, shuō:"Wèi nǐ zhèngquè de rènshi cuò·wù,wǒ zài jiǎnggěi nǐ yī kuài tángguǒ,zhǐ kěxī wǒ zhǐyǒu zhè yī kuài tángguǒ le.Wǒ de tángguǒ // méi·yǒu le,wǒ kàn wǒmen de tánhuà yě gāi jiéshù le ba!"Shuōwán,jiù zǒuchūle xiàozhǎngshì.

作品 40 号

节选自毕淑敏《提醒幸福》

享受幸福是需要学习的,当它即将来临的时刻需要提醒。人可以自然而然地学会感官的享乐,却无法天生地掌握幸福的韵律。灵魂的快意同器官的舒适像一对孪生兄弟,时而相傍相依,时而南辕北辙。

幸福是一种心灵的震颤。它像会倾听音乐的耳朵一样,需要不断地训练。

简而言之,幸福就是没有痛苦的时刻。它出现的频率并不像我们想像的那样少。人们常常只是在幸福的金马车已经驶过去很远时,才拣起地上的金鬃毛说,原来我见过它。

人们喜爱回味幸福的标本,却忽略它披着露水散发清香的时刻。那时候我们往往步履匆匆,瞻前顾后不知在忙着什么。

世上有预报台风的,有预报蝗灾的,有预报瘟疫的,有预报地震的。没有人预报幸福。

其实幸福和世界万物一样,有它的征兆。

幸福常常是朦胧的,很有节制地向我们喷洒甘霖。你不要总希望轰轰烈烈的幸福,它多半只是悄悄地扑面而来。你也不要企图把水龙头拧得更大,那样它会很快地流失。你需要静静地以平和之心,体验它的真谛。

幸福绝大多数是朴素的。它不会像信号弹似的,在很高的天际闪烁红色的光芒。它披着本色的外衣,亲//切温暖地包裹起我们。

幸福不喜欢喧嚣浮华,它常常在暗淡中降临。贫困中相濡以沫的一块糕饼,患难中心心相印的一个眼神,父亲一次粗糙的抚摸,女友一张温馨的字条……这都是千金难买的幸福啊。像一粒粒缀在旧绸子上的红宝石,在凄凉中愈发熠熠夺目。

Xiǎngshòu xìngfú shì xūyào xuéxí de, dāng tā jíjiāng láilín de shíkè xūyào tíxǐng. Rén kěyǐ zìrán'érrán de xuéhuì gǎnguān de xiǎnglè, què wúfǎ tiānshēng de zhǎngwò xìngfú de yùnlǜ. Línghún de kuàiyì tóng qìguān de shūshì xiàng yī duì luánshēng xiōngdì, shí'ér xiāngbàng-xiāngyī, shí'ér nán yuán-běizhé.

Xìngfú shì yī zhǒng xīnlíng de zhènchàn. Tā xiàng huì qīngtīng yīnyuè de ěrduo yīyàng, xūyào bùduàn de xùnliàn.

Jiǎn'éryánzhī, xìngfú jiùshì méi·yǒu tòngkǔ de shíkè. Tā chūxiàn de pínlǜ bìng bù xiàng wǒmen xiǎngxiàng de nàyàng shǎo. Rénmen chángcháng zhǐshì zài xìngfú de jīn mǎchē yǐ·jīng shǐ guò·qù hěn yuǎn shí, cái jiǎnqǐ dì·shàng de jīn zōngmáo shuō, yuánlái wǒ jiànguo tā.

Rénmen xǐ'ài huíwèi xìngfú de biāoběn, què hūlüè tā pīzhe lù·shuǐ sànfā qīngxiāng de shíkè. Nà shíhou wǒmen wǎngwǎng bùlǚ cōngcōng, zhānqián-gùhòu bù zhī zài mángzhe shénme.

Shì·shàng yǒu yùbào táifēng de, yǒu yùbào huángzāi de, yǒu yùbào wēnyì de, yǒu yùbào dìzhèn de. Méi·yǒu rén yùbào xìngfú.

Qíshí xìngfú hé shìjiè wànwù yīyàng, yǒu tā de zhēngzhào.

Xìngfú chángcháng shì ménglóng de, hěn yǒu jiézhì de xiàng wǒmen pēnsǎ gānlín. Nǐ bùyào zǒng xīwàng hōnghōng-lièliè de xìngfú, tā duōbàn zhǐshì qiāoqiāo de pūmiàn ér lái. Nǐ yě bùyào qǐtú bǎ shuǐlóngtóu nǐng de gèng dà, nàyàng tā huì hěn kuài de liúshī. Nǐ xūyào jìngjìng de yǐ pínghé zhī xīn, tǐyàn tā de zhēndì.

Xìngfú jué dà duōshù shì pǔsù de. Tā bù huì xiàng xìnhàodàn shìde, zài hěn gāo de tiānjì shǎnshuò hóngsè de guāngmáng. Tā pīzhe běnsè de wàiyī, qīn//qiè wēnnuǎn de bāoguǒqǐ wǒmen.

Xìngfú bù xǐhuan xuānxiāo fúhuá, tā chángcháng zài àndàn zhōng jiànglín. Pínkùn zhōng xiāngrúyǐmò de yī kuài gāobǐng, huànnàn zhōng xīnxīn-xiāngyìn de yī gè yǎnshén, fù·qīn yī cì cūcāo de fǔmō, nǚyǒu yī zhāng wēnxīn de zìtiáo …… Zhè dōu shì qiānjīn nán mǎi de xìngfú a. Xiàng yī lìlì zhuì zài jiù chóuzi·shàng de hóngbǎoshí, zài qīliáng zhōng yùfā yìyì duómù.

作品 41 号   节选自刘燕敏《天才的造就》

在里约热内卢的一个贫民窟里,有一个男孩子,他非常喜欢足球,可是又买不起,于是就踢塑料盒,踢汽水瓶,踢从垃圾箱里拣来的椰子壳。他在胡同里踢,在能找到的任何一片空地上踢。

有一天,当他在一处干涸的水塘里猛踢一个猪膀胱时,被一位足球教练看见了。他发现这个男孩儿踢得很像是那么回事,就主动提出要送给他一个足球。小男孩儿得到足球后踢得更卖劲了。不久,他就能准确地把球踢进远处随意摆放的一个水桶里。

圣诞节到了,孩子的妈妈说:"我们没有钱买圣诞礼物送给我们的恩人,就让我们为他祈祷吧。"

小男孩儿跟随妈妈祈祷完毕,向妈妈要了一把铲子便跑了出去。他来到一座别墅前的花园里,开始挖坑。

就在他快要挖好坑的时候,从别墅里走出一个人来,问小孩儿在干什么,孩子抬起满是汗珠的脸蛋儿,说:"教练,圣诞节到了,我没有礼物送给您,我愿给您的圣诞树挖一个树坑。"

教练把小男孩儿从树坑里拉上来,说,我今天得到了世界上最好的礼物。明天你就到我的训练场去吧。

三年后,这位十七岁的男孩儿在第六届足球锦标赛上独进二十一球,为巴西第一次捧回了金杯。一个原来不//为世人所知的名字——贝利,随之传遍世界。

Zài Lǐyuērènèilú de yī gè pínmínkū·lǐ, yǒu yī gè nánháizi, tā fēicháng xǐhuan zúqiú, kěshì yòu mǎi·bùqǐ, yúshì jiù tī sùliàohér, tī qìshuǐpíng, tī cóng lājīxiāng·lǐ jiǎnlái de yēzikér. Tā zài hútòngr·lǐ tī, zài néng zhǎodào de rènhé yī piàn kōngdì·shàng tī.

Yǒu yī tiān, dāng tā zài yī chù gānhé de shuǐtáng·lǐ měng tī yī gè zhū pángguāng shí, bèi yī wèi zúqiú jiàoliàn kàn·jiàn le. Tā fāxiàn zhège nánhái tī de hěn xiàng shì nàme huí shì, jiù zhǔdòng tíchū yào sònggěi tā yī gè zúqiú. Xiǎonánhái dédào zúqiú hòu tī de gèng màijìnr le. Bùjiǔ, tā jiù néng zhǔnquè de bǎ qiú tījìn yuǎnchù suíyì bǎifàng de yī gè shuǐtǒng·lǐ.

Shèngdànjié dào le, háizi de māma shuō:"Wǒmen méi·yǒu qián mǎi shèngdàn lǐwù sònggěi wǒmen de ēnrén, jiù ràng wǒmen wèi tā qídǎo ba."

Xiǎonánhái gēnsuí māma qídǎo wánbì, xiàng māma yàole yī bǎ chǎnzi biàn pǎole chū·qù. Tā láidào yī zuò biéshù qián de huāyuán·lǐ, kāishǐ wā kēng.

jiù zài tā kuài yào wāhǎo kēng de shíhou, cóng biéshù·lǐ zǒuchū yī gè rén·lái, wèn xiǎohái zài gàn shénme, háizi táiqǐ mǎn shì hànzhū de liǎndànr, shuō:"Jiàoliàn, Shèngdànjié dào le, wǒ méi·yǒu lǐwù sònggěi nín, wǒ yuàn gěi nín de shèngdànshù wā yī gè shùkēng."

Jiàoliàn bǎ xiǎonánhái cóng shùkēng·lǐ lā shàng·lái, shuō, wǒ jīntiān dédàole shìjiè·shàng zuì hǎo de lǐwù. Míngtiān nǐ jiù dào wǒ de xùnliànchǎng qù ba.

Sān nián hòu, zhè wèi shíqī suì de nánhái zài dì-liù jiè zúqiú jǐnbiāosài·shàng dú jìn èrshíyī qiú, wèi Bāxī dì-yī cì pěnghuíle jīnbēi. Yī gè yuánlái bù//wéi shìrén suǒ zhī de míngzi——Bèilì, suí zhī chuánbiàn shìjiè.

作品 42 号

节选自[法]罗曼·加里《我的母亲独一无二》

记得我十三岁时,和母亲住在法国东南部的耐斯城。母亲没有丈夫,也没有亲戚,够清苦的,但她经常能拿出令人吃惊的东西,摆在我面前。她从来不吃肉,一再说自己是素食者。然而有一天,我发现母亲正仔细地用一小块碎面包擦那给我煎牛排用的油锅。我明白了她称自己为素食者的真正原因。

我十六岁时,母亲成了耐斯市美蒙旅馆的女经理。这时,她更忙碌了。一天,她瘫在椅子上,脸色苍白,嘴唇发灰。马上找来医生,做出诊断:她摄取了过多的胰岛素。直到这时我才知道母亲多年一直对我隐瞒的疾痛——糖尿病。

她的头歪向枕头一边,痛苦地用手抓挠胸口。床架上方,则挂着一枚我一九三二年赢得耐斯市少年乒乓球冠军的银质奖章。

啊,是对我的美好前途的憧憬支撑着她活下去,为了给她那荒唐的梦至少加一点真实的色彩,我只能继续努力,与时间竞争,直至一九三八年我被征入空军。巴黎很快失陷,我辗转调到英国皇家空军。刚到英国就接到了母亲的来信。这些信是由在瑞士的一个朋友秘密地转到伦敦,送到我手中的。

现在我要回家了,胸前佩带着醒目的绿黑两色的解放十字绶 // 带,上面挂着五六枚我终身难忘的勋章,肩上还佩带着军官肩章。到达旅馆时,没有一个人跟我打招呼。原来,我母亲在三年半以前就已经离开人间了。

在她死前的几天中,她写了近二百五十封信,把这些信交给她在瑞士的朋友,请这个朋友定时寄给我。就这样,在母亲死后的三年半的时间里,我一直从她身上吸取着力量和勇气——这使我能够继续战斗到胜利那一天。

Jì·dé wǒ shísān suì shí, hé mǔ·qīn zhù zài Fǎguó dōngnánbù de Nàisī Chéng. Mǔ·qīn méi·yǒu zhàng·fu, yě méi·yǒu qīnqi, gòu qīngkǔ de, dàn tā jīngcháng néng ná·chū lìng rén chījīng de dōngxi, bǎi zài wǒ miànqián. Tā cónglái bù chī ròu, yīzài shuō zìjǐ shì sùshízhě. Rán'ér yǒu yī tiān, wǒ fāxiàn mǔ·qīn zhèng zǐxì de yòng yī xiǎo kuàir suì miànbāo cā nà gěi wǒ jiān niúpái yòng de yóuguō. Wǒ míngbaile tā chēng zìjǐ wéi sùshízhě de zhēnzhèng yuányīn.

Wǒ shíliù suì shí, mǔ·qīn chéngle Nàisī Shì Měiméng lǚguǎn de nǚ jīnglǐ. Zhèshí, tā gèng mánglù le. Yī tiān, tā tān zài yǐzi·shàng, liǎnsè cāngbái, zuǐchún fā huī. Mǎshàng zhǎolái yīshēng, zuò·chū zhěnduàn: Tā shèqǔle guòduō de yídǎosù. Zhídào zhèshí wǒ cái zhī·dào mǔ·qīn duōnián yīzhí duì wǒ yǐnmán de jítòng——tángniàobìng.

Tā de tóu wāixiàng zhěntou yībiān, tòngkǔ de yòng shǒu zhuānao xiōngkǒu. Chuángjià shàngfāng, zé guàzhe yī méi wǒ yī jiǔ sān èr nián yíngdé Nàisī Shì shàonián pīngpāngqiú guànjūn de yínzhì jiǎngzhāng.

À, shì duì wǒ de měihǎo qiántú de chōngjǐng zhīchēngzhe tā huó xià·qù, wèile gěi tā nà huāng·táng de mèng zhìshǎo jiā yīdiǎnr zhēnshí de sècǎi, wǒ zhǐnéng jìxù nǔlì, yǔ shíjiān jìngzhēng, zhízhì yī jiǔ sān bā nián wǒ bèi zhēng rù kōngjūn. Bālí hěn kuài shīxiàn, wǒ zhǎnzhuǎn diàodào Yīngguó Huángjiā Kōngjūn. Gāng dào Yīngguó jiù jiēdàole mǔ·qīn de láixìn. Zhèxiē xìn shì yóu zài Ruìshì de yī gè péngyou mìmì de zhuǎndào Lúndūn, sòngdào wǒ shǒuzhōng de.

Xiànzài wǒ yào huíjiā le, xiōngqián pèidàizhe xǐngmù de lù-hēi liǎng sè de jiěfàng shízì shòu // dài, shàng·miàn guàzhe wǔ-liù méi wǒ zhōngshēn nánwàng de xūnzhāng, jiān·shàng hái pèidàizhe jūnguān jiānzhāng. Dàodá lǚguǎn shí, méi·yǒu yī gè rén gēn wǒ dǎ zhāohu. Yuánlái, wǒ mǔ·qīn zài sān nián bàn yǐqián jiù yǐ·jīng líkāi rénjiān le.

Zài tā sǐ qián de jǐ tiān zhōng, tā xiěle jìn èrbǎi wǔshí fēng xìn, bǎ zhèxiē xìn jiāogěi tā zài Ruìshì de péngyou, qǐng zhège péngyou dìngshí jì gěi wǒ. Jiù zhèyàng, zài mǔ·qīn sǐ hòu de sān nián bàn de shíjiān·lǐ, wǒ yīzhí cóng tā shēn·shàng xīqǔzhe lì·liàng hé yǒngqì——zhè shǐ wǒ nénggòu jìxù zhàndǒu dào shènglì nà yī tiān.

作品 43 号

节选自〔波兰〕玛丽·居里《我的信念》,剑捷译

生活对于任何人都非易事,我们必须有坚韧不拔的精神。最要紧的,还是我们自己要有信心。我们必须相信,我们对每一件事情都具有天赋的才能,并且,无论付出任何代价,都要把这件事完成。当事情结束的时候,你要能问心无愧地说:"我已经尽我所能了。"

有一年的春天,我因病被迫在家里休息数周。我注视着我的女儿们所养的蚕正在结茧,这使我很感兴趣。望着这些蚕执著地、勤奋地工作,我感到我和它们非常相似。像它们一样,我总是耐心地把自己的努力集中在一个目标上。我之所以如此,或许是因为有某种力量在鞭策着我——正如蚕被鞭策着去结茧一般。

近五十年来,我致力于科学研究,而研究,就是对真理的探讨。我有许多美好快乐的记忆。少女时期我在巴黎大学,孤独地过着求学的岁月;在后来献身科学的整个时期,我丈夫和我专心致志,像在梦幻中一般,坐在简陋的书房里艰辛地研究,后来我们就在那里发现了镭。

我永远追求安静的工作和简单的家庭生活。为了实现这个理想,我竭力保持宁静的环境,以免受人事的干扰和盛名的拖累。

我深信,在科学方面我们有对事业而不是 // 对财富的兴趣。我的惟一奢望是在一个自由国家中,以一个自由学者的身份从事研究工作。

我一直沉醉于世界的优美之中,我所热爱的科学也不断增加它崭新的远景。我认定科学本身就具有伟大的美。

Shēnghuó duìyú rènhé rén dōu fēi yì shì, wǒmen bìxū yǒu jiānrèn-bùbá de jīngshén.Zuì yàojǐn de, háishì wǒmen zìjǐ yào yǒu xìnxīn.Wǒmen bìxū xiāngxìn, wǒmen duì měi yī jiàn shìqing dōu jùyǒu tiānfù de cáinéng, bìngqiě, wúlùn fùchū rènhé dàijià, dōu yào bǎ zhè jiàn shì wánchéng.Dāng shìqing jiéshù de shíhou, nǐ yào néng wènxīn-wúkuì de shuō："Wǒ yǐ·jīng jìn wǒ suǒ néng le."

Yǒu yī nián de chūntiān, wǒ yīn bìng bèipò zài jiā·lǐ xiūxī shù zhōu.Wǒ zhùshìzhe wǒ de nǚ'érmen suǒ yǎng de cán zhèngzài jié jiǎn, zhè shǐ wǒ hěn gǎn xìngqù. Wàngzhe zhèxiē cán zhízhuó de、qínfèn de gōngzuò, wǒ gǎndào wǒ hé tāmen fēicháng xiāngsì.Xiàng tāmen yīyàng, wǒ zǒngshì nàixīn de bǎ zìjǐ de nǔlì jízhōng zài yī gè mùbiāo·shàng.Wǒ zhīsuǒyǐ rúcǐ, huòxǔ shì yīn·wèi yǒu mǒu zhǒng lì·liàng zài biāncèzhe wǒ——zhèng rú cán bèi biāncèzhe qù jié jiǎn yībān.

Jìn wǔshí nián lái, wǒ zhìlìyú kēxué yánjiū, ér yánjiū, jiùshì duì zhēnlǐ de tàntǎo.Wǒ yǒu xǔduō měihǎo kuàilè de jìyì.Shàonǚ shíqī wǒ zài Bālí Dàxué, gūdú de guòzhe qiúxué de suìyuè; zài hòulái xiànshēn kēxué de zhěnggè shíqī, wǒ zhàngfu hé wǒ zhuānxīn-zhìzhì, xiàng zài mènghuàn zhōng yībān, zuò zài jiǎnlòu de shūfáng·lǐ jiānxīn de yánjiū, hòulái wǒmen jiù zài nà·lǐ fāxiànle léi.

Wǒ yǒngyuǎn zhuīqiú ānjìng de gōngzuò hé jiǎndān de jiātíng shēnghuó.Wèile shíxiàn zhège lǐxiǎng, wǒ jiélì bǎochí níngjìng de huánjìng, yǐmiǎn shòu rénshì de gānrǎo hé shèngmíng de tuōlěi.

Wǒ shēnxìn, zài kēxué fāngmiàn wǒmen yǒu duì shìyè ér bù shì // duì cáifù de xìngqù.Wǒ de wéiyī shēwàng shì zài yī gè zìyóu guójiā zhōng, yǐ yī gè zìyóu xuézhě de shēn·fèn cóngshì yánjiū gōngzuò.

Wǒ yīzhí chénzuì yú shìjiè de yōuměi zhīzhōng, wǒ suǒ rè'ài de kēxué yě bùduàn zēngjiā tā zhǎnxīn de yuǎnjǐng.Wǒ rèndìng kēxué běnshēn jiù jùyǒu wěidà de měi.

作品 44 号

节选自[美]彼得·基·贝得勒《我为什么当教师》

我为什么非要教书不可？是因为我喜欢当教师的时间安排表和生活节奏。七、八、九三个月给我提供了进行回顾、研究、写作的良机，并将三者有机融合，而善于回顾、研究和总结正是优秀教师素质中不可缺少的成分。

干这行给了我多种多样的"甘泉"去品尝，找优秀的书籍去研读，到"象牙塔"和实际世界里去发现。教学工作给我提供了继续学习的时间保证，以及多种途径、机遇和挑战。

然而，我爱这一行的真正原因，是爱我的学生。学生们在我的眼前成长、变化。当教师意味着亲历"创造"过程的发生——恰似亲手赋予一团泥土以生命，没有什么比目睹它开始呼吸更激动人心的了。

权利我也有了:我有权利去启发诱导，去激发智慧的火花，去问费心思考的问题，去赞扬回答的尝试,去推荐书籍,去指点迷津。还有什么别的权利能与之相比呢?

而且,教书还给我金钱和权利之外的东西,那就是爱心。不仅有对学生的爱,对书籍的爱,对知识的爱,还有教师才能感受到的对"特别"学生的爱。这些学生,有如冥顽不灵的泥块,由于接受了老师的炽爱才勃发了生机。

所以,我爱教书,还因为,在那些勃发生机的"特∥别"学生身上,我有时发现自己和他们呼吸相通,忧乐与共。

Wǒ wèishénme fēi yào jiàoshū bùkě? Shì yīn·wèi wǒ xǐhuan dāng jiàoshī de shíjiān ānpáibiǎo hé shēnghuó jiézòu. Qī、bā、jiǔ sān gè yuè gěi wǒ tígōngle jìnxíng huígù、yánjiū、xiězuò de liángjī, bìng jiāng sānzhě yǒujī rónghé, ér shànyú huígù、yánjiū hé zǒngjié zhèngshì yōuxiù jiàoshī sùzhì zhōng bùkě quēshǎo de chéng·fèn.

Gàn zhè háng gěile wǒ duōzhǒng-duōyàng de "gānquán" qù pǐncháng, zhǎo yōuxiù de shūjí qù yándú, dào "xiàngyátǎ" hé shíjì shìjiè·lǐ qù fāxiàn. Jiàoxué gōngzuò gěi wǒ tígōngle jìxù xuéxí de shíjiān bǎozhèng, yǐjí duōzhǒng tújìng, jīyù hé tiǎozhàn.

Rán'ér, wǒ ài zhè yī háng de zhēnzhèng yuányīn, shì ài wǒ de xuésheng. Xuéshengmen zài wǒ de yǎnqián chéngzhǎng、biànhuà. Dāng jiàoshī yìwèizhe qīnlì "chuàngzào" guòchéng de fāshēng——qiàsì qīnshǒu fùyǔ yī tuán nítǔ yǐ shēngmìng, méi·yǒu shénme bǐ mùdǔ tā kāishǐ hūxī gèng jīdòng rénxīn de le.

Quánlì wǒ yě yǒu le: Wǒ yǒu quánlì qù qǐfā yòudǎo, qù jīfā zhìhuì de huǒhuā, qù wèn fèixīn sīkǎo de wèntí, qù zànyáng huídá de chángshì, qù tuījiàn shūjí, qù zhǐdiǎn míjīn. Háiyǒu shénme biéde quánlì néng yǔ zhī xiāng bǐ ne?

Érqiě, jiāoshū hái gěi wǒ jīnqián hé quánlì zhīwài de dōngxi, nà jiùshì àixīn. Bùjǐn yǒu duì xuésheng de ài, duì shūjí de ài, duì zhīshi de ài, háiyǒu jiàoshī cái néng gǎnshòudào de duì "tèbié" xuésheng de ài. Zhèxiē xuésheng, yǒurú míngwánbùlíng de níkuài, yóuyú jiēshòule lǎoshī de chì·ài cái bófāle shēngjī.

Suǒyǐ, wǒ ài jiāoshū, hái yīn·wèi, zài nàxiē bófā shēngjī de "tè∥bié" xuésheng shēn·shàng, wǒ yǒushí fāxiàn zìjǐ hé tāmen hūxī xiāngtōng, yōulè yǔ gòng.

作品 45 号　节选自《中考语文课外阅读试题精选》中《西部文化和西部开发》

中国西部我们通常是指黄河与秦岭相连一线以西,包括西北和西南的十二个省、市、自治区。这块广袤的土地面积为五百四十六万平方公里,占国土总面积的百分之五十七;人口二点八亿,占全国总人口的百分之二十三。

西部是华夏文明的源头。华夏祖先的脚步是顺着水边走的:长江上游出土过元谋人牙齿化石,距今约一百七十万年;黄河中游出土过蓝田人头盖骨,距今约七十万年。这两处古人类都比距今约五十万年的北京猿人资格更老。

西部地区是华夏文明的重要发源地。秦皇汉武以后,东西方文化在这里交汇融合,从而有了丝绸之路的驼铃声声，佛院深寺的暮鼓晨钟。敦煌莫高窟是世界文化史上的一个奇迹，它在继承汉晋艺术传统的基础上，形成了自己兼收并蓄的恢宏气度，展现出精美绝伦的艺术形式和博大精深的文化内涵。秦始皇兵马俑、西夏王陵、楼兰古国、布达拉宫、三星堆、大足石刻等历史文化遗产，同样为世界所瞩目，成为中华文化重要的象征。

西部地区又是少数民族及其文化的集萃地，几乎包括了我国所有的少数民族。在一些偏远的少数民族地区，仍保留//了一些久远时代的艺术品种，成为珍贵的"活化石"，如纳西古乐、戏曲、剪纸、刺绣、岩画等民间艺术和宗教艺术。特色鲜明、丰富多彩，犹如一个巨大的民族民间文化艺术宝库。

我们要充分重视和利用这些得天独厚的资源优势，建立良好的民族民间文化生态环境，为西部大开发做出贡献。

Zhōngguó xībù wǒmen tōngcháng shì zhǐ Huáng Hé yǔ Qín Lǐng xiānglián yī xiàn yǐ xī, bāokuò xīběi hé xīnán de shí'èr gè shěng、shì、zìzhìqū. Zhè kuài guǎngmào de tǔdì miànjī wéi wǔbǎi sìshíliù wàn píngfāng gōnglǐ, zhàn guótǔ zǒng miànjī de bǎi fēn zhī wǔshíqī; rénkǒu èr diǎn bā yì, zhàn quánguó zǒng rénkǒu de bǎi fēn zhī èrshísān.

Xībù shì Huáxià wénmíng de yuántóu. Huáxià zǔxiān de jiǎobù shì shùnzhe shuǐbiān zǒu de: Cháng Jiāng shàngyóu chūtǔguo Yuánmóurén yáchǐ huàshí, jù jīn yuē yībǎi qīshí wàn nián; Huáng Hé zhōngyóu chūtǔguo Lántiánrén tóugàigú, jù jīn yuē qīshí wàn nián. Zhè liǎng chù gǔ rénlèi dōu bǐ jù jīn yuē wǔshí wàn nián de Běijīng yuánrén zī · gé gèng lǎo.

Xībù dìqū shì Huáxià wénmíng de zhòngyào fāyuándì. Qínhuáng Hànwǔ yǐhòu, dōng-xīfāng wénhuà zài zhè · lǐ jiāohuì rónghé, cóng'ér yǒule sīchóu zhī lù de tuólíng shēngshēng, fó yuàn shēn sì de mùgǔ-chénzhōng. Dūnhuáng Mògāokū shì shìjiè wénhuàshǐ · shàng de yī gè qíjì, tā zài jìchéng Hàn Jìn yìshù chuántǒng de jīchǔ · shàng, xíngchéngle zìjǐ jiānshōu-bìngxù de huīhóng qìdù, zhǎnxiànchū jīngměi-juélún de yìshù xíngshì hé bódà-jīngshēn de wénhuà nèihán. Qínshǐhuáng Bīngmǎyǒng、Xīxià wánglíng、Lóulán gǔguó、Bùdálāgōng、Sānxīngduī、Dàzú shíkè děng lìshǐ wénhuà yíchǎn, tóngyàng wéi shìjiè suǒ zhǔmù, chéngwéi Zhōnghuá wénhuà zhòngyào de xiàngzhēng.

Xībù dìqū yòu shì shǎoshù mínzú jíqí wénhuà de jícuìdì, jīhū bāokuòle wǒguó suǒyǒu de shǎoshù mínzú. Zài yīxiē piānyuǎn de shǎoshù mínzú dìqū, réng bǎoliú // le yīxiē jiǔyuǎn shídài de yìshù pǐnzhǒng, chéngwéi zhēnguì de "huó huàshí", rú Nàxī gǔyuè、xìqǔ、jiǎnzhǐ、cìxiù、yánhuà děng mínjiān yìshù hé zōngjiào yìshù. Tèsè xiānmíng、fēngfù-duōcǎi, yóurú yī gè jùdà de mínzú mínjiān wénhuà yìshù bǎokù.

Wǒmen yào chōngfèn zhòngshì hé lìyòng zhèxiē détiān-dúhòu de zīyuán yōushì, jiànlì liánghǎo de mínzú mínjiān wénhuà shēngtài huánjìng, wèi xībù dà kāifā zuòchū gòngxiàn.

作品46号

节选自王蒙《喜悦》

高兴，这是一种具体的被看得到摸得着的事物所唤起的情绪。它是心理的，更是生理的。它容易来也容易去，谁也不应该对它视而不见失之交臂，谁也不应该总是做那些使自己不高兴也使旁人不高兴的事。让我们说一件最容易做也最令人高兴的事吧，尊重你自己，也尊重别人，这是每一个人的权利，我还要说这是每一个人的义务。

快乐，它是一种富有概括性的生存状态、工作状态。它几乎是先验的，它来自生命本身的活力，来自宇宙、地球和人间的吸引，它是世界的丰富、绚丽、阔大、悠久的体现。快乐还是一种力量，是埋在地下的根脉。消灭一个人的快乐比挖掘掉一棵大树的根要难得多。

欢欣，这是一种青春的、诗意的情感。它来自面向着未来伸开双臂奔跑的冲力，它来自一种轻松而又神秘、朦胧而又隐秘的激动，它是激情即将到来的预兆，它又是大雨过后的比下雨还要美妙得多也久远得多的回味……

喜悦，它是一种带有形而上色彩的修养和境界。与其说它是一种情绪，不如说它是一种智慧、一种超拔、一种悲天悯人的宽容和理解，一种饱经沧桑的充实和自信，一种光明的理性，一种坚定//的成熟，一种战胜了烦恼和庸俗的清明澄澈。它是一潭清水，它是一抹朝霞，它是无边的平原，它是沉默的地平线。多一点儿、再多一点儿喜悦吧，它是翅膀，也是归巢。它是一杯美酒，也是一朵永远开不败的莲花。

Gāoxìng, zhè shì yī zhǒng jùtǐ de bèi kàndedào mōdezhāo de shìwù suǒ huànqǐ de qíng·xù. Tā shì xīnlǐ de, gèng shì shēnglǐ de. Tā róng·yì lái yě róng·yì qù, shéi yě bù yīnggāi duì tā shì'érbùjiàn shīzhījiāobì, shéi yě bù yīnggāi zǒngshì zuò nàxiē shǐ zìjǐ bù gāoxìng yě shǐ pángrén bù gāoxìng de shì. Ràng wǒmen shuō yī jiàn zuì róng·yì zuò yě zuì lìng rén gāoxìng de shì ba, zūnzhòng nǐ zìjǐ, yě zūnzhòng bié·rén, zhè shì měi yī gè rén de quánlì, wǒ háiyào shuō zhè shì měi yī gè rén de yìwù.

Kuàilè, tā shì yī zhǒng fùyǒu gàikuòxìng de shēngcún zhuàngtài, gōngzuò zhuàngtài. Tā jīhū shì xiānyàn de, tā láizì shēngmìng běnshēn de huólì, láizì yǔzhòu、dìqiú hé rénjiān de xīyǐn, tā shì shìjiè de fēngfù、xuànlì、kuòdà、yōujiǔ de tǐxiàn. Kuàilè háishì yī zhǒng lì·liàng, shì mái zài dìxià de gēnmài. Xiāomiè yī gè rén de kuàilè bǐ wājué diào yī kē dàshù de gēn yào nán de duō.

Huānxīn, zhè shì yī zhǒng qīngchūn de、shīyì de qínggǎn. Tā láizì miànxiàngzhe wèilái shēnkāi shuāngbì bēnpǎo de chōnglì, tā láizì yī zhǒng qīngsōng ér yòu shénmì、ménglóng ér yòu yǐnmì de jīdòng, tā shì jīqíng jíjiāng dàolái de yùzhào, tā yòu shì dàyǔ guòhòu de bǐ xiàyǔ háiyào měimiào de duō yě jiǔyuǎn de duō de huíwèi ……

Xǐyuè, tā shì yī zhǒng dàiyǒu xíng ér shàng sècǎi de xiūyǎng hé jìngjiè. Yǔqí shuō tā shì yī zhǒng qíng·xù, bùrú shuō tā shì yī zhǒng zhìhuì、yī zhǒng chāobá、yī zhǒng bēitiān-mǐnrén de kuānróng hé lǐjiě, yī zhǒng bǎojīng-cāngsāng de chōngshí hé zìxìn, yī zhǒng guāngmíng de lǐxìng, yī zhǒng jiāndìng // de chéngshú, yī zhǒng zhànshèngle fánnǎo hé yōngsú de qīngmíng chéngchè. Tā shì yī tán qīngshuǐ, tā shì yī mǒ zhāoxiá, tā shì wúbiān de píngyuán, tā shì chénmò de dìpíngxiàn. Duō yīdiǎnr、zài duō yīdiǎnr xǐyuè ba, tā shì chìbǎng, yě shì guīcháo. Tā shì yī bēi měijiǔ, yě shì yī duǒ yǒngyuǎn kāi bù bài de liánhuā.

作品 47 号

节选自舒乙《香港：最贵的一棵树》

在湾仔，香港最热闹的地方，有一棵榕树，它是最贵的一棵树，不光在香港，在全世界，都是最贵的。

树，活的树，又不卖何言其贵？只因它老，它粗，是香港百年沧桑的活见证，香港人不忍看着它被砍伐，或者被移走，便跟要占用这片山坡的建筑者谈条件：可以在这儿建大楼盖商厦，但一不准砍树，二不准挪树，必须把它原地精心养起来，成为香港闹市中的一景。太古大厦的建设者最后签了合同，占用这个大山坡建豪华商厦的先决条件是同意保护这棵老树。

树长在半山坡上，计划将树下面的成千上万吨山石全部掏空取走，腾出地方来盖楼，把树架在大楼上面，仿佛它原本是长在楼顶上似的。建设者就地造了一个直径十八米、深十米的大花盆，先固定好这棵老树，再在大花盆底下盖楼。光这一项就花了两千三百八十九万港币，堪称是最昂贵的保护措施了。

太古大厦落成之后，人们可以乘滚动扶梯一次到位，来到太古大厦的顶层，出后门，那儿是一片自然景色。一棵大树出现在人们面前，树干有一米半粗，树冠直径足有二十多米，独木成林，非常壮观，形成一座以它为中心的小公园，取名叫"榕圃"。树前面 // 插着铜牌，说明原由。此情此景，如不看铜牌的说明，绝对想不到巨树根底下还有一座宏伟的现代大楼。

Zài Wānzǎi, Xiānggǎng zuì rènao de dìfang, yǒu yī kē róngshù, tā shì zuì guì de yī kē shù, bùguāng zài Xiānggǎng, zài quánshìjiè, dōu shì zuì guì de.

Shù, huó de shù, yòu bù mài hé yán qí guì? Zhǐ yīn tā lǎo, tā cū, shì Xiānggǎng bǎinián cāngsāng de huó jiànzhèng, Xiānggǎngrén bùrěn kànzhe tā bèi kǎnfá, huòzhě bèi yízǒu, biàn gēn yào zhànyòng zhè piàn shānpō de jiànzhùzhě tán tiáojiàn: kěyǐ zài zhèr jiàn dàlóu gài shāngshà, dàn yī bùzhǔn kǎn shù, èr bùzhǔn nuó shù, bìxū bǎ tā yuándì jīngxīn yǎng qǐ·lái, chéngwéi Xiānggǎng nàoshì zhōng de yī jǐng. Tàigǔ Dàshà de jiànshèzhě zuìhòu qiānle hétong, zhànyòng zhège dà shānpō jiàn háohuá shāngshà de xiānjué tiáojiàn shì tóngyì bǎohù zhè kē lǎoshù.

Shù zhǎng zài bànshānpō·shàng, jìhuá jiāng shù xià·miàn de chéngqiān-shàngwàn dūn shānshí quánbù tāokōng qǔzǒu, téngchū dìfāng·lái gài lóu, bǎ shù jià zài dàlóu shàng·miàn，fǎngfú tā yuánběn shì zhǎng zài lóudǐng·shàng shìde.

Jiànshèzhě jiùdì zàole yī gè zhíjìng shíbā mǐ、shēn shí mǐ de dà huāpén，xiān gùdìng hǎo zhè kē lǎoshù，zài zài dà huāpén dǐ·xià gài lóu.Guāng zhè yī xiàng jiù huāle liǎngqiān sānbǎi bāshíjiǔ wàn gǎngbì，kānchēng shì zuì ángguì de bǎohù cuòshī le.

Tàigǔ Dàshà luòchéng zhīhòu，rénmen kěyǐ chéng gǔndòng fútī yī cì dàowèi，láidào Tàigǔ Dàshà de dǐngcéng，chū hòumén，nàr shì yī piàn zìrán jǐngsè.Yī kē dàshù chūxiàn zài rénmen miànqián，shùgān yǒu yī mǐ bàn cū，shùguān zhíjìng zú yǒu èrshí duō mǐ，dúmù-chénglín，fēicháng zhuàngguān，xíngchéng yī zuò yǐ tā wéi zhōngxīn de xiǎo gōngyuán，qǔ míng jiào"róngpǔ".Shù qián·miàn // chāzhe tóngpái，shuōmíng yuányóu.Cǐqíng cǐjǐng，rú bù kàn tóngpái de shuōmíng，juéduì xiǎng·bùdào jùshùgēn dǐ·xià háiyǒu yī zuò hóngwěi de xiàndài dàlóu.

作品48号

节选自巴金《小鸟的天堂》

我们的船渐渐地逼近榕树了。我有机会看清它的真面目：是一棵大树，有数不清的丫枝，枝上又生根，有许多根一直垂到地上，伸进泥土里。一部分树枝垂到水面，从远处看，就像一棵大树斜躺在水面上一样。

现在正是枝繁叶茂的时节。这棵榕树好像在把它的全部生命力展示给我们看。那么多的绿叶，一簇堆在另一簇的上面，不留一点儿缝隙。翠绿的颜色明亮地在我们的眼前闪耀，似乎每一片树叶上都有一个新的生命在颤动,这美丽的南国的树！

船在树下泊了片刻，岸上很湿，我们没有上去。朋友说这里是"鸟的天堂"，有许多鸟在这棵树上做窝，农民不许人去捉它们。我仿佛听见几只鸟扑翅的声音，但是等到我的眼睛注意地看那里时，我却看不见一只鸟的影子。只有无数的树根立在地上，像许多根木桩。地是湿的，大概涨潮时河水常常冲上岸去。"鸟的天堂"里没有一只鸟，我这样想道。船开了，一个朋友拨着船，缓缓地流到河中间去。

第二天，我们划着船到一个朋友的家乡去，就是那个有山有塔的地方。从学校出发，我们又经过那"鸟的天堂"。

这一次是在早晨，阳光照在水面上，也照在树梢上。一切都 // 显得非常光明。我们的船也在树下泊了片刻。

起初四周围非常清静。后来忽然起了一声鸟叫。我们把手一拍，便看见一只大鸟飞了起来，接着又看见第二只，第三只。我们继续拍掌，很快地这个树林就变得很热闹了。到处都是鸟声，到处都是鸟影。大的，小的，花的，黑的，有的站在枝上叫，有的飞起来，在扑翅膀。

Wǒmen de chuán jiànjiàn de bījìn róngshù le.Wǒ yǒu jǐ·huì kànqīng tā de zhēn miànmù：Shì yī kē dàshù，yǒu shǔ·bùqīng de yāzhī，zhī·shàng yòu shēng gēn，yǒu xǔduō gēn yīzhí chuídào dì·shàng, shēnjìn nítǔ·lǐ. Yī bùfen shùzhī chuídào shuǐmiàn, cóng yuǎnchù kàn, jiù xiàng yī kē dàshù xié tǎng zài shuǐmiàn·shàng yīyàng.

Xiànzài zhèngshì zhīfán-yèmào de shíjié. Zhè kē róngshù hǎoxiàng zài bǎ tā de quánbù shēngmìnglì zhǎnshì gěi wǒmen kàn. Nàme duō de lǜyè, yī cù duī zài lìng yī cù de shàng·miàn, bù liú yīdiǎnr fèngxì. Cuìlǜ de yánsè míngliàng de zài wǒmen de yǎnqián shǎnyào, sìhū měi yī piàn shùyè·shàng dōu yǒu yī gè xīn de shēngmìng zài chàndòng, zhè měilì de nánguó de shù!

Chuán zài shù·xià bóle piànkè, àn·shàng hěn shī, wǒmen méi·yǒu shàng·qù. Péngyou shuō zhè·lǐ shì "niǎo de tiāntáng", yǒu xǔduō niǎo zài zhè kē shù·shàng zuò wō, nóngmín bùxǔ rén qù zhuō tāmen. Wǒ fǎngfú tīng·jiàn jǐ zhī niǎo pū chì de shēngyīn, dànshì děngdào wǒ de yǎnjing zhùyì de kàn nà·lǐ shí, wǒ què kàn·bùjiàn yī zhī niǎo de yǐngzi. Zhǐyǒu wúshù de shùgēn lì zài dì·shàng, xiàng xǔduō gēn mùzhuāng. Dì shì shī de, dàgài zhǎngcháo shí héshuǐ chángcháng chōng·shàng àn·qù. "Niǎo de tiāntáng"·lǐ méi·yǒu yī zhī niǎo, wǒ zhèyàng xiǎngdào. Chuán kāi le, yī gè péngyou bōzhe chuán, huǎnhuǎn de liúdào hé zhōngjiān qù.

Dì-èr tiān, wǒmen huázhe chuán dào yī gè péngyou de jiāxiāng qù, jiùshì nàge yǒu shān yǒu tǎ de dìfang. Cóng xuéxiào chūfā, wǒmen yòu jīngguò nà "niǎo de tiāntáng".

Zhè yī cì shì zài zǎo·chén, yángguāng zhào zài shuǐmiàn·shàng, yě zhào zài shùshāo·shàng. Yīqiè dōu // xiǎn·dé fēicháng guāngmíng. Wǒmen de chuán yě zài shù·xià bóle piànkè.

Qǐchū sì zhōuwéi fēicháng qīngjìng. Hòulái hūrán qǐle yī shēng niǎojiào. Wǒmen bǎ shǒu yī pāi, biàn kàn·jiàn yī zhī dàniǎo fēile qǐ·lái, jiēzhe yòu kàn·jiàn dì-èr zhī, dì-sān zhī. Wǒmen jìxù pāizhǎng, hěn kuài de zhège shùlín jiù biàn de hěn rènao le. Dàochù dōu shì niǎo shēng, dàochù dōu shì niǎo yǐng. Dà de, xiǎo de, huā de, hēi de, yǒude zhàn zài zhī·shàng jiào, yǒude fēi qǐ·lái, zài pū chìbǎng.

作品 49 号

节选自夏衍《野草》

有这样一个故事。

有人问：世界上什么东西的气力最大？回答纷纭得很，有的说"象"，有的说"狮"，有人开玩笑似的说：是"金刚"，金刚有多少气力，当然大家全不知道。

结果，这一切答案完全不对，世界上气力最大的，是植物的种子。一粒种子所可以显现出来的力，简直是超越一切。

人的头盖骨，结合得非常致密与坚固，生理学家和解剖学者用尽了一切的方法，要把它完整地分出来，都没有这种力气。后来忽然有人发明了一个方法，就是把一些植物的种子放在要剖析的头盖骨里，给它以温度与湿度，使它发芽。一发芽，这些种子便以可怕

194

的力量,将一切机械力所不能分开的骨骼,完整地分开了。植物种子的力量之大,如此如此。

这,也许特殊了一点儿,常人不容易理解。那么,你看见过笋的成长吗?你看见过被压在瓦砾和石块下面的一棵小草的生长吗?它为着向往阳光,为着达成它的生之意志,不管上面的石块如何重,石与石之间如何狭,它必定要曲曲折折地,但是顽强不屈地透到地面上来。它的根往土壤钻,它的芽往地面挺,这是一种不可抗拒的力,阻止它的石块,结果也被它掀翻,一粒种子的力量之大,// 如此如此。

没有一个人将小草叫做"大力士",但是它的力量之大,的确是世界无比。这种力是一般人看不见的生命力。只要生命存在,这种力就要显现。上面的石块,丝毫不足以阻挡。因为它是一种"长期抗战"的力;有弹性,能屈能伸的力;有韧性,不达目的不止的力。

Yǒu zhèyàng yī gè gùshi.

Yǒu rén wèn:Shìjiè · shàng shénme dōngxi de qìlì zuì dà? Huídá fēnyún de hěn, yǒude shuō "xiàng", yǒude shuō "shī", yǒu rén kāi wánxiào shìde shuō:Shì "jīngāng", Jīngāng yǒu duō · shǎo qìlì, dāngrán dàjiā quán bù zhī · dào.

Jiéguǒ, zhè yīqiè dá'àn wánquán bù duì, shìjiè · shàng qìlì zuì dà de, shì zhíwù de zhǒngzi. Yī lì zhǒngzi suǒ kěyǐ xiǎnxiàn chū · lái de lì, jiǎnzhí shì chāoyuè yīqiè.

Rén de tóugàigǔ, jiéhé de fēicháng zhìmì yǔ jiāngù, shēnglǐxuéjiā hé jiěpōu-xuézhě yòngjìnle yīqiè de fāngfǎ, yào bǎ tā wánzhěng de fēn chū · lái, dōu méi · yǒu zhè zhǒng lìqì.Hòulái hūrán yǒu rén fāmíngle yī gè fāngfǎ, jiùshì bǎ yīxiē zhíwù de zhǒngzi fàng zài yào pōuxī de tóugàigú · lǐ, gěi tā yǐ wēndù yǔ shīdù, shǐ tā fāyá. Yī fāyá, zhèxiē zhǒngzi biàn yǐ kěpà de lì · liàng, jiāng yīqiè jīxièlì suǒ bùnéng fēnkāi de gǔgé, wánzhěng de fēnkāi le.Zhíwù zhǒngzi de lì · liàng zhī dà, rúcǐ rúcǐ.

zhè, yěxǔ tèshūle yīdiǎnr, chángrén bù róng · yì lǐjiě.Nàme, nǐ kàn · jiànguo sǔn de chéngzhǎng ma? Nǐ kàn · jiànguo bèi yā zài wǎlì hé shíkuài xià · miàn de yī kē xiǎocǎo de shēngzhǎng ma? Tā wèizhe xiàngwǎng yángguāng, wèizhe dáchéng tā de shēng zhī yìzhì, bùguǎn shàng · miàn de shíkuài rúhé zhòng, shí yǔ shí zhījiān rúhé xiá, tā bìdìng yào qūqū-zhézhé de, dànshì wánqiáng-bùqū de tòudào dìmiàn shàng · lái.Tā de gēn wǎng tǔrǎng zuān, tā de yá wǎng dìmiàn tǐng, zhè shì yī zhǒng bùkě kàngjù de lì, zǔzhǐ tā de shíkuài, jiéguǒ yě bèi tā xiānfān, yī lì zhǒngzi de lì · liàng zhī dà, // rúcǐ rúcǐ.

Méi · yǒu yī gè rén jiāng xiǎo cǎo jiàozuò "dàlìshì", dànshì tā de lì · liàng zhī dà, díquè shì shìjiè wúbǐ. Zhè zhǒng lì shì yībān rén kàn · bùjiàn de shēngmìnglì. Zhǐyào shēngmìng cúnzài, zhè zhǒng lì jiù yào xiǎnxiàn.Shàng · miàn de shíkuài, sīháo bù zúyǐ zǔdǎng.Yīn · wèi tā shì yī zhǒng "chángqī kàngzhàn" de lì; yǒu tánxìng, néngqū-néngshēn de lì; yǒu rènxìng, bù dá mùdì bù zhǐ de lì.

作品 50 号

节选自纪广洋《一分钟》

著名教育家班杰明曾经接到一个青年人的求救电话,并与那个向往成功、渴望指点的青年人约好了见面的时间和地点。

待那个青年如约而至时,班杰明的房门敞开着,眼前的景象却令青年人颇感意外——班杰明的房间里乱七八糟、狼藉一片。

没等青年人开口,班杰明就招呼道:"你看我这房间,太不整洁了,请你在门外等候一分钟,我收拾一下,你再进来吧。"一边说着,班杰明就轻轻地关上了房门。

不到一分钟的时间,班杰明就又打开了房门并热情地把青年人让进客厅。这时,青年人的眼前展现出另一番景象——房间内的一切已变得井然有序,而且有两杯刚刚倒好的红酒,在淡淡的香水气息里还漾着微波。

可是,没等青年人把满腹的有关人生和事业的疑难问题向班杰明讲出来,班杰明就非常客气地说道:"干杯。你可以走了。"

青年人手持酒杯一下子愣住了,既尴尬又非常遗憾地说:"可是,我……我还没向您请教呢……"

"这些……难道还不够吗?"班杰明一边微笑着,一边扫视着自己的房间,轻言细语地说,"你进来又有一分钟了。"

"一分钟……一分钟……"青年人若有所思地说:"我懂了,您让我明白了一分钟的时间可以做许∥多事情,可以改变许多事情的深刻道理。"

班杰明舒心地笑了。青年人把杯里的红酒一饮而尽,向班杰明连连道谢后,开心地走了。

其实,只要把握好生命的每一分钟,也就把握了理想的人生。

Zhùmíng jiàoyùjiā Bānjiémíng céngjīng jiēdào yī gè qīngniánrén de qiújiù diànhuà, bìng yǔ nàge xiàngwǎng chénggōng、kěwàng zhǐdiǎn de qīngniánrén yuēhǎole jiànmiàn de shíjiān hé dìdiǎn.

Dài nàge qīngnián rúyuē'érzhì shí, Bānjiémíng de fángmén chǎngkāizhe, yǎnqián de jǐngxiàng què lìng qīngniánrén pō gǎn yìwài——Bānjiémíng de fángjiān·lǐ luànqībāzāo、lángjí yī piàn.

Méi děng qīngniánrén kāikǒu, Bānjiémíng jiù zhāohu dào:"Nǐ kàn wǒ zhè fángjiān, tài bù zhěngjié le, qǐng nǐ zài ménwài děnghòu yī fēnzhōng, wǒ shōushi yīxià, nǐ zài jìn·lái ba." Yībiān shuōzhe, Bānjiémíng jiù qīngqīng de guān·shàngle fángmén.

Bù dào yī fēnzhōng de shíjiān, Bānjiémíng jiù yòu dǎkāile fángmén bìng rèqíng de bǎ qīngniánrén ràngjìn kètīng. Zhèshí, qīngniánrén de yǎnqián zhǎnxiàn chū lìng yī fān jǐngxiàng——fángjiān nèi de yīqiè yǐ biàn·dé jǐngrán-yǒuxù, érqiě yǒu liǎng bēi gānggāng dǎohǎo de hóngjiǔ, zài dàndàn de xiāngshuǐ qìxī·lǐ hái yàngzhe wēibō.

Kěshì, méi děng qīngniánrén bǎ mǎnfù de yǒuguān rénshēng hé shìyè de yínán wèntí xiàng Bānjiémíng jiǎng chū·lái, Bānjiémíng jiù fēicháng kèqi de shuōdào: "Gānbēi. Nǐ kěyǐ zǒu le."

Qīngniánrén shǒu chí jiǔbēi yīxiàzi lèngzhù le, jì gāngà yòu fēicháng yíhàn de shuō: "kěshì, wǒ …… wǒ hái méi xiàng nín qǐngjiào ne ……"

"Zhèxiē …… nándào hái bùgòu ma?" Bānjiémíng yībiān wēixiàozhe, yībiān sǎoshìzhe zìjǐ de fángjiān, qīngyán-xìyǔ de shuō, "Nǐ jìn·lái yòu yǒu yī fēnzhōng le."

"Yī fēnzhōng …… yī fēnzhōng ……" Qīngniánrén ruòyǒusuǒsī de shuō: "Wǒ dǒng le, nín ràng wǒ míngbaile yī fēnzhōng de shíjiān kěyǐ zuò xǔ//duō shìqing, kěyǐ gǎibiàn xǔduō shìqing de shēnkè dào·lǐ."

Bānjiémíng shūxīn de xiào le. Qīngniánrén bǎ bēi·lǐ de hóngjiǔ yīyǐn'érjìn, xiàng Bānjiémíng liánlián dàoxiè hòu, kāixīn de zǒu le.

Qíshí, zhǐyào bǎwò hǎo shēngmìng de měi yī fēnzhōng, yě jiù bǎwòle lǐxiǎng de rénshēng.

作品 51 号

节选自张玉庭《一个美丽的故事》

有个塌鼻子的小男孩儿,因为两岁时得过脑炎,智力受损,学习起来很吃力。打个比方,别人写作文能写二三百字,他却只能写三五行。但即便这样的作文,他同样能写得很动人。

那是一次作文课,题目是《愿望》。他极其认真地想了半天,然后极认真地写,那作文极短。只有三句话:我有两个愿望,第一个是,妈妈天天笑眯眯地看着我说:"你真聪明。"第二个是,老师天天笑眯眯地看着我说:"你一点儿也不笨。"

于是,就是这篇作文,深深地打动了他的老师,那位妈妈式的老师不仅给了他最高分,在班上带感情地朗读了这篇作文,还一笔一画地批道:你很聪明,你的作文写得非常感人,请放心,妈妈肯定会格外喜欢你的,老师肯定会格外喜欢你的,大家肯定会格外喜欢你的。

捧着作文本,他笑了,蹦蹦跳跳地回家了,像只喜鹊。但他并没有把作文本拿给妈妈看,他是在等待,等待着一个美好的时刻。

那个时刻终于到了,是妈妈的生日——一个阳光灿烂的星期天:那天,他起得特别早,把作文本装在一个亲手做的美丽的大信封里,等着妈妈醒来。妈妈刚刚睁眼醒来,他就笑眯眯地走到妈妈跟前说:"妈妈,今天是您的生日,我要//送给您一件礼物。"

果然,看着这篇作文,妈妈甜甜地涌出了两行热泪,一把搂住小男孩儿,搂得很紧很紧。

是的,智力可以受损,但爱永远不会。

Yǒu gè tā bízi de xiǎonánháir, yīn·wèi liǎng suì shí déguo nǎoyán, zhìlì shòu sǔn, xuéxí qǐ·lái hěn chīlì. Dǎ gè bǐfang, bié·rén xiě zuòwén néng xiě èr-sānbǎi zì, tā què

197

zhǐnéng xiě sān-wǔ háng. Dàn jíbiàn zhèyàng de zuòwén, tā tóngyàng néng xiě dé hěn dòngrén.

Nà shì yī cì zuòwénkè, tímù shì《yuànwàng》. Tā jíqí rènzhēn de xiǎngle bàntiān, ránhòu jí rènzhēn de xiě, nà zuòwén jí duǎn. Zhǐyǒu sān jù huà: Wǒ yǒu liǎng gè yuànwàng, dì-yī gè shì, māma tiāntiān xiàomīmī de kànzhe wǒ shuō: "Nǐ zhēn cōng·míng,"dì-èr gè shì, lǎoshī tiāntiān xiàomīmī de kànzhe wǒ shuō: "Nǐ yīdiǎnr yě bù bèn."

Yúshì, jiùshì zhè piān zuòwén, shēnshēn de dǎdòngle tā de lǎoshī, nà wèi māma shì de lǎoshī bùjǐn gěile tā zuì gāo fēn, zài bān·shàng dài gǎnqíng de lǎngdúle zhè piān zuòwén, hái yībǐ-yīhuà de pīdào: Nǐ hěn cōng·míng, nǐ de zuòwén xiě de fēicháng gǎnrén, qǐng fàngxīn, māma kěndìng huì géwài xǐhuan nǐ de, lǎoshī kěndìng huì géwài xǐhuan nǐ de, dàjiā kěndìng huì géwài xǐhuan nǐ de.

Pěngzhe zuòwénběn, tā xiào le, bèngbèng-tiàotiào de huíjiā le, xiàng zhī xǐ·què. Dàn tā bìng méi·yǒu bǎ zuòwénběn nágěi māma kàn, tā shì zài děngdài, děngdàizhe yī gè měihǎo de shíkè.

Nàge shíkè zhōngyú dào le, shì māma de shēng·rì——yī gè yángguāng cànlàn de xīngqītiān; Nà tiān, tā qǐ de tèbié zǎo, bǎ zuòwénběn zhuāng zài yī gè qīnshǒu zuò de měilì de dà xìnfēng·lǐ, děngzhe māma xǐng·lái. Māma gānggāng zhēng yǎn xǐng·lái, tā jiù xiàomīmī de zǒudào māma gēn·qián shuō: "Māma, jīntiān shì nín de shēng·rì, wǒ yào // sònggěi nín yī jiàn lǐwù."

Guǒrán, kànzhe zhè piān zuòwén, māma tiántián de yǒngchūle liǎng háng rèlèi, yī bǎ lǒuzhù xiǎonánháir, lǒude hěn jǐn hěn jǐn.

Shìde, zhìlì kěyǐ shòu sǔn, dàn ài yǒngyuǎn bù huì.

作品52号

节选自苦伶《永远的记忆》

小学的时候，有一次我们去海边远足，妈妈没有做便饭，给了我十块钱买午餐。好像走了很久，很久，终于到海边了，大家坐下来便吃饭，荒凉的海边没有商店，我一个人跑到防风林外面去，级任老师要大家把吃剩的饭菜分给我一点儿。有两三个男生留下一点儿给我，还有一个女生，她的米饭拌了酱油，很香。我吃完的时候，她笑眯眯地看着我，短头发，脸圆圆的。

她的名字叫翁香玉。

每天放学的时候，她走的是经过我们家的一条小路，带着一位比她小的男孩儿，可能是弟弟。小路边是一条清澈见底的小溪，两旁竹阴覆盖，我总是远远地跟在她后面，夏日的午后特别炎热，走到半路她会停下来，拿手帕在溪水里浸湿，为小男孩儿擦脸。我也在后面停下来，把肮脏的手帕弄湿了擦脸，再一路远远跟着她回家。

后来我们家搬到镇上去了，过几年我也上了中学。有一天放学回家，在火车上，看见斜对面一位短头发、圆圆脸的女孩儿，一身素净的白衣黑裙。我想她一定不认识我了。火车很快到站了，我随着人群挤向门口，她也走近了，叫我的名字。这是她第一次和我说话。

她笑眯眯的，和我一起走过月台。以后就没有再见过 // 她了。

这篇文章收在我出版的《少年心事》这本书里。

书出版后半年，有一天我忽然收到出版社转来的一封信，信封上是陌生的字迹，但清楚地写着我的本名。

信里面说她看到了这篇文章心里非常激动，没想到在离开家乡，漂泊异地这么久之后，会看见自己仍然在一个人的记忆里，她自己也深深记得这其中的每一幕，只是没想到越过遥远的时空，竟然另一个人也深深记得。

Xiǎoxué de shíhou, yǒu yī cì wǒmen qù hǎibiān yuǎnzú, māma méi·yǒu zuò biànfàn, gěile wǒ shí kuài qián mǎi wǔcān. Hǎoxiàng zǒule hěn jiǔ, hěn jiǔ, zhōngyú dào hǎibiān le, dàjiā zuò xià·lái biàn chīfàn, Huāngliáng de hǎibiān méi·yǒu shāngdiàn, wǒ yī gè rén pǎodào fángfēnglín wài·miàn qù, jìrèn lǎoshī yào dàjiā bǎ chīshèng de fàncài fēngěi wǒ yīdiǎnr. Yǒu liǎng-sān gè nánshēng liú·xià yīdiǎnr gěi wǒ, háiyǒu yī gè nǚshēng, tā de mǐfàn bànle jiàngyóu, hěn xiāng. Wǒ chīwán de shíhou, tā xiàomīmī de kànzhe wǒ, duǎn tóufa, liǎn yuányuán de.

Tā de míngzi jiào Wēng Xiāngyù.

Měi tiān fàngxué de shíhou, tā zǒu de shì jīngguò wǒmen jiā de yī tiáo xiǎolù, dàizhe yī wèi bǐ tā xiǎo de nánháir, kěnéng shì dìdi. Xiǎolù biān shì yī tiáo qīngchè jiàn dǐ de xiǎoxī, liǎngpáng zhúyīn fùgài, wǒ zǒngshì yuǎnyuǎn de gēn zài tā hòu·miàn, xiàrì de wǔhòu tèbié yánrè, zǒudào bànlù tā huì tíng xià·lái, ná shǒupà zài xīshuǐ·lǐ jìnshī, wèi xiǎonánháir cā liǎn. Wǒ yě zài hòu·miàn tíng xià·lái, bǎ āngzāng de shǒupà nòngshīle cā liǎn, zài yīlù yuǎnyuǎn gēnzhe tā huíjiā.

Hòulái wǒmen jiā bāndào zhèn·shàng qù le. guò jǐ nián wǒ yě shàngle zhōngxué. Yǒu yī tiān fàngxué huíjiā, zài huǒchē·shàng, kàn·jiàn xiéduìmiàn yī wèi duǎn tóufa、yuányuán liǎn de nǚháir, yī shēn sùjìng de bái yī hēi qún. Wǒ xiǎng tā yīdìng bù rènshi wǒ le. Huǒchē hěn kuài dào zhàn le, wǒ suízhe rénqún jǐ xiàng ménkǒu, tā yě zǒujìn le, jiào wǒ de míngzi. Zhè shì tā dì-yī cì hé wǒ shuōhuà.

Tā xiàomīmī de, hé wǒ yīqǐ zǒuguò yuètái. Yǐhòu jiù méi·yǒu zài jiànguo // tā le.

Zhè piān wénzhāng shōu zài wǒ chūbǎn de《Shàonián Xīnshì》zhè běn shū·lǐ.

Shū chūbǎn hòu bàn nián, yǒu yī tiān wǒ hūrán shōudào chūbǎnshè zhuǎnlái de yī fēng xìn, xìnfēng·shàng shì mòshēng de zìjì, dàn qīngchu de xiězhe wǒ de běnmíng.

Xìn lǐ·miàn shuō tā kàndàole zhè piān wénzhāng xīn·lǐ fēicháng jīdòng, méi xiǎngdào zài líkāi jiāxiāng, piāobó yìdì zhème jiǔ zhīhòu, huì kàn·jiàn zìjǐ réngrán zài yī

gè rén de jìyì·lǐ, tā zìjǐ yě shēnshēn jì·dé zhè qízhōng de měi yī mù, zhǐshì méi
xiǎngdào yuèguo yáoyuǎn de shíkōng, jìngrán lìng yī gè rén yě shēnshēn jì·dé.

作品 53 号　　　　　　　节选自小学《语文》第六册中《语言的魅力》

　　在繁华的巴黎大街的路旁,站着一个衣衫褴褛、头发斑白、双目失明的老人。他不像其他乞丐那样伸手向过路行人乞讨,而是在身旁立一块木牌,上面写着:"我什么也看不见!"街上过往的行人很多,看了木牌上的字都无动于衷,有的还淡淡一笑,便姗姗而去了。

　　这天中午,法国著名诗人让·彼浩勒也经过这里。他看看木牌上的字,问盲老人:"老人家,今天上午有人给你钱吗?"

　　盲老人叹息着回答:"我,我什么也没有得到。"说着,脸上的神情非常悲伤。

　　让·彼浩勒听了,拿起笔悄悄地在那行字的前面添上了"春天到了,可是"几个字,就匆匆地离开了。

　　晚上,让·彼浩勒又经过这里,问那个盲老人下午的情况。盲老人笑着回答说:"先生,不知为什么,下午给我钱的人多极了!"让·彼浩勒听了,摸着胡子满意地笑了。

　　"春天到了,可是我什么也着不见!"这富有诗意的语言,产生这么大的作用,就在于它有非常浓厚的感情色彩。是的,春天是美好的,那蓝天白云,那绿树红花,那莺歌燕舞,那流水人家,怎么不叫人陶醉呢? 但这良辰美景,对于一个双目失明的人来说,只是一片漆黑。当人们想到这个盲老人,一生中竟连万紫千红的春夫 // 都不曾看到,怎能不对他产生同情之心呢?

　　Zài fánhuá de Bālí dàjiē de lùpáng, zhànzhe yī gè yīshān lánlǚ、tóufa bānbái、shuāngmù shīmíng de lǎorén. Tā bù xiàng qítā qǐgài nàyàng shēnshǒu xiàng guòlù xíngrén qǐtǎo, ér shì zài shēnpáng lì yī kuài mùpái, shàng·miàn xiězhe:"wǒ shénme yě kàn·bùjiàn!"Jiē·shàng guòwǎng de Xíngrén hěn duō, kànle mùpái·shàng de zì dōu wúdòngyúzhōng, yǒude hái dàndàn yī xiào, biàn shānshān ér qù le.

　　Zhè tiān zhōngwǔ, Fǎguó zhùmíng shīrén Ràng Bǐhàolè yě jīngguò zhè·lǐ. Tā kànkan mùpái·shàng de zì, wèn máng lǎorén:"Lǎo·rén·jiā, jīntiān shàngwǔ yǒu rén gěi nǐ qián ma?"

　　Máng lǎorén tànxīzhe huídá:"Wǒ, wǒ shénme yě méi·yǒu dédào." Shuōzhe, liǎn·shàng de shénqíng fēicháng bēishāng.

　　Ràng Bǐhàolè tīng le, náqǐ bǐ qiāoqiāo de zài nà háng zì de qián·miàn tiān·shàngle "chūntiān dào le, kěshì"jǐ gè zì, jiù cōngcōng de líkāi le.

　　Wǎnshang, Ràng Bǐhàolè yòu jīngguò zhè·lǐ, wèn nàge máng lǎorén xiàwǔ de qíngkuàng. Máng lǎorén xiàozhe huídá shuō:"Xiānsheng, bù zhī wèishénme, xiàwǔ gěi wǒ qián de rén duō jí le!"Ràng Bǐhàolè tīng le, mōzhe húzi mǎnyì de xiào le.

"Chūntiān dào le, kěshì wǒ shénme yě kàn·bùjiàn!" Zhè fùyǒu shīyì de yǔyán, chǎnshēng zhème dà de zuòyòng, jiù zàiyú tā yǒu fēicháng nónghòu de gǎnqíng sècǎi. Shìde, chūntiān shì měihǎo de, nà lántiān báiyún, nà lǜshù hónghuā, nà yīnggē-yànwǔ, nà liúshuǐ rénjiā, zěnme bù jiào rén táozuì ne? Dàn zhè liángchén měijǐng, duìyú yī gè shuāngmù shīmíng de rén lái shuō, zhǐshì yī piàn qīhēi. Dāng rénmen xiǎngdào zhège máng lǎorén, yīshēng zhōng jìng lián wànzǐ-qiānhóng de chūntiān // dōu bùcéng kàndào, zěn néng bù duì tā chǎnshēng tóngqíng zhī xīn ne?

作品 54 号

节选自蒲昭和《赠你四味长寿药》

有一次，苏东坡的朋友张鹗拿着一张宣纸来求他写一幅字，而且希望他写一点儿关于养生方面的内容。苏东坡思索了一会儿，点点头说："我得到了一个养生长寿古方，药只有四味，今天就赠给你吧。"于是，东坡的狼毫在纸上挥洒起来，上面写着："一曰无事以当贵，二曰早寝以当富，三曰安步以当车，四曰晚食以当肉。"

这哪里有药？张鹗一脸茫然地问。苏东坡笑着解释说，养生长寿的要诀，全在这四句里面。

所谓"无事以当贵"，是指人不要把功名利禄、荣辱过失考虑得太多，如能在情志上潇洒大度，随遇而安，无事以求，这比富贵更能使人终其天年。

"早寝以当富"，指吃好穿好、财货充足，并非就能使你长寿。对老年人来说，养成良好的起居习惯，尤其是早睡早起，比获得任何财富更加宝贵。

"安步以当车"，指人不要过于讲求安逸、肢体不劳，而应多以步行来替代骑马乘车，多运动才可以强健体魄，通畅气血。

"晚食以当肉"，意思是人应该用已饥方食、未饱先止代替对美味佳肴的贪吃无厌。他进一步解释，饿了以后才进食，虽然是粗茶淡饭，但其香甜可口会胜过山珍；如果饱了还要勉强吃，即使美味佳肴摆在眼前也难以 // 下咽。

苏东坡的四味"长寿药"，实际上是强调了情志、睡眠、运动、饮食四个方面对养生长寿的重要性，这种养生观点即使在今天仍然值得借鉴。

Yǒu yī cì, Sū Dōngpō de péngyou Zhāng È názhe yī zhāng xuānzhǐ lái qiú tā xiě yī fú zì, érqiě xīwàng tā xiě yīdiǎnr guānyú yǎngshēng fāngmiàn de nèiróng. Sū Dōngpō sīsuǒle yīhuìr, diǎndiǎn tóu shuō: "Wǒ dédàole yī gè yǎngshēng chángshòu gǔfāng, yào zhǐyǒu sì wèi, jīntiān jiù zènggěi nǐ ba." Yúshì, Dōngpō de lánháo zài zhǐ·shàng huīsǎ qǐ·lái, shàng·miàn xiězhe: "Yī yuē wú shì yǐ dàng guì, èr yuē zǎo qǐn yǐ dāng fù, sān yuē ān bù yǐ dàng chē, sì yuē wǎn shí yǐ dàng ròu."

Zhè nǎ·lǐ yǒu yào? Zhāng È yīliǎn mángrán de wèn. Sū Dōngpō xiàozhe jiěshì shuō, yǎngshēng chángshòu de yàojué, quán zài zhè sì jù lǐ·miàn.

Suǒwèi "wú shì yǐ dàng guì", shì zhǐ rén bùyào bǎ gōngmíng lìlù、róngrǔ guòshī kǎolǜ de tài duō, rú néng zài qíngzhì · shàng xiāosǎ dàdù, suíyù ' ér ' ān, wú shì yǐ qiú, zhè bǐ fùguì gèng néng shǐ rén zhōng qí tiānnián.

"Zǎo qǐn yǐ dàng fù", zhǐ chīhǎo chuānhǎo、cáihuò chōngzú, bìngfēi jiù néng shǐ nǐ chángshòu. Duì lǎoniánrén lái shuō, yǎngchéng liánghǎo de qǐjū xíguàn, yóuqí shì zǎo shuì zǎo qǐ, bǐ huòdé rènhé cáifù gèngjiā bǎoguì.

"Ān bù yǐ dàng chē", zhǐ rén bùyào guòyú jiǎngqiú ānyì、zhītǐ bù láo, ér yīng duō yǐ bùxíng lái tìdài qímǎ chéngchē, duō yùndòng cái kěyǐ qiángjiàn tǐpò, tōngchàng qìxuè.

"Wǎn shí yǐ dàng ròu", yìsi shì rén yīnggāi yòng yǐ jī fāng shí、wèi bǎo xiān zhǐ dàitì duì měiwèi jiāyáo de tānchī wú yàn. Tā jìnyībù jiěshì, èle yǐhòu cái jìnshí, suīrán shì cūchá-dànfàn, dàn qí xiāngtián kěkǒu huì shèngguò shānzhēn; rúguǒ bǎole háiyào miǎnqiǎng chī, jíshǐ měiwèi jiāyáo bǎi zài yǎnqián yě nányǐ // xiàyàn.

Sū Dōngpō de sì wèi "chángshòuyào", shíjì · shàng shì qiángdiàole qíngzhì、shuìmián、yùndòng、yǐnshí sì gè fāngmiàn duì yǎngshēng chángshòu de zhòngyàoxìng, zhè zhǒng yǎngshēng guāndiǎn jíshǐ zài jīntiān réngrán zhí · dé jièjiàn.

作品55号

节选自［美］本杰明·拉什《站在历史的枝头微笑》

人活着,最要紧的是寻觅到那片代表着生命绿色和人类希望的丛林,然后选一高高的枝头站在那里观览人生,消化痛苦,孕育歌声,愉悦世界!

这可真是一种潇洒的人生态度,这可真是一种心境爽朗的情感风貌。

站在历史的枝头微笑,可以减免许多烦恼。在那里,你可以从众生相所包含的甜酸苦辣、百味人生中寻找你自己;你境遇中的那点儿苦痛,也许相比之下,再也难以占据一席之地;你会较容易地获得从不悦中解脱灵魂的力量,使之不致变得灰色。

人站得高些,不但能有幸早些领略到希望的曙光,还能有幸发现生命的立体的诗篇。每一个人的人生,都是这诗篇中的一个词、一个句子或者一个标点。你可能没有成为一个美丽的词,一个引人注目的句子,一个惊叹号,但你依然是这生命的立体诗篇中的一个音节、一个停顿、一个必不可少的组成部分。这足以使你放弃前嫌,萌生为人类孕育新的歌声的兴致,为世界带来更多的诗意。

最可怕的人生见解,是把多维的生存图景看成平面。因为那平面上刻下的大多是凝固了的历史——过去的遗迹;但活着的人们,活得却是充满着新生智慧的,由 // 不断逝去的"现在"组成的未来。人生不能像某些鱼类躺着游,人生也不能像某些兽类爬着走,而应该站着向前行,这才是人类应有的生存姿态。

Rén huózhe, zuì yàojǐn de shì xúnmì dào nà piàn dàibiǎozhe shēngmìng lǜsè hé rénlèi xīwàng de cónglín, ránhòu xuǎn yī gāogāo de zhītóu zhàn zài nà · lǐ guānlǎn rénshēng, xiāohuà tòngkǔ, yùnyù gēshēng, yúyuè shìjiè!

Zhè kě zhēn shì yī zhǒng xiāosǎ de rénshēng tài · dù, zhè kě zhēn shì yī zhǒng xīnjìng shuǎnglǎng de qínggǎn fēngmào.

Zhàn zài lìshǐ de zhītóu wēixiào, kěyǐ jiǎnmiǎn xǔduō fánnǎo. Zài nà·lǐ, nǐ kěyǐ cóng zhòngshēngxiàng suǒ bāohán de tián-suān-kǔ-là, bǎiwèi rénshēng zhōng xúnzhǎo nǐ zìjǐ; nǐ jìngyù zhōng de nà diǎnr kǔtòng, yěxǔ xiāngbǐ zhīxià, zài yě nányǐ zhànjù yī xí zhī dì; nǐ huì jiào róng·yì de huòdé cóng bùyuè zhōng jiětuō línghún de lì·liàng, shǐ zhī bùzhì biàndé huīsè.

Rén zhàn de gāo xiē, bùdàn néng yǒuxìng zǎo xiē lǐnglüè dào xīwàng de shǔguāng, hái néng yǒuxìng fāxiàn shēngmìng de lìtǐ de shīpiān. Měi yī gè rén de rénshēng, dōu shì zhè shīpiān zhōng de yī gè cí, yī gè jùzi huòzhě yī gè biāodiǎn. Nǐ kěnéng méi·yǒu chéngwéi yī gè měilì de cí, yī gè yǐnrén-zhùmù de jùzi, yī gè jīngtànhào, dàn nǐ yīrán shì zhè shēngmìng de lìtǐ shīpiān zhōng de yī gè yīnjié, yī gè tíngdùn, yī gè bìbùkěshǎo de zǔchéng bùfen. Zhè zúyǐ shǐ nǐ fàngqì qiánxián, méngshēng wèi rénlèi yùnyù xīn de gēshēng de xìngzhì, wèi shìjiè dài·lái gèng duō de shīyì.

Zuì kěpà de rénshēng jiànjiě, shì bǎ duōwéi de shēngcún tújǐng kànchéng píngmiàn. Yīn·wèi nà píngmiàn·shàng kèxià de dàduō shì nínggùle de lìshǐ——guòqù de yíjì; dàn huózhe de rénmen, huó dé què shì chōngmǎnzhe xīnshēng zhìhuì de, yóu//bùduàn shìqù de "xiànzài" zǔchéng de wèilái. Rénshēng bùnéng xiàng mǒu xiē yúlèi tǎngzhe yóu, rénshēng yě bùnéng xiàng mǒu xiē shòulèi pázhe zǒu, ér yīnggāi zhànzhe xiàngqián xíng, zhè cái shì rénlèi yīngyǒu de shēngcún zītài.

作品 56 号

节选自《中国的宝岛——台湾》

中国的第一大岛、台湾省的主岛台湾，位于中国大陆架的东南方，地处东海和南海之间，隔着台湾海峡和大陆相望。天气晴朗的时候，站在福建沿海较高的地方，就可以隐隐约约地望见岛上的高山和云朵。

台湾岛形状狭长，从东到西，最宽处只有一百四十多公里；由南至北，最长的地方约有三百九十多公里。地形像一个纺织用的梭子。

台湾岛上的山脉纵贯南北，中间的中央山脉犹如全岛的脊梁。西部为海拔近四千米的玉山山脉，是中国东部的最高峰。全岛约有三分之一的地方是平地，其余为山地。岛内有缎带般的瀑布，蓝宝石似的湖泊，四季常青的森林和果园，自然景色十分优美。西南部的阿里山和日月潭，台北市郊的大屯山风景区，都是闻名世界的游览胜地。

台湾岛地处热带和温带之间，四面环海，雨水充足，气温受到海洋的调剂，冬暖夏凉，四季如春，这给水稻和果木生长提供了优越的条件。水稻、甘蔗、樟脑是台湾的"三宝"。岛上还盛产鲜果和鱼虾。

台湾岛还是一个闻名世界的"蝴蝶王国"。岛上的蝴蝶共有四百多个品种，其中有不少是世界稀有的珍贵品种。岛上还有不少鸟语花香的蝴//蝶谷，岛上居民利用蝴蝶制作的标本和艺术品,远销许多国家。

Zhōngguó de dì-yī dàdǎo、Táiwān Shěng de zhǔdǎo Táiwān, wèiyú Zhōngguó dàlùjià de dōngnánfāng, dìchǔ Dōng Hǎi hé Nán Hǎi zhījiān, gézhe Táiwān Hǎixiá hé Dàlù xiāngwàng. Tiānqì qínglǎng de shíhou, zhàn zài Fújiàn yánhǎi jiào gāo de dìfang, jiù kěyǐ yǐnyǐn-yuēyuē de wàng·jiàn dǎo·shàng de gāoshān hé yúnduǒ.

Táiwān Dǎo xíngzhuàng xiácháng, cóng dōng dào xī, zuì kuān chù zhǐyǒu yībǎi sìshí duō gōnglǐ; yóu nán zhì běi, zuì cháng de dìfang yuē yǒu sānbǎi jiǔshí duō gōnglǐ. Dìxíng xiàng yī gè fǎngzhī yòng de suōzi.

Táiwān Dǎo·shàng de shānmài zòngguàn nánběi, zhōngjiān de zhōngyāng shānmài yóurú quándǎo de jǐliang. Xībù wéi hǎibá jìn sìqiān mǐ de Yù Shān shānmài, shì Zhōngguó dōngbù de zuì gāo fēng. Quándǎo yuē yǒu sān fēn zhī yī de dìfang shì píngdì, qíyú wéi shāndì. Dǎonèi yǒu duàndài bān de pùbù, lánbǎoshí shìde húpō, sìjì chángqīng de sēnlín hé guǒyuán, zìrán jǐngsè shífēn yōuměi. Xīnánbù de Ālǐ Shān hé Rìyuè Tán, Táiběi shìjiāo de Dàtúnshān fēngjǐngqū, dōu shì wénmíng shìjiè de yóulǎn shèngdì.

Táiwān Dǎo dìchǔ rèdài hé wēndài zhījiān, sìmiàn huán hǎi, yǔshuǐ chōngzú, qìwēn shòudào hǎiyáng de tiáojì, dōng nuǎn xià liáng, sìjì rú chūn, zhè gěi shuǐdào hé guǒmù shēngzhǎng tígōngle yōuyuè de tiáojiàn. Shuǐdào、gānzhe、zhāngnǎo shì Táiwān de "sān bǎo". Dǎo·shàng hái shèngchǎn xiāngguǒ hé yúxiā.

Táiwān Dǎo háishì yī gè wénmíng shìjiè de "húdié wángguó". Dǎo·shàng de húdié gòng yǒu sìbǎi duō gè pǐnzhǒng, qízhōng yǒu bùshǎo shì shìjiè xīyǒu de zhēnguì pǐnzhǒng. Dǎo·shàng háiyǒu bùshǎo niǎoyǔ-huāxiāng de hú//diégǔ, dǎo·shàng jūmín lìyòng húdié zhìzuò de biāoběn hé yìshùpǐn, yuǎnxiāo xǔduō guójiā.

作品 57 号

节选自小思《中国的牛》

对于中国的牛,我有着一种特别尊敬的感情。

留给我印象最深的,要算在田垄上的一次"相遇"。

一群朋友郊游,我领头在狭窄的阡陌上走,怎料迎面来了几头耕牛,狭道容不下人和牛,终有一方要让路。它们还没有走近,我们已经预计斗不过畜牲,恐怕难免踩到田地泥水里,弄得鞋袜又泥又湿了。正踟蹰的时候,带头的一头牛,在离我们不远的地方停下来,抬起头看看,稍迟疑一下,就自动走下田去。一队耕牛,全跟着它离开阡陌,从我们身边经过。

我们都呆了,回过头来,看着深褐色的牛队,在路的尽头消失,忽然觉得自己受了很大的恩惠。

中国的牛,永远沉默地为人做着沉重的工作。在大地上,在晨光或烈日下,它拖着沉重的犁，低头一步又一步，拖出了身后一列又一列松土，好让人们下种。等到满地金黄或农闲时候，它可能还得担当搬运负重的工作；或终日绕着石磨，朝同一方向，走不计程的路。

在它沉默的劳动中，人便得到应得的收成。

那时候，也许，它可以松一肩重担，站在树下，吃几口嫩草。偶尔摇摇尾巴，摆摆耳朵，赶走飞附身上的苍蝇，已经算是它最闲适的生活了。

中国的牛，没有成群奔跑的习//惯，永远沉沉实实的，默默地工作，平心静气。这就是中国的牛！

Duìyú Zhōngguó de niú, wǒ yǒu zhe yī zhǒng tèbié zūnjìng de gǎnqíng.

Liúgěi wǒ yìnxiàng zuì shēn de, yào suàn zài tiánlǒng·shàng de yī cì "xiāngyù".

Yī qún péngyou jiāoyóu, wǒ lǐngtóu zài xiázhǎi de qiānmò·shàng zǒu, zěnliào yíngmiàn láile jǐ tóu gēngniú, xiádào róng·bùxià rén hé niú, zhōng yǒu yīfāng yào rànglù. Tāmen hái méi·yǒu zǒujìn, wǒmen yǐ·jīng yùjì dòu·bù·guò chùsheng, kǒngpà nánmiǎn cǎidào tiándì níshuǐ·lǐ, nòng de xiéwà yòu ní yòu shī le. Zhèng chíchú de shíhou, dàitóu de yī tóu niú, zài lí wǒmen bùyuǎn de dìfang tíng xià·lái, táiqǐ tóu kànkan, shāo chíyí yīxià, jiù zìdòng zǒu·xià tián qù. Yī duì gēngniú, quán gēnzhe tā líkāi qiānmò, cóng wǒmen shēnbiān jīngguò.

Wǒmen dōu dāi le, huíguo tóu·lái, kànzhe shēnhèsè de niúduì, zài lù de jìntóu xiāoshī, hūrán jué·dé zìjǐ shòule hěn dà de ēnhuì.

Zhōngguó de niú, yǒngyuǎn chénmò de wèi rén zuòzhe chénzhòng de gōngzuò. Zài dàdì·shàng, zài chénguāng huò lièrì·xià, tā tuōzhe chénzhòng de lí, dǐtóu yī bù yòu yī bù, tuōchūle shēnhòu yī liè yòu yī liè sōngtǔ, hǎo ràng rénmen xià zhǒng. Děngdào mǎndì jīnhuáng huò nóngxián shíhou, tā kěnéng háiděi dāndāng bānyùn fùzhòng de gōngzuò; huò zhōngrì ràozhe shímò, cháo tóng yī fāngxiàng, zǒu bù jìchéng de lù.

Zài tā chénmò de láodòng zhōng, rén biàn dédào yīng dé de shōucheng.

Nà shíhou, yěxǔ, tā kěyǐ sōng yī jiān zhòngdàn, zhàn zài shù·xià, chī jǐ kǒu nèn cǎo. Ǒu'ěr yáoyao wěiba, bǎibai ěrduo, gǎnzǒu fēifù shēn·shàng de cāngying, yǐ·jīng suàn shì tā zuì xiánshì de shēnghuó le.

Zhōngguó de niú, méi·yǒu chéngqún bēnpǎo de xí//guàn, yǒngyuǎn chénchén-shíshí de, mòmò de gōngzuò, píngxīn-jìngqì. Zhè jiùshì Zhōngguó de niú!

作品58号

节选自老舍《住的梦》

不管我的梦想能否成为事实，说出来总是好玩儿的：

春天，我将要住在杭州。二十年前，旧历的二月初，在西湖我看见了嫩柳与菜花，碧浪与翠竹。由我看到的那点儿春光,已经可以断定,杭州的春天必定会教人整天生活在诗与图画之中。所以,春天我的家应当是在杭州。

夏天,我想青城山应当算作最理想的地方。在那里,我虽然只住过十天,可是它的幽静已拴住了我的心灵。在我所看见过的山水中,只有这里没有使我失望。到处都是绿,目之所及,那片淡而光润的绿色都在轻轻地颤动,仿佛要流入空中与心中似的。这个绿色会像音乐,涤清了心中的万虑。

秋天一定要住北平。天堂是什么样子,我不知道,但是从我的生活经验去判断,北平之秋便是天堂。论天气,不冷不热。论吃的,苹果、梨、柿子、枣儿、葡萄,每样都有若干种。论花草,菊花种类之多,花式之奇,可以甲天下。西山有红叶可见,北海可以划船——虽然荷花已残,荷叶可还有一片清香。衣食住行,在北平的秋天,是没有一项不使人满意的。

冬天,我还没有打好主意,成都或者相当得合适,虽然并不怎样和暖,可是为了水仙,素心腊梅,各色的茶花,仿佛就受一点儿寒//冷,也颇值得去了。昆明的花也多,而且天气比成都好,可是旧书铺与精美而便宜的小吃远不及成都那么多。好吧,就暂这么规定:冬天不住成都便住昆明吧。

在抗战中,我没能发国难财。我想,抗战胜利以后,我必能阔起来。那时候,假若飞机减价,一二百元就能买一架的话,我就自备一架,择黄道吉日慢慢地飞行。

Bùguǎn wǒ de mèngxiǎng néngfǒu chéngwéi shìshí, shuō chū·lái zǒngshì hǎowánr de:

Chūntiān, wǒ jiāng yào zhù zài Hángzhōu. Èrshí nián qián, jiùlì de èryuè chū, zài Xīhú wǒ kàn·jiànle nènliǔ yǔ càihuā, bìlàng yǔ cuìzhú. Yóu wǒ kàndào de nà diǎnr chūnguāng, yǐ·jīng kěyǐ duàndìng, Hángzhōu de chūntiān bìdìng huì jiào rén zhěngtiān shēnghuó zài shī yǔ túhuà zhīzhōng. Suǒyǐ, chūntiān wǒ de jiā yīngdāng shì zài Hángzhōu.

Xiàtiān, wǒ xiǎng Qīngchéng Shān yīngdāng suànzuò zuì lǐxiǎng de dìfang. Zài nà·lǐ, wǒ suīrán zhǐ zhùguo shí tiān, kěshì tā de yōujìng yǐ shuānzhùle wǒ de xīnlíng. Zài wǒ suǒ kàn·jiànguo de shānshuǐ zhōng, zhǐyǒu zhè·lǐ méi·yǒu shǐ wǒ shīwàng. Dàochù dōu shì lǜ, mù zhī suǒ jí, nà piàn dàn ér guāngrùn de lǜsè dōu zài qīngqīng de chàndòng, fǎngfú yào liúrù kōngzhōng yǔ xīnzhōng shìde. Zhège lǜsè huì xiàng yīnyuè, díqīngle xīnzhōng de wàn lǜ.

Qiūtiān yīdìng yào zhù Běipíng. Tiāntáng shì shénme yàngzi, wǒ bù zhī·dào, dànshì cóng wǒ de shēnghuó jīngyàn qù pànduàn, Běipíng zhī qiū biàn shì tiāntáng. Lùn tiānqì, bù lěng bù rè. Lùn chīde, píngguǒ、lí、shìzi、zǎor、pú·táo, měi yàng dōu yǒu ruògān zhǒng. Lùn huācǎo, júhuā zhǒnglèi zhī duō, huā shì zhī qí, kěyǐ jiǎ tiānxià. Xīshān yǒu hóngyè kě jiàn, Běihǎi kěyǐ huáchuán——suīrán héhuā yǐ cán, héyè kě háiyǒu yī piàn qīngxiāng. Yī-shí-zhù-xíng, zài Běipíng de qiūtiān, shì méi·yǒu yī xiàng bù shǐ rén mǎnyì de.

Dōngtiān，wǒ hái méi·yǒu dǎhǎo zhǔyi，Chéngdū huòzhě xiāngdāng de héshì，suīrán bìng bù zěnyàng hénuǎn，kěshì wèile shuǐxiān、sù xīn làméi、gè sè de cháhuā，fǎngfú jiù shòu yīdiǎnr hán//lěng，yě pō zhí·dé qù le.Kūnmíng de huā yě duō，érqiě tiānqì bǐ Chéngdū hǎo，kěshì jiù shūpù yǔ jīngměi ér piányi de xiǎochī yuǎn·bùjí Chéngdū nàme duō.Hǎo ba，jiù zàn zhème guīdìng：Dōngtiān bù zhù Chéngdū biàn zhù kūnmíng ba.

Zài kàngzhàn zhōng，wǒ méi néng fā guónàn cái.Wǒ xiǎng，kàngzhàn shènglì yǐhòu，wǒ bì néng kuò qǐ·lái·Nà shíhou，jiǎruò fēijī jiǎnjià，yī-èrbǎi yuán jiù néng mǎi yī jià de huà，wǒ jiù zìbèi yī jià，zé huángdào-jírì mànmàn de fēixíng.

作品 59 号

节选自宗璞《紫藤萝瀑布》

我不由得停住了脚步。

从未见过开得这样盛的藤萝，只见一片辉煌的淡紫色，像一条瀑布，从空中垂下，不见其发端，也不见其终极，只是深深浅浅的紫，仿佛在流动，在欢笑，在不停地生长。紫色的大条幅上，泛着点点银光，就像迸溅的水花。仔细看时，才知那是每一朵紫花中的最浅淡的部分，在和阳光互相挑逗。

这里除了光彩，还有淡淡的芳香。香气似乎也是浅紫色的，梦幻一般轻轻地笼罩着我。忽然记起十多年前，家门外也曾有过一大株紫藤萝，它依傍一株枯槐爬得很高，但花朵从来都稀落，东一穗西一串伶仃地挂在树梢，好像在察颜观色，试探什么。后来索性连那稀零的花串也没有了。园中别的紫藤花架也都拆掉，改种了果树。那时的说法是，花和生活腐化有什么必然关系。我曾遗憾地想：这里再看不见藤萝花了。

过了这么多年，藤萝又开花了，而且开得这样盛，这样密，紫色的瀑布遮住了粗壮的盘虬卧龙般的枝干，不断地流着，流着，流向人的心底。

花和人都会遇到各种各样的不幸，但是生命的长河是无止境的。我抚摸了一下那小小的紫色的花舱，那里满装了生命的酒酿，它张满了帆，在这//闪光的花的河流上航行。它是万花中的一朵，也正是由每一个一朵，组成了万花灿烂的流动的瀑布。

在这浅紫色的光辉和浅紫色的芳香中，我不觉加快了脚步。

Wǒ bùyóude tíngzhùle jiǎobù.

Cóngwèi jiànguo kāide zhèyàng shèng de téngluó，zhǐ jiàn yī piàn huīhuáng de dàn zǐsè，xiàng yī tiáo pùbù，cóng kōngzhōng chuíxià，bù jiàn qí fāduān，yě bù jiàn qí zhōngjí，zhǐshì shēnshēn-qiǎnqiǎn de zǐ，fǎngfú zài liúdòng，zài huānxiào，zài bùtíng de shēngzhǎng.Zǐsè de dà tiáofú·shàng，fànzhe diǎndiǎn yínguāng，jiù xiàng bèngjiàn de shuǐhuā.Zǐxì kàn shí，cái zhī nà shì měi yī duǒ zǐhuā zhōng de zuì qiǎndàn de bù fen，zài hé yángguāng hùxiāng tiǎodòu.

Zhè·lǐ chúle guāngcǎi, háiyǒu dàndàn de fāngxiāng.Xiāngqì sìhū yě shì qiǎn zǐsè de, mènghuàn yìbān qīngqīng de lǒngzhàozhe wǒ. Hūrán jìqǐ shí duō nián qián, jiā mén wài yě céng yǒuguo yī dà zhū zǐténgluó, tā yìbàng yī zhū kū huái pá de hěn gāo, dàn huāduǒ cónglái dōu xīluò, dōng yī suì xī yī chuàn língdīng de guà zài shùshāo, hǎoxiàng zài cháyán-guānsè, shìtàn shénme.Hòulái suǒxìng lián nà xīlíng de huāchuàn yě méi·yǒu le.Yuán zhōng biéde zǐténg huājià yě dōu chāidiào, gǎizhòngle guǒshù. Nàshí de shuōfǎ shì, huā hé shēnghuó fǔhuà yǒu shénme bìrán guānxi. Wǒ céng yíhàn de xiǎng: zhè·lǐ zài kàn·bùjiàn téngluóhuā le.

Guòle zhème duō nián, téngluó yòu kāihuā le, érqiě kāi de zhèyàng shèng, zhèyàng mì, zǐsè de pùbù zhēzhùle cūzhuàng de pánqiú wòlóng bān de zhīgàn, bùduàn de liúzhe, liúzhe, liúxiàng rén de xīndǐ.

Huā hé rén dōu huì yùdào gèzhǒng-gèyàng de bùxìng, dànshì shēngmìng de chánghé shì wú zhǐjìng de. Wǒ fǔmōle yīxià nà xiǎoxiǎo de zǐsè de huācāng, nà·lǐ mǎn zhuāngle shēngmìng de jiǔniàng, tā zhāngmǎnle fān, zài zhè//shǎnguāng de huā de héliú·shàng hángxíng.Tā shì wàn huā zhōng de yī duǒ, yě zhèngshì yóu měi yī gè yī duǒ, zǔchéngle wàn huā cànlàn de liúdòng de pùbù.

Zài zhè qiǎn zǐsè de guānghuī hé qiǎn zǐsè de fāngxiāng zhōng, wǒ bùjué jiākuàile jiǎobù.

作品 60 号

节选自林光如《最糟糕的发明》

在一次名人访问中，被问及上个世纪最重要的发明是什么时，有人说是电脑，有人说是汽车，等等。但新加坡的一位知名人士却说是冷气机。他解释，如果没有冷气，热带地区如东南亚国家，就不可能有很高的生产力，就不可能达到今天的生活水准。他的回答实事求是，有理有据。

看了上述报道，我突发奇想：为什么没有记者问："二十世纪最糟糕的发明是什么？"其实二〇〇二年十月中旬，英国的一家报纸就评出了"人类最糟糕的发明"。获此"殊荣"的，就是人们每天大量使用的塑料袋。

诞生于上个世纪三十年代的塑料袋，其家族包括用塑料制成的快餐饭盒、包装纸、餐用杯盘、饮料瓶、酸奶杯、雪糕杯，等等。这些废弃物形成的垃圾，数量多、体积大、重量轻、不降解，给治理工作带来很多技术难题和社会问题。

比如，散落在田间、路边及草丛中的塑料餐盒，一旦被牲畜吞食，就会危及健康甚至导致死亡。填埋废弃塑料袋、塑料餐盒的土地，不能生长庄稼和树木，造成土地板结，而焚烧处理这些塑料垃圾，则会释放出多种化学有毒气体，其中一种称为二恶英的化合物，毒性极大。

此外，在生产塑料袋、塑料餐盒的//过程中使用的氟利昂，对人体免疫系统和生态环境造成的破坏也极为严重。

Zài yī cì míngrén fǎngwèn zhōng, bèi wèn jí shàng gè shìjì zuì zhóngyào de fāmíng shì shénme shí, yǒu rén shuō shì diànnǎo, yǒu rén shuō shì qìchē, děngděng. Dàn Xīnjiāpō de yī wèi zhīmíng rénshì què shuō shì lěngqìjī. Tā jiěshì, rúguǒ méi·yǒu lěngqì, rèdài dìqū rú Dōngnányà guójiā, jiù bù kěnéng yǒu hěn gāo de shēngchǎnlì, jiù bù kěnéng dádào jīntiān de shēnghuó shuǐzhǔn. Tā de huídá shíshì-qiúshì, yǒulǐ-yǒujù.

Kànlie shàngshù bàodào, wǒ tūfā qí xiǎng: Wèishénme méi·yǒu jìzhě wèn: "Èrshí shìjì zuì zāogāo de fāmíng shì shénme?" Qíshí èr líng líng èr nián shíyuè zhōngxún, Yīngguó de yī jiā bàozhǐ jiù píngchūle "rénlèi zuì zāogāo de fāmíng", Huò cǐ "shūróng" de, jiùshì rénmen měi tiān dàliàng shǐyòng de sùliàodài.

Dànshēng yú shàng gè shìjì sānshí niándài de sùliàodài, qí jiāzú bāokuò yòng sùliào zhìchéng de kuàicān fànhé, bāozhuāngzhǐ, cān yòng bēi pán, yǐnliàopíng, suānnǎibēi, xuěgāobēi, děngděng. Zhèxiē fèiqìwù xíngchéng de lājī, shùliàng duō, tǐjī dà, zhòngliàng qīng, bù jiàngjiě, gěi zhìlǐ gōngzuò dàilái hěn duō jìshù nántí hé shèhuì wèntí.

Bǐrú, sànluò zài tiánjiān, lùbiān jí cǎocóng zhōng de sùliào cānhé, yīdàn bèi shēngchù tūnshí, jiù huì wēi jí jiànkāng shènzhì dǎozhì sǐwáng. Tiánmái fèiqì sùliàodài, sùliào cānhé de tǔdì, bùnéng shēngzhǎng zhuāngjia hé shùmù, zàochéng tǔdì bǎnjié, ér fénshāo chǔlǐ zhèxiē sùliào lājī, zé huì shìfàng chū duō zhǒng huàxué yǒudú qìtǐ, qízhōng yī zhǒng chèngwéi èr'èyīng de huàhéwù, dúxìng jí dà.

Cǐwài, zài shēngchǎn sùliàodài, sùliào cānhé de//guòchéng zhōng shǐyòng de fúlì'áng, duì réntǐ miǎnyì xìtǒng hé shēngtài huánjìng zàochéng de pòhuài yě jíwéi yánzhòng.